多彩贵州
文化学刊

（第二辑）

JOURNAL OF
COLORFUL GUIZHOU CULTURE

张学立　王　林　黄其松　主编

社会科学文献出版社
SOCIAL SCIENCES ACADEMIC PRESS (CHINA)

前　言

多彩贵州文化协同创新中心是贵州民族大学一个具有独立建制的协同创新机构，始建于2013年，同年8月被贵州省教育厅认定为第二批省级协同创新中心。2016年11月，中心通过贵州省教育厅组织的绩效考核评估，获全省第二名，考核结果为优秀等级。在全校师生的共同努力下，2019年9月，多彩贵州文化协同创新中心被教育部认定为省部共建协同创新中心，是目前贵州省唯一面向文化传承创新的协同创新中心。

国家明确将省部共建文化传承类协同创新中心的发展目标确定为：以"传承文明、创新理论、咨政育人、服务发展"为建设宗旨，经过改革发展，将面向文化传承创新的协同创新中心建设成为服务重大决策的国家智库，推动文化传承创新的主力阵营，引领我国人文社会科学发展和理论创新的前沿阵地，高水平人才汇聚、拔尖创新人才培养和高水平国际学术合作交流的重要平台。[①] 按照国家确定的省部共建文化传承类协同创新中心发展目标，中心需要一个能集中体现其"国家智库""主力阵营""前沿阵地""重要平台"的交流、展示平台，将已出版一辑的《多彩贵州文化学刊》办下去，并越办越好就成了一个很好的选择。

---

① 中华人民共和国教育部网：http：//www.moe.gov.cn/srcsite/A16/kjs_2011jh/201404/t20140411_167787.html。

2019 年中心成为省部共建协同创新中心之后，本计划在 2020 年 4 月召开一次学术会议，并将会议论文集结出版，后遇新型冠状病毒肺炎疫情暴发，会议被暂时延期，因此本辑的部分论文实际上是中心所资助在研项目的成果展示。本辑论文共 15 篇，大多以贵州为研究区域，具体涉及民族传统文化、旅游文化、红色文化、饮食文化、民族理论、异地扶贫搬迁、民族教育和贵州地域民族文学等内容，涉及民族学、语言学、社会学、旅游学、教育学、文学等学科。作为中心成为省部共建协同创新中心后的建设成果之一，由于种种的原因，论文集或许会有诸多不尽人意的地方，还望专家学者们批评指正。

路漫漫其修远兮！中心的建设只有进行时，没有结束时，期待中心在前行的路上有更多的专家学者参与、更多的专家学者支持。

编　者

2020 年 9 月

目　　录

西南地区阳戏仪式文本之体裁论[*]

吴电雷[**]

摘　要： 西南地区阳戏仪式唱书体裁类型多样，主要有阳戏传统二十四出仪式戏和演出过程使用并焚化的各种法事文书。传统二十四出仪式戏阳戏抄本基本形式有单抄本和复合本两类。根据运用方式，法事文书亦分两种：一种是法事结束时需要焚化的各种文书，如疏、牒、幡、票、圣牌、纸钱宝马等；另一种是施法过程中法师操作以增强自身法力，如符箓、字讳、手诀、咒语、诰章等。

关键词： 西南地区　阳戏　仪式文本　体裁

引　言

　　何谓"文本"？文本在文献学中意为原文，是一种拥有物理实体的客观存在物。在西方文论中，文本本身没有定义式的解释，因为它没有一个固定的边界和较为确定的内涵。语境是文本发生具有决定意义的舞台，也就是说文本是通过语境实现的，而语境总是呈现

---

*　本文为贵州省 2019 年度哲学社会科学规划国学单列项目"中国傩文化发展传播史研究"［批准号：19GZGX11］。

**　吴电雷，山东平邑人，贵州民族大学文学院教授、博士，研究方向为民族民间戏剧。

活态性，不断发生变化。① 民俗学文本把一切能够传达意义的客体都称作文本。"所有的文化形态都可能被视作文本，或者说所有的文本也都可视作文化形态。"② 结合以上学说，本文所论阳戏文本则指在西南巫傩文化语境中生成、发展并不断完善的"有形文本"③。阳戏有形文本指用于阳戏演出的各种手抄形式和印刷形式的疏文、阳戏仪式戏和世俗戏剧本。

文体是作品的语言存在体，是文本存在的根本要素。文本诸要素在相互作用中形成相对稳定的特殊关系，就构成了某一体裁的独特的审美规范，④ 阳戏文本体裁类型多样。仪式性阳戏文本既包括阳戏传统二十四出仪式戏，也包括法师在施法过程中运作的符箓、字讳、咒语，以及在演出过程使用并焚化的各种法事文书，如疏、牒、诰章、幡、票、牌、纸钱等。

一　仪式唱书

（一）西南阳戏抄本概况

阳戏抄本的形式基本是手抄本。最早梓潼阳戏《坛前仪》，为清道光十二年（1832）抄写，直到现在各坛仍保持着艺人手抄戏本的传统。西南各地阳戏坛对阳戏文本有多种传统称谓。如息烽县流长乡黄晓亮阳戏坛的剧本封面有"戏书一册""戏书亦册"，此处称"戏书"；"上下云台戏本""戏本上册"中称"戏本"；《煞帐（仗）

---

① 戴阿宝：《文本革命：当代西方文论的一种视野》，辽宁大学出版社，2007，第9页。
② 〔英〕E. 霍布斯鲍姆、T. 兰格：《传统的发明》，顾杭、庞冠群译，译林出版社，2004，第134页。
③ 阳戏有有形文本和口传文本之分。口传文本指阳戏师傅们在阳戏活动中体态诵言、口耳相传的祭祀语及其一些神祇故事。因口传文本易变性强，流动性大，完整论述需较长篇幅，所以在此不论，拟另行专文。
④ 吴承学：《中国古代文体形态研究》（增订本），中山大学出版社，2002，第2~3页。

书一本》则称"书",为"戏书"的简称。川北梓潼阳戏戏本称为"天书""神书",名称源于民众对阳戏神祇的敬畏(见图1、图2)。

图1　息烽阳戏戏书　　　　图2　息烽阳戏戏书复合本

西南阳戏手抄本数量多,抄录时间跨度大。仅梓潼,重庆江北,贵州息烽、福泉四地的抄本据不完全统计有203出,2000多页。抄录时间从道光十二年(1832)至民国时期,文本抄录一直没有间断。这些抄本流布在除湘西、黔东南的广大阳戏传播区,几乎涵盖阳戏仪式性文本的所有出目。所以,以此为对象研究阳戏抄本体裁具有代表性。

梓潼阳戏剧本手抄本有三类:《戏门启白坛前仪》、《戏门断愿启语》以及清戏若干本。《戏门启白坛前仪》体裁为科仪性质,内容由上香请神的祭礼,纳祥祈福的祭词和净天地、净身心的咒语三部分构成。《戏门断愿启语》由"天戏""地戏"两部分构成。"天戏",即天上神仙出场后自报家门,介绍三十二天神来坛场,以及净场和戏班、愿主筹备阳戏的情况。"地戏"则有《上太白察善》《上功曹》《上祖师》《上统兵元帅》《出钟馗》等六出戏目。"天戏""地戏"皆为神话故事戏。还有一些清戏抄本,大多是从川剧、花灯戏移植过来的民间小戏,如《驼子回门》《赶会算命》《和尚思凡》《黄金诰》等。梓潼阳戏抄本作为用于民间宗教仪式和娱乐活动相结合的演出蓝本，体裁特点清晰明显，《戏门启白坛前仪》为庄严肃穆的祭神、请神、镇鬼的宗教仪式戏，"天戏"具有简单故事情节，"地戏"故事性增强，并具备一定成分的娱乐性，花戏以纯粹娱人为目的，文本内容讲究艺术性。

重庆阳戏抄本。重庆各地阳戏抄本共九册，由胡天成搜集、复印，并整理出版在《中国传统科仪本汇编》，[①] 名为《阳戏全集》或《阳戏全本》，为编者编辑时添加。贵州息烽阳戏抄本有 12 册，4 册科仪本，8 册仪式戏本。贵州福泉阳戏抄本 20 册。黔渝两地阳戏手抄本体裁特点独特，诗赞体的颂神戏为抄本内容的主体，并间有祭祀性质的疏文和其他打卦、烧纸钱等酬神仪式的说白。

世俗性阳戏，不但不见抄本，连文字性剧本也不多见。原因之一，这类剧目通俗易记，描绘故事情节唱词大都储存在艺人的大脑中，表现为口头文本。原因之二，这类剧目主要移植、改编于地方戏小戏，大多数剧目散见于其他剧种文本中，仅有三本阳戏剧目汇编本[②]，为 20 世纪 80 年代以来学者们搜集整理而成的铅印本。

（二）西南各地阳戏抄本的体裁特点

整理各地阳戏抄本，发现阳戏抄本的基本形式有单抄本和复合本两种。单抄本为一本仅录一个科仪，复合本即为几个科仪唱本合装成一本。无论从平时练习，还是阳戏演出，使用单抄本比较方便。从实地调查情况来看，单抄本也比较常见，如胡天成编《中国传统科仪本汇编》里面所辑九个版本《阳戏全集》或《阳戏全本》，按

---

① 从（一）至（九），九个版本的阳戏科仪本参见王秋桂主编，胡天成编《中国传统科仪本汇编（六）——四川省重庆接龙区端公法事科仪本汇编》（上），（台湾）新文丰出版股份有限公司，2003，第 206~620 页。关于各种抄本具体内容、重点信息解析、抄录时间及收藏者等方面的知识，详见文后附录Ⅳ。

② 湖南省戏曲研究所编《湖南地方剧种志（二）》阳戏志部分，湖南文艺出版社，1989；郇宜国主编，怀化文化局、文联编《民间阳戏剧本与曲谱》（未出版），1992；廖昌国编纂《南龙乡剧目荟萃》（未出版），2009。

照各坛科仪在整个仪式活动的先后顺序排列下来，每坛科仪都各自独立，没有连贯一体的现象。复合本往往是将实际演出时相邻的两个或几个内容不多、用时不长的科仪文本合编，如息烽阳戏一复合本包括《灵官纠察》《三圣登殿》《百花诗》《催愿仙官》《敲枷》《盖魁》六个科仪。贵州福泉市曾华祥阳戏班抄本全是单抄本，算上各种疏文，共计四十本。每个单抄本皆能从多重角度体现其仪式抄本的体裁特点。

1. 每出都有一套基本固定范式

仪式性抄本，每出篇首先唱出场诗或韵或白。神灵出场，先唱身世家族，来神坛的经历，神坛履行职责，最后在"锣沉沉鼓沉沉"锣鼓声中，向天宫转回程。

受传统讲唱文学影响，仪式性阳戏文本已出现各种形式的开场戏，常以"启戏"、"启语"、"启白"或"启"的名义开场。如"启戏"唱：

> 酬恩正逢黄道。了愿用吉时良。施主三上真香。众圣祈福光降。看戏客人不用慌。掌坛师父不用忙。谁家子弟角戏唯。忙把神歌细细唱。上界敕令响，下界开戏场。

还有其他开场唱"启语"：《破桃山》唱"桂香枝启语"、"开路大将启语"、"钩（勾）愿唱启语"、"戏中天官开台启"、梓潼天戏"戏门断愿启语"、"戏门启白坛前仪"等。与传统戏曲的开场方式相同，启戏、启语、启白往往以四言、五言或七言诗的形式开场，称作"开场诗"。开场诗往往根据具体演出场次，前面加上不同的修饰词，如"盖魁一宗内台诗"、《范三郎》（姜出玄坛）内堂诗、"纠察内堂诗"、"出二化身内堂诗"，以及"百花诗"等。

仪式戏开场用偈诗情况较多。如《开路一宗》唱"开路偈子"、

《梅花姐妹》唱"梅花一段偈子"、《杨公大口》唱"杨救贫偈子"、《请神》唱"金童偈子"、《碓磨夫人》唱"柳青偈子"、《降孽龙》唱"蹇龙偈子"、《纠察灵官》唱"内台偈子"、《开路》唱"开山说诗偈子"、《领牲一坛》唱"道科子偈""走马二郎偈子"等。偈子诗体多样，常见偈子是七言四句式，如"走马二郎偈子"：

> （白）：门前杨柳败仗高，四边尽挂绿系（丝）袍。
> 堂前摆起香供烛，走马二郎上戏棚。

又如"降蹇龙偈子"：

> （上台说）：入水修道数十年，养就龙女上九天。
> 要把四川沉大海，呼风唤雨不为难。

也有五言体，六言体、七言体、九言体，六句、八句或八句以上的长偈颂，但不常见。

偈子，又名"偈颂""偈佗"。其产生可能与佛教文学有关，佛教里描写每一种事物的本生之后，一般都会附有偈颂。偈颂有诗体和散文体之分。偈颂因为大多以诗体的形式出现，常常直呼"偈颂"为"偈诗"。偈颂的另一种形式为散文体，如《拣柴女本生》："王呀，请你收下我，王呀，我是你的儿子，国王养育众生物，何况自己亲生儿子！"① 阳戏文本中只见诗体偈颂，不见散文体形式。偈诗前面也加上表示演出地点或人物的定语，就形成上述多种名称的偈子。

开场诗，包括偈诗，其内容有的是概括整出的剧情，如《寒窑记》一百花诗："唱金榜一宗（说诗）十年苦读在寒窗。不见田元

---

① 郭良鋆：《佛本生故事选》，黄宝生译，人民文学出版社，2001，第7页。

看文章。喜及一偏等荣贵（笔者注：此句可能有错字，不知所云）。一举成名天下扬。吾及下官吕蒙正即是……"。可以是交代角色身世背景，如开路偈子："英雄豪杰偷斗牛，纣王无道霸诸侯，纣王无道钟爱妲己，黄家父儿反过西岐"，写开路先锋的前生身世。可以是直接引出剧中角色："二八姣娥提篮去采桑，红粉面对红粉面，白胸前对白胸前。君王马上挞鞭指，二八姣娥上棚行。"此类偈诗较多，如"杨救贫偈子""走马二郎偈子"等。也可以是说教内容，或说教和引角色出场相结合的形式。如《扫棚一出》有说偈子："湛湛青天不可欺，未存举念神先知。忙打三挝龙凤鼓，虚空跳下扫棚鸡。"内容多样，形式更倾向于杂剧、传奇之题目，正名更自由。

兑诗，为两出仪式之间过渡性唱句。如《走马二郎》中"兑诗"："……问道吾神真姓名，虚空现出走马来。"百花诗，往往是一些叙事长诗，常作为仪式戏的"垫场戏"。如仪式性阳戏之《百花诗》："韩信做了秦天王，昔日登科张子房。大破城州王怀女，十二征西杨满堂。杀人放火焦光赞（占），马上抛刀杨六郎。宋朝古人唱不尽，当堂焚起一炉香。"随后唱初唐征战、三国、两汉故事。另一首《百花诗》唱戏的演出特点："你出胭脂我出粉，红红绿绿一堂神。戏字原来半边虚，一头装扮一头红。头上无发巧栽花，脚下无靴巧穿靴。或是大来或是小，或是皇帝登龙位，或是花子满街游，金榜提（题）名须富贵，洞房花烛假风流。"《土垚百花诗》则唱请川主、土主、药王三圣到堂领祀的恢宏场景。可见百花诗是各种题材内容都能入诗，不拘泥于某一种题材。内容丰富而驳杂，包括对社会生活的精炼梳理，包括生活中的百科知识，历代著名的人物、事件、历史传奇故事，以及各种艺术形式中的典故与本事等。《百花诗》应为传统讲唱文学的遗痕，形似"掉书袋"，旨在说教、娱乐，与其他坛次请神、颂神、祀神内容明显不属于同一格调。

阳戏文本中百花诗其功能在于注重推动故事情节的发展，渲染情感氛围。而传统戏曲曲词重抒情，故事情节的推进由说白完成。这是阳戏唱词其功能与传统戏曲唱词不一致的地方。

西南阳戏终场形式与杂剧传奇用一首诗总结全剧剧情不同。第一，唱神灵完成来神坛降福留恩的任务后，回讲堂乡向三圣先祖复命交差。同时，神灵转回程要唱降福留恩的唱词。唱词多种多样，或"金钱宝马火中化"，或"催锣击鼓转回程"，或留下"留恩享福免灾殃""善心坚固福禄长""叫你财宝常时进"的祝福语，借助催锣击鼓，转回仙宫复命。当然，对于茅船上装的恶鬼邪神，则是"借动坛前鸣锣鼓，一船载去永无踪"。第二，以引出后一出祭神仪式作为终场形式。有些出的文本直接或者"锣沉沉，鼓沉沉，交钱里面一时辰"（《六位国主》）、"法王不上其脚座，开光点香一时辰"（《领牲一坛》）等，引出随后接仪式，"交钱""点香烛"。第三，以焚纸钱宝马、化愿书文牒、通口意取卦等仪式作为结尾，本出戏结束。

每坛在尾戏部分和出目上经常有显示议事程序的衔接语。在每出仪式戏结束前，有类似"开场终，接造盆""造盆完，接开路、开坛""请神完，接领牲"等一类提示语。息烽阳戏抄本则以"完接辞神""完接拷枷"的形式表明两出仪式的衔接。像《二郎领牲》结尾用"神受香烟我渴（歇）台，修（休）息吃查（茶）"表示此出表演结束。而在下一坛出目上大多有一个"接"字，如"接造棚""接正请""接神""接回熟"等出，表示此出表演开始。

仪式戏每出内容长短有别，但基本结构相同，这种结构形式有利于坛师掌握唱词和场上表演。同样，传统世俗小戏也不乏程式性。文本结构先以韵白开场，随后用散白的形式介绍故事的起因，生旦或唱或白或唱白兼用，推动故事情节的发展，剧终多为铲邪除恶、金榜题名、骨肉团聚、喜结良缘等"大团圆"式结局，假、恶、丑受到惩罚，真、善、美得到弘扬。

2. 各种抄本内容基本相同，但编排体例同中有异

仪式文本中呈现唱词和宾白的格式有多种。一是唱词和道白上、下皆断格竖排排列，每七字句或五字句为一句。二是唱词和宾白连贯排列，唱词、说白虽可分辨出或七字句或五字，但无句读，也无断句空格。三是唱词上、下断格，说白连贯排列。四是唱词上、中、下断格，竖排排列。由于抄录时所用纸张规格不统一，抄本每页列数有六至八列，甚至多达十列不等。

戏文以七字句唱词为主，长短句式夹杂。插有少量的引、诗、念。偶有对白、独白等形式，也无固定台词，表演可视具体场合情景即兴发挥，有较强的随意性。如道光本《催愿一宗》①（唱）：

> 吾神不是非凡神，吾是钩（勾）销判子神。
>
> 头戴乌少（纱）帽，身穿绿罗袍。
>
> 左手执起生死部（簿），右手执起狼毛笔。
>
> 南台鼓乐轻捶打，钩（勾）销判子来上棚。
>
> ……
>
> 奉送神，奉送神，一去去了永无宗（踪）。
>
> 把神送到天宫去，云霄阻隔马难行。
>
> 把神送到地府去，尊神不入地府神。
>
> 把神送在弟子坛内去，香烟冷落这尊神。
>
> 不如送在腾空闪，腾空闪闪驾祥云。
>
> 老祖上马吟首诗，来要降福去留恩。
>
> 钩（勾）销使者上了马，望空作揖转回程。
>
> （白）：空（恭）喜发财，白（百）事大吉。
>
> （打卦，焚化勾愿疏文、纸钱、宝马等）

---

① 王秋桂主编，胡天成编《中国传统科仪本汇编——四川省重庆接龙区端公法事科仪本汇编》（上），（台湾）新文丰出版股份有限公司，2003，第309~311页。

诗赞体是西南阳戏仪式抄本主要形式，并初具剧本体制特征，唱白、说白、对白皆有标识，如"唱""说""问""答""兑"等；动作说明，如"揖""跪""打卦""烧纸钱"等。

句读体例，不同文本的句读情况不同。祀神的唱诵词和神话故事戏的诗赞体唱词基本上为板腔体制。从具体文本来看，传统手抄本不加断句符号，只是七字一句竖排排列，自然形成断句。况且，说白少而短，常以对话形式出现，不用特别标注，演出时亦能准确运用。如果抄本有断句符号，基本可以断定分两种情况，一是旧抄本后添加断句符号，再一种情况是新抄本。如息烽县黄晓亮坛剧本《开坛科仪》，明显看出抄本原本没有断句符号，现存断句符号或单纯用"。"，或"。"和"♧"并用，或用"♧"号，样式多样，且颜色数种。可能是艺人演出时为便于把握节奏，在需要停顿或需要帮腔或需要为演出齐节而响起乐器的地方所做的标识符号。[①]

3. 抄本体裁的仪式性质

从仪式抄本具体名称可以看出，如重庆一带的阳戏出目名称直接表明其科仪性质，《提神上熟仪》《阳戏上熟科》《阳戏密旨》《钩愿一宗科竞》《赏杨大口先生内秘》。息烽阳戏抄本也附三本科仪：《参神科仪》《圣牌》《开坛科仪全册》[②]《阳表注仪》。福泉阳戏抄本仪式氛围同样浓厚，有较多的发牒文、罡诀、咒语、符篆、卦象等内容，而角色、音乐、唱腔、开场诗等戏剧因素较少体现。

西南阳戏抄本的多样化表现为保持传统"仪式性"框架下的多样化，因为各种抄本普遍保留着对重庆巴县道光时期阳戏文本的继承性。这种继承性体现在：不论是黔北、黔东北、息烽、福泉的抄本，还是更为远离阳戏策源地的罗甸和昭通的抄本，皆以重庆道光

---

① 笔者在观看息烽黄晓亮阳戏班和福泉曾华祥阳戏班演出时发现每到文本标"※"处，演唱者有意拖腔，响乐器。

② 《开坛科仪全册》为贵州息烽县黄晓亮阳戏坛戏书，内容包括开坛、造棚、扫棚等多出仪式戏。

本《阳戏全集》为宗。如贵州罗甸和息烽阳戏坛则继承重庆道光抄本《阳戏全集》体例，每出都带"△△一宗"字样或其字体的变异形式，如罗甸阳戏之《领牲一宗》《灵官一宗》《柳青娘子一宗》《化药一宗》等，息烽阳戏之《造棚一踪》《唱开路一宗》《唱范三郎一宗》《解道一宗》《又辞神一宗》《催愿一踪》《敲柳一踪》《赐神回完亦踪》《钟馗亦踪》《运拜星斗亦踪》《回神乙踪》《煞仗（撒帐）书一本》。但在传播过程中，戏本不断加工修改是不可避免的，如福泉阳戏每出仪式戏名称都精化为二字样式。如《开坛》《洒帐》《灵官》《请神》《交牲》《参灶》《回熟》《领牲》《催愿》《钟馗》《且船》《土地》《秀才》《韩霸》《过关》《钩销》《禳星》《安神》等，只有《点盘官》《范郎辞祖》两出例外。尽管在传播过程中，有些细枝末节的变异，但从剧目名称、仪式坛次的排列、剧本体例及其版式结构来看，其依然保持着与道光抄本《阳戏全集》的传承关系。从阳戏仪式文本形成时间上看，道光以后的咸丰本、光绪本、几种版本的民国本，直至20世纪后期的息烽、福泉阳戏抄本，皆以重庆道光本《阳戏全集》为底本抄录过来。

"仪式性"的另一方面体现，在不同阳戏文本中各坛次的演出先后顺序基本一致，极少见到逆向性的场次，极小的差异变化仅存于坛次名称汉字书写形式。

4. 抄本形式渐渐呈现与传统强调舞台艺术的剧本趋同

梓潼和重庆阳戏抄本没有或少有角色分工，为板腔体唱词及少量形式简短的说白。演出动作提示形式简练，可看作初期的"舞台"提示。有些文本则直接以戏中人物来提示角色，如《开路》内场诗后："戏中天官开台后，请上台。（元帅出台）"。息烽阳戏抄本角色分工细致，但以戏中人物名称标注其间，如土地用"土"，将军用"君（军）"、川主用"川"、土主用"土主"。自民国本《阳戏科仪》始有"旦"角色出现，像"开坛"部分"小旦放头子马门咋咋驻云飞"。而在《上灵台桃山救母》则用"生""旦""老旦"等戏剧的角色行当作为演唱提示，并出现唱腔标注：如唱"出马门调""满江红咏"等，此为阳戏由堂内"仪"向强调舞台艺术之"戏"演化的重要遗痕之一。

二　疏文符咒

仪式性阳戏演出所用各种"疏文"，指法师在阳戏法事过程中用于驱邪役鬼、保护自己、祈福纳吉的纸钱、发牒文、符箓、字讳、咒符、诰章等各类形式的祭祀仪式文书。

法事文书的运用主要分两类，一类是法事结束时需要焚化的各种文书，如疏、牒、幡、票、圣牌、纸钱宝马等；另一类是施法过程中法师操作以增强自身法力，如符箓、字讳、手诀、咒语、诰章等。

（一）焚化的各种文书

1. 疏，又称疏文

是各种法事上，凡人祈求于神仙的文函，是沟通仙凡之间的媒介，是供奉神祇、敬天法祖的正式文诰。主要内容有还愿主人的籍贯姓名、祀神原因、供奉祀品清单及祀神人和掌坛法事的落款等。不同的仪式程序运用相应的祭祀疏文，如勾愿疏文、开方疏文、沐浴疏文、通神疏文、敬灶疏文、回熟疏文等。其中勾愿疏文为核心性疏文，又称"雷霆都院""雷霆都司院疏文"（见图3）。如贵州省息烽县流长乡新中村黎国坤还愿阳戏的勾愿疏文：

雷霆都院　本司为酬神了愿事

今据大中国贵州省息烽县流长乡新中村小地名长干子居住，奉圣设供焚香炳炬酬恩了愿保安祈福迎祥。信民：黎国贵、黎国清、黎国坤、黎国富、黎国伦、黎正强等。

右及合家人等　即日投诚上千

圣造：臣信民言念生逢盛世，季获人能感。

圣恩以扶持神恩之默佑，知恩有自答报，无由兹因。

伏为先年曾祖黎有谟为虎惊吓虔心叩请许下三圣良愿一供。自许之后未能酬还，人亡愿存。二次黎国坤得染病疾之灾，虔心叩请三圣良愿一供。上下叫许，一愿酬表。叫许。

太上有感神戏一供，自许之后果蒙清资不负神恩，特申酬还。

命臣于家采跳激愿道场一供，于内呈献：

九品香烛三堂，兹（紫）坛敬（净）酒一封，长钱二十四株，献牲洪猪一只，钱马二十四份，扫棚雄鸡一只，纠察旗文一面，催愿旗文二面，了愿疏文一函，押送神舟一只。上酬。

三圣之供，恩下祈合宅之清泰，谨具薄文上诣。

虎凤山前三伯公婆。呈进。

恩光纳此凡情，酬恩恩了了愿愿明，更祈老幼均安。此言不书，百拜谨簿。

天运庚寅年十月十七日钧（勾）明。

杀猪人：谭洪斌

造烛、钱人：谭洪怀

管酒人：谭玉文

代拜人：谭洪伟

酬恩人：黎国贵、黎国清、黎国坤、黎国富、黎国伦、黎正强

禀教奉行法事　臣：黄法坤

三天扶教大法师正乙真君张押。

记录还愿的日期、时限、缘由等事项，洪猪、白羊、雄鸡等祭牲，金钱、纸钱、阴阳戏、香烛等供品，红布、白布、胭脂、凡士林等祭祀物品。

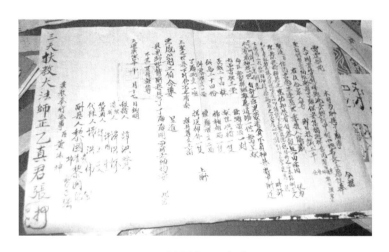

图 3 雷霆都司院疏文

2. 纸钱宝马

每坛仪式结尾时，愿家用来酬谢神灵的阴间钱财祀物（见图4）。

3. 圣牌

《圣牌》，有台子上圣牌和上熟圣牌两种，是两个演出场所所供神祇的编目。仪式结束后，此圣牌不焚化（见图5）。

图 4 纸钱宝马

图 5 神祇圣牌

（二）法师增强法力的神秘文字符号

1. 符箓

亦称"符"，是道教法术之一。道士用来"驱鬼召神"或"祛病延年"的秘密文书。说是天上神的文字，笔画屈曲，似篆字形状，即道书所谓"云篆""丹书""符字""墨箓"；道教认为其可用于驱使鬼神、祭祷和祛病等。符箓被阳戏坛师当作镇魔压邪、驱鬼治病、祈福禳灾的武器，他们把神力以"符号"的形式附在规定的文字或图形中，是书写或刻印在纸、布上的一种法术。

符箓的形状神秘怪异，符头常有"敕"或"敕令"，有的符头绘有三个"√"符号。符尾多绘"鬼挑担"符号（见图6）。

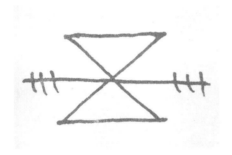

图6 "鬼挑担"符号

常见符箓有：五方符箓、保平安灵符、四季消灾降福灵符、祛病灵符、镇恶梦灵符、小儿罡煞符、孩子收惊灵符、化胎符、白虎符、五鬼符、退神符、胎死符、保身灵符、破土灵符、救宅灵符、召神符、求财符、解厄符、斩鬼符、扫邪符、太岁符、斩邪符、催生符、安胎符、元帅符、千斤榨符、米碗符。这些符箓有的被贴在堂屋内、大门上，有的被当作护身符带在身上，或被烧成灰化水吞服。使用这些符箓时，法师们往往念诵一些咒语，这些符箓才发挥正常的"神力"。如"镇恶梦灵符"要念咒语"吓吓阳阳，日出东方，此符断却恶梦，扫除不祥，急急如律令救"。

2. 字讳

字讳，又称"讳"，是一种似符非符，似字非字的神秘符号。一般由"云头"和"鬼脚"两部分组成。"云头"指一般字讳上部为"雨"字头。"鬼脚"指字讳下部为"鬼"字，"鬼"字下面有的画着一个或几个圆圈，将整个字讳圈住；有的画着巫术盘绕的小圈，向左右分开；有的画着一些交叉的线条，称为"横八卦"或"鬼挑担"（见图7、图8）。字讳大多是阳戏法师即兴用香、烛或令牌象征性地在空中划出来，也有少数字讳是法师画在纸上的。

图7 "雨"头"鬼"脚字讳

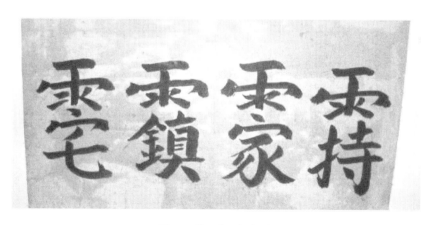

图8 "雨"头字讳

常用字讳有：总字讳，也称"万能字讳"，可以代替任何一个或因忘记不会写，或因笔画太多不便写的字讳（见图9）。紫薇讳，由二十八画构成，象征二十八宿星君，亦为金、木、水、土的总称。三尊字讳，元始天尊、道德天尊、灵宝天尊的符号。七正字讳，奉请七正之二，又在叫天心地胆时使用。玉皇字讳，奉请玉皇大帝的字讳。八卦字讳、罡煞字讳、退病字讳，病人长久患病不愈，在身上划此字讳，可逼病魔早退。破血讳，法事"开红山"划此讳，可使头部出血顺利不疼痛。封血讳，"开红山"划此讳，止血迅速。生死离别讳，法师用此讳超度祀用"三牲"亡魂，以免留在人间作祟。闭门讳，法事结束，关闭大门，法师在大门缝处用令牌划此讳，使得瘟疫不得入内。封条讳，法师将妖魔鬼怪捉住后，将其装入坛中，然后在坛口划此讳，将其永封坛内，不再出来作祟。铁鞋讳，法师上刀山前在脚心划此讳，意指穿上铜铁草制神鞋，上刀山时就不会被利刃划破脚。海水讳，阳戏法师在"穿红鞋""下火海"的法事前，划此讳意在调五湖四海的海水来坛场，使烧红的犁铧、红砖迅速降温，以免烫伤手脚。鬼挑讳，即阳戏坛所称"鬼挑担"，用于驱鬼辟邪。五方讳，用令牌或燃香化此讳，用于"扫五方""砍五方"等仪式法事中。开光讳，代表天上日、月、星斗三光。在运作法事过程中需划相应的字讳，要边化字讳边念咒语。如化"开光讳"时念"开光咒"："开光不开灯火光，灯火开光不长久。开光要开日月光，日月轮流照十方。"

图9 "万能字讳"

3. 咒语

咒语，又称"咒"，为一种口传文本。本是旧时僧、道、方士等用以驱鬼降妖的口诀。咒语之功能"阴阳历数，天文药性，无不通解"[1]，同时增强施法者的法力。阳戏法师在做还愿法事时，通常在念奉请神灵、驱邪逐鬼、交牲祀神时念咒语。法师念咒语的声音小、速度较快，只见其口急速张翕，念念有词，别人很难听清具体内容。如"藏身咒"：

> 藏吾身，化吾身，变化吾身，吾身不是非凡身，化作铁牛祖师真身。放火烧山牛不动，铁棒打牛牛不行。石板牵牛无脚迹，水上行船永无踪。牵牛元星，北斗七星，吾奉太上老君急急如律令。

此咒语弥漫道教色彩，不押韵。戏坛师傅唱诵时缓急有度。再如"安土地咒"：

> 元始安镇，普告万灵。地方清官，土地真灵。左右社稷，不得妄惊。回向正道，内外澄清。各安方位，镇守家庭。太上有命，搜捕邪精。护法神正，无亨利真，元始安镇天尊，急急如律令。

此咒语押韵，句式统一为规整"四字句"。

可见，咒语有三个基本特点：①咒语文字亦文言文亦白话文，有的夹杂佛道等宗教用语，更增加了常人理解的难度；②咒语句式长短不一，有的押韵，有的不押韵。结尾常有"急急如律令"之语，

---

① （唐）李延寿：《北史·列传》卷八十九，列传第七十七"由吾道荣"条，中华书局，1974，第 2930 页。

使之成为条律，又要急速执行，增加了咒语的严肃性、神秘感。

阳戏坛常用的咒语有十八咒：请神咒、化钱咒、安镇咒、起水咒、天地解危神咒、净身咒、净水神咒、敕水咒、灶王神咒、藏身咒、安土地神咒、灵官咒、收邪咒、金光神咒、天地神咒、藏魂咒、金刚咒、雪山令咒。

4. 诰章

诰章简称"诰"，是用于阳戏法事仪式中的一种训诫性质的文诰，是法师用来驱邪奴鬼、保护自己、祈福纳吉的文书。阳戏坛中常用诰章有八个：雷霆都司诰、开关诰、观师诰、解秽诰、雷霆诰、功曹诰、请水诰、玉皇诰。诰章的详细内容参见杨光华《且兰傩魂——贵州福泉阳戏》一书。①

其他仪式文书有《参神科仪》《阳表注仪》《圣牌》《雷霆都司封》等。《参神科仪》，即参星主、参万天宫、参川主、参药王、参山王、参三圣、参梓潼、参黑神、参鲁班、参二郎、参老君、参雷祖、参观音、参张公等。参神科仪卷尾"自从花灯来参拜，家家清吉保安宁"，表现民间文艺的相互吸收与融合。《阳表注仪》记录进灶祭灶，皈依佛法，禳醮二部表科，牛王表科范的唱词和祭礼，佛教氛围较浓，唱词常由《满庭芳》曲牌体咏唱。《圣牌》记录阳戏神坛和灶坛各位神祇牌位座次。台子上圣牌有圣前、驾下、祠下、位下、御前、星宫下三十二位神。上熟神牌有祀祠下、御前、星宫下、玉陛下、驾下、圣前、殿前、金莲下、幕下等六十五位神。

《雷霆都司封》。封面正中自上而下写"雷霆都司封"，右有"牒文一角，径诣"，左有"右仰三界功曹四值使者及当方土地里域等神帐下准此开拆"。背面从右至左文字"雷字不列号，内一件，天运：△△年△△月△△日，行坛弟子：王法荣发，照验"。内装盖火、行船、扫火星、打保福时使用的各类疏文名录，用之祈神护佑

---

① 杨光华：《且兰傩魂——贵州福泉阳戏》，人民文学出版社，2008，第199~200页。

愿家风调雨顺、六畜兴旺、无水火无旱涝之灾等，以及一份发牒文。

图 10 《阳表注仪》

图 11 雷霆都司院封

仪式文书形成于传统的鬼神信仰。戏坛神祇在神坛、民众想象空间里各司其职，驱邪鬼、保民福。而通神役鬼的巫师、坛班师傅就成了这些神祇旨意的代言人。他们把自己融入鬼神世界，采用种种鬼领神会的办法来驱鬼辟邪，请神逐鬼，所以就产生了敬神贿鬼的纸钱、宝马、诰章、符箓、字讳等体裁的仪式疏文。

三 小结

阳戏文本体裁类型多样，有传统二十四仪式戏抄本、法事疏文和世俗性阳戏剧本。各地阳戏抄本体裁基本统一，形式有单抄本和复合本两种形式。体例方面，每出有一套请神、唱神、祀神、颂神固定规范的程式，唱词以七字句唱词为主，夹有少量的引、诗、念、偈子。每出开场有各种形式的"开场诗"，中间穿插"兑诗""百花诗"，作为两出仪式之间过渡性唱句。终场有多种形式的祭神祀神活动。从角色分工、唱词、说白方面来看，抄本形式渐与传统剧本趋同。西南阳戏抄本的多样化表现为保持传统仪式体制下的多样化，各种抄本始终保持对传统科仪本的继承。法事疏文分法师祭神酬神的祭祀疏文和施法过程中所用的咒符诰章两类，法师借此来达到增强施法法力，保护自己的目的。

贵州精品民宿旅游深度开发的路径研究

石朝平　廖军华[*]

摘　要： 在供给侧改革的大背景下，结合贵州旅游近几年的井喷式发展和推进全域旅游的契机，本文的研究结合当下国内的民宿热，根据贵州实际情况，对贵州精品民宿旅游产品的打造进行有针对性的研究，包括贵州民宿旅游的发展现状、发展民宿旅游的SWOT分析、民宿旅游产品的打造以及保障体系等内容。希望本研究能给贵州精品民宿旅游的开发提供一些参考，同时对全域旅游视角下的贵州乡村旅游产品的转型升级路径探究具有重大意义。

关键词： 贵州　民宿旅游　产品开发

民宿作为一种新兴的旅游产品，已成为贵州旅游提档升级的重要助力，成为推动贵州旅游由"景区旅游"向"全域旅游"转变的引爆点。在新发展理念指导下，利用云计算、大数据及互联网等新技术，多渠道、全方位、立体式宣传推广民宿产品及其依托的村寨，

---

　* 石朝平，布依族，贵州民族大学旅游与航空服务学院教授，研究方向为旅游资源开发、旅游经济。廖军华，贵州民族大学旅游与航空服务学院教授、副院长，博士生导师，研究方向为旅游规划与开发、旅游产业经济。

是贵州民族村寨民宿业发展的必由之路。随着城市生活节奏的加快，消费水平提升，民宿作为一种有情怀、有乡愁的休闲度假方式，广受城市白领青年群体的追捧，成为"周末短途游"的首选。民宿结合当地文化、民族元素、乡土气息，提供给游客一种别样的乡野体验。近几年，民宿成为旅游市场的"新宠"，结合贵州民宿旅游发展的实际，本文对民宿旅游产品的深度开发进行研究，旨在助推贵州民宿旅游的高质量可持续发展。

在供给侧改革的大背景下，加之贵州旅游井喷式发展和全域旅游的契机，本文对贵州民宿旅游产品的深度开发进行研究具有重要意义。贵州自然资源丰富，人文底蕴深厚，在贵州开发民宿旅游，若规划得当，贵州的少数民族文化、农耕文化和红色文化等珍贵人文资源将得到大力弘扬，民宿旅游在强力带动贵州脱贫致富的同时，当地群众安居乐业，农业得到快速发展，农村重新焕发勃勃生机，从而实现社会效益、经济效益、文化效益和环境效益的有机统一。

在国内，民宿作为一个新兴事物，近几年才在大陆迅速流行。从发展上说，与民宿发展较早的日本和中国台湾地区存在着 20~30 年的经验差距。国内对于民宿旅游的研究，也是由于近两年来民宿的爆发式增长才逐渐增多。从整体上看，国内关于民宿的研究比较滞后，民宿的发展缺乏系统有效的理论指导和相关政策法规的规范，处于摸着石头过河的状态，民宿火热发展过程中出现的众多问题，亟待理论和政策层面的宏观指引。

一　关于民宿旅游

（一）概念

在我国，关于民宿一直没有一个统一权威的标准。直到 2017 年 2 月，德清乡村民宿标准《德清县乡村民宿服务质量等级划分与评定》被国家标准化委员会正式列入城乡统筹国家标准制定项目，对民宿定义、服务质量、等级划分、评定规则等有了详细界定。标准认为，民宿指经营者利用乡村房屋，结合当地人文、自然景观及乡村资源加以设计改造，倡导低碳环保、绿色消费、乡土特色，并以旅游经营的方式，提供乡村住宿、餐饮及乡村体验的场所。

民宿的蓬勃发展引起了国内外学者的广泛关注，关于民宿旅游的概念，业界有多种说法，其中比较具有代表性的是中国旅游改革发展咨询委员会专家王昆欣的观点。王昆欣认为，民宿业以家庭特色旅馆为基础，衍生出农业体验、工艺体验、自然体验、民俗体验等休闲业态，是农家乐的升级版。民宿不仅是提供住宿的地方，还是打造农家生活体验的场域，提升了民宿文化的附加值。[1]

民宿目前在我国乃至世界各国并没有统一的标准概念。

20世纪60年代初期，英国西南部与中部人口较稀疏的农家，为增加收入开始经营民宿，采用 B&B（Bed and Breakfast）经营方式，提供休息场所和早餐，属于家庭式招待。在欧洲，多表述为"民宿农庄"（Accommodation in the Farm），让游客回归田园生活，感受农庄带来的愉悦体验。

在美国，民宿一般称为家庭旅馆（Home Stay）或青年旅舍（Hostel），利用家宅的经营特性，不经过刻意的布置，价格比较实惠，被游客广泛接受。

在日本，民宿主要指本地居民开办住宿设施，以家族经营为主，规模较小，用于接待观光、度假的游客，客房风格多为和式。

由于传统农业向观光农业转型，进一步刺激了中国台湾民宿发展。20世纪80年代，为解决住宿不足问题，中国台湾垦丁国家公园最早大规模发展民宿。在台湾地区，民宿主要指根据当地自然景观、生态及农林渔牧生产活动，利用闲置资源（空闲房屋等），以家庭副业方式经营，融入多种元素，为游客提供住宿的场所。

精品民宿是在民宿基础上，提出具有创新性、审美性的民宿设计意见，满足游客对旅居生活多样性的需求。"民宿+"概念，让民宿变得更加饱满、更有内涵、更具特色。精品民宿是后消费时代城市生活向乡村生活的一种回归，以一种生态绿色的方式完成乡村旅游发展方式的转变和提升。民宿设计与建造，要考虑当地的自然资源、历史文化、生活方式，在展示乡土情怀的同时，融入现代生活方式，成为地方风格、类型特征、个性表现的代名词。

综上所述，民宿是指为游客提供住宿的场所。如民宅、客栈、休闲中心、农庄等，都可以归纳为民宿类。

（二）特点

关于民宿的特点，Alastair. M. M 等人认为旅游民宿具有下列特质：具有私人服务性质，通过特殊机会去认识当地环境或建筑特质；以产权所有者自行经营为主（非连锁经营），提供给游客较少的住宿容量。[2]文化是民宿的基础，是核心，更是灵魂。北大青鸟执行总裁范一民认为民宿是主人文化与民宿文化的有机结合，突出主人的个性，才能做得有"温度"，不被模仿。民宿不是单纯的住宿产品，而是文化产品，打造"主人文化"，增强对游客的吸引力。

德村志成（日本旅游专家）认为，发挥特性、展现个性、体现温性，是民宿的三大特性，民宿要有"让客人回到温馨的家"的感觉，让游客感受主人的温情，有一种归属感。

精品民宿主要体现在"精"字上，按照"设计精、用材精、特色精"的理念，在保留原建筑物外观特色的基础上，对内部装饰做出调整，按照现代生活需求进行设计，精细化选材，展示当地风俗、文化底蕴，体现一种"金包银"状态。

精品民宿旅游具有以下特点。

一是在硬件上，利用原有建筑，挖掘周边可利用的自然资源，营造独特的生活意境。精品民宿在设计中集当地文化元素、创意与美学于一体，使客人深刻体验当地的自然风情和人文底蕴，体验更加精致有温度、有特色，追求崇尚自然、追寻记忆、返璞归真、超凡脱俗的意境。二是在氛围营造上，突出了"家"的氛围，主客之间能直接面对面交流，像家人一样拉家常，像朋友一样交流交心，拉近了主客间的距离。三是在服务上，突出了"管家式"一对一人性化服务，特有的服务理念和方式让游客感到轻松自在，感受到家的温暖。四是在地位上，民宿不只是旅游"容器"，为游客提供住宿场所，还是生活态度、生活方式及主人文化的输出，成为具有"磁极"效应的旅游吸引物。

（三）兴起原因

民宿旅游在我国方兴未艾，究其原因，众说纷纭。胡莹、王欣、邓念梅认为是游客对自我发展的需求越发强烈，旅游体验需求从追求感官体验向追求精神、情感等深层次的综合体验转变。[3]清华大学建筑学副教授罗德胤则认为随着休闲度假旅游大众化时代到来，人们生活水平和消费水平提升后，城市居民期望回归农村生活，感受乡土气息，是国内民宿热兴起的主要原因。

关于民宿旅游兴起的原因，归结起来主要是：现代化的快节奏以及愈演愈烈的"城市病"让人们生活压力增大，他们渴望回归大自然，呼吸清新空气，拥抱青山绿水蓝天白云，回归乡土，放松身心，舒缓压力，重温宁静和乡愁，回归生活本真。传统走马观花的观光游不能满足人们多样化的旅游需求，他们转而追求高品质的休闲深度游、慢生活，而民宿旅游的特点恰恰能满足人们对于深度休闲游的全部想象。好的民宿使人愿意"为了一间房，赴一座城"，民宿已成为旅游的新"标配"。目前，民宿业呈全球化的发展趋向，民宿向精品化、专业化、高端化方向发展。

二 民宿旅游的发展

（一）国内民宿旅游的发展概况

从 2011 年起至今，我国民宿旅游如火如荼进行。据统计，2012 年全国民宿从业者不到 10 万人，民宿市场鱼龙混杂，价格浮动较大，房源质量参差不齐，管理难度较大。2015 年，全国在线客栈民宿预订市场规模达到 8.3 亿元，环比增长 58.5%，同比增长 333.3%。2016 年，国内民宿企业达 4 万多家，行业从业人员近 90 万人，市场规模逾百亿元。2016 年 1~9 月，全国民宿入住率几乎接近饱和（90%）。2020 年，民宿行业营业收入将达到 362.8 亿元。[4]

经过对大量资料的分析总结，我国民宿发展的现状主要如下。

一是在空间分布上，主要分布在南方，尤其是旅游业比较发达的西南和东南地区；二是在发展进程上，行业整体处于起步阶段，总体上发展不均衡，少数地区发展相对成熟；三是在类型上，主要包括当地农户自营的传统民宿和外来者租赁经营的社会型民宿。

杭州民宿的发展较成熟，对杭州民宿旅游发展的研究将对国内其他地区民宿的发展提供重要的借鉴和启发。

（二）贵州省民宿旅游的发展

贵州省是个旅游资源大省，旅游资源丰富，人文底蕴深厚。伴随着国内这几年的民宿旅游热，贵州的民宿旅游也得到了较大的发展。

去哪儿平台显示，截至 2016 年 9 月 30 日，贵州省民宿客栈数量为 657 家，在全国各省份中排第 18 位，民宿客栈主要集中在黔东南苗族侗族自治州，为 455 家，占全省总量约 70%，其次为贵阳市和安顺市；铜仁生态民宿老寨第一家、青岩古镇·寻枪别苑、花溪彩歌堂、肇兴侗寨·侗泉时光精品民宿、镇远镖局·大河关驿栈、西江循美半山、荔波县水甫村水乡·颐舍、小七孔镇的淇江寨票、瑶山瑶族乡懂蒙古寨等一批高端精致民宿涌现；2016 年，多个民宿领域的重要会议在贵州召开。2016 年 10 月 10 日至 12 日，第二届全国民宿大会暨中国旅游协会民宿客栈与精品酒店分会成立大会在贵州省安顺市举行。2016 年 10 月 23 日，西部首个以民宿经济为主题的国家级论坛——2016 第二届中国（荔波）西部全面小康论坛暨首届全国民宿旅游发展峰会在贵州省荔波县举行。这些重要会议落户贵州，突显了贵州民宿发展的巨大潜力。

在观光游向深度休闲度假游过渡的大背景之下，旅游产业也正由景点旅游向全域旅游转型，整个旅游产业处于提档升级、提质增效的关键时期，民宿产业将在其中发挥重要作用。借供给侧改革和全域旅游建设之契机，结合贵州丰富的资源，发展民宿旅游，既符合市场的需求，又有上层建筑的支持，自身发展的条件又得天独厚，真可谓得天时地利人和，若是科学规划，未来发展潜力无限。

客观来说，贵州民宿在这几年获得了较大的发展，但相较于云南、浙江和北京等这些民宿旅游发展相对成熟的地区，贵州的民宿旅游起步较晚，发展经验不足，还有很大的上升空间。贵州省将是全国民宿发展潜力最大的地区之一。

三 贵州精品民宿旅游发展的 SWOT 分析

（一）优势（S）

1. 自然和人文资源丰富，可开发多样化的旅游产品

贵州的自然资源极其丰富。森林覆盖率达到 90% 以上，是天然的大氧吧，空气质量优越，拥有一片全世界同纬度地区独有的面积最大、保存最完好的喀斯特原始森林，喀斯特资源得天独厚。有丰

富的喀斯特森林景观、喀斯特水文地质景观和众多的原始喀斯特洞穴。同时，贵州境内生存着 2000 多种动植物，是巨大的生物基因库，动植物资源丰富。贵州境内生活着布依族、水族、苗族和瑶族等多个少数民族，形成了古朴浓郁的民族民俗文化；另外有红色文化和浓厚的农耕文化，人文底蕴深厚。根据贵州丰富的自然和人文资源，我们可以开发出丰富的旅游产品，为民宿旅游的发展提供坚实支撑。

2. 地理区位优越，旅游可进入性强

在外部交通上，进入贵州有着多样化的交通选择。航空方面，龙洞堡国际机场航班可到达东南亚及国内主要城市，大大方便了长途游客的到访；高铁方面，随着 2014 年底贵广高铁的开通，贵阳到广州仅需 4 小时，大大缩短了重庆、云南、四川、广西和广东等周边省份游客进入贵州的交通时间；公路方面，贵州已实现县县通高速，交通十分便捷，方便不同方向的游客进入。总体来说，贵州的外部交通大环境十分优越，旅游区的可进入性强。

（二）劣势（W）

1. 景区内部景点分散，交通服务不完善

贵州生态旅游区内部景点相对较分散，景点之间缺乏畅通的交通网络把各个景点串联起来，交通服务不完善，如旅游观光巴士、汽车自行车租赁、景区内部公共交通、加油站等的缺乏，交通基础设施有待完善和升级。

2. 贵州旅游区生态脆弱，一旦被破坏将难以恢复

喀斯特森林生态系统具有顽强的生命力，但同时也相当脆弱，一旦遭到破坏就难以恢复。喀斯特森林长在白云岩和石灰岩上，土壤极少，生存环境脆弱。如果有大量的砍伐、火烧等人为干扰，使局部的阴湿生境消失，森林的恢复就非常困难，甚至形成石漠化。

另外，如果旅游大规模的开发，游客大量涌入，也会对旅游区的生态环境造成巨大压力。

（三）机会（O）

1. 民宿有关的政策法规陆续出台，民宿迎来规范发展

民宿近几年的迅猛发展在倒逼相关政策法规的出台。如 2015 年 3 月，深圳市大鹏新区管理委员会印发《深圳市大鹏新区民宿管理办法（试行）》；2015 年 5 月，浙江德清发布我国首部县级乡村民宿地方标准规范《乡村民宿服务质量等级划分与评定》。2016 年 1 月，黄山市发布《民宿客栈安全管理规定》。2017 年 2 月，浙江省政府办公厅出台《关于确定民宿范围和条件的指导意见》，相关政策法规的出台，意味着民宿正迎来规范发展的好时代。

2. 自驾游发展势头迅猛，贵州迎来重大发展机遇

近年来随着我国私家车保有量的不断增加，追求自由个性的自驾游也大受追捧，成为众多人喜爱的出游方式。据中国旅游车船协会预测，到"十三五"时期末，我国自驾游人数将达到 58 亿人次，约占国内旅游人数的 70%以上。贵州作为"自驾游的天堂"早已声名在外，境内又有设施完善的生态汽车营地，发展自驾游户外露营的条件优越。若抓住此机遇，贵州将会得到很好的发展。

（四）威胁（T）

1. 自然资源与民族文化同质性强，独特性不够突出

贵州的旅游资源和民族文化与周边省区具有较大的同质性。例如，与同时申报中国南方喀斯特遗产地的武隆区、石林县对比，贵州的游客量和知名度较低；广西桂林目前已形成了以生态观光、科考探险、养生休闲为主的旅游度假产品。这些都对贵州发展民宿形成威胁与挑战。同时省内不同地区旅游资源与民族文化同质性也较强。综上可以看出，贵州的旅游资源和附近及周边地区有很大的相似性，若发展民宿旅游不明确本地优势进行差异化发展，则很难避免陷入旅游产品同质化竞争的困境。

2. 接待能力落后，旅游消费外溢明显

贵州的旅游基础配套设施较落后，部分地区存在白天观光，晚上返回附近县城餐饮、住宿的情况，游客停下来了却没有留下来，分流了大部分的旅游消费，导致当地人均带动旅游综合收入较低，旅游消费外溢明显，旅游接待能力的提高迫在眉睫。

四　贵州精品民宿旅游深度开发的路径

（一）基于休闲度假体系的民宿旅游开发

贵州自然资源丰富，人文底蕴深厚，非常适合开展生态的休闲度假深度游。着眼贵州全局，民宿旅游结合当地的文化、农业、水利、林业、体育等产业，构建辐射带动一二三产发展的"泛旅游产业"体系，盘活贵州全域旅游，通过度假休闲元素的注入，秉持严格保护与特色开发相结合的原则，民宿旅游将大力助推山水人文交融的贵州国际生态旅游度假区的品牌打造。

七大旅游地产品类政府扶持，存在重大发展机遇。包括健身休闲体育旅游、医疗旅游、森林旅游、地域特色突出的村落寨、特色旅游小镇、老年度假养生产品、工业旅游、特色城市旅游综合体等，这些方面均成为精品民宿寄生的重要方面。

（二）塑造一种独特的旅游生活方式

民宿设计，要从赋予它一个独具特色的名字开始，打造一个与众不同的心灵栖息地。在营销为王的互联网时代，名字的重要性还不仅仅是营销这么简单，更是定位、气质。

注重入口设计。入口不仅指大门前的空间，还指入前和入后的空间，是环境设计中起到非常重要的部分，是对整个项目的第一印象，常常会成为人们关注的焦点。

注重对传统与非传统建筑风貌的分类控制。从精品民宿看贵州人的文化意识。打造精品民宿要有开放的心态，贵州民宿的设计要充分借鉴外部的成功经验，也要与贵州文化有机结合。

注重绿色民宿与当地文化特色的融合，民间与政府整合地方特色实现地域振兴。

精品民宿是为客人提供一种集休闲、娱乐于一体，发挥特性、展现个性、体现温性，有人文情怀的一种生活方式，给客人一种家的归属感和舒适的居住环境，以细致的服务传递"家"的感觉。

赏景度假型：结合自然景观和人工造景，如山川、大海、草原、花海、星空、庭园景观等，给游客带来赏景式体验。

艺术体验型：由当地经营者带领游客体验各项艺术品制作活动，展现乡村或现代的艺术文化缤宴，如陶艺、古法造纸、雕刻等。

复古经营型：住宿环境均为古厝所整修，巧妙利用传统建筑资源，以古建筑式样为设计蓝图，提供游客怀旧体验。

农村体验型：于传统的农业乡村中，除提供农村景观、农家生活之外，还提供农业生产方面的体验活动。

温泉度假型：精致温泉民宿的温泉套房设备，让大自然做最好的医疗师。

精品民宿的设计理念：没有高档奢华的设施，让人体验当地风情，感受民宿主人的热情服务，体验有别于以往的生活，注重细节打造。如采用贵州本土的材料鹅卵石来作为民宿建筑材料，体现自己独有的风格。

慢生活规划：返璞归真、回归自然、轻松和谐，追求一种"慢生活"。

民宿在发展过程中，要遵循新发展理念，根据市场和受众需求，不断创新，不断提档升级，让民宿业成为乡村旅游的重要组成部分，成为吸引游客的一个卖点，迸发出新的活力。

选对合适的客人：民宿面对的多为小众市场，非大众群体，明确服务对象，选择合适的客人是做好民宿业的第一步。

当地文化的融合展示：民宿是一个地区文化展示的窗口，让游客体验与自己所在地文化不同的新奇感。民宿的设计理念要结合当地自然景观、民俗文化、民族特色，突显个性化、差异化和特色化，避免千篇一律。

贵州可依托得天独厚的喀斯特森林和地质水文景观、丰富的农副产品、独具魅力的布水苗瑶等少数民族文化、古朴的农耕文化和浓郁的红色文化等开发出丰富体验式和参与式旅游产品，带给游客吃、住、行、游、购、娱、商、养、学、闲、情、奇全方位的新奇旅游享受，从而为贵州的民宿旅游发展提供强大的旅游产品支撑体系。

1. 体验式旅游产品体系的打造

现代化先进的烹饪技术加上新鲜有机的当地农副产品，带给游客丰富的味蕾体验；喝地方饮品、品贵州美酒，体验贵州独特的酿造工艺；少数民族原始质朴的吊脚楼群落和干栏式建筑、经济型的农家民宿、各类精致的外来民宿单体和系列高端养生度假酒店组成一个庞大的住宿接待网络，带来多样化的住宿体验；现代化立体交通网络结合当地特色的出行方式提供便捷有趣的出行体验；最原生态的喀斯特山水、农耕文化休闲区赏万亩梅园和优美的田园风光、民族文化体验区古老生活方式的传承、多彩的民族服饰、生动的民俗歌舞表演和精致的民族工艺品、红色文化体验区众多红色遗迹构成的红色记忆等提供山水人文交融的游玩体验；到当地农贸集市或农户家采购正宗纯手工民间工艺品如扎染和蜡染制品、刺绣、银饰品、剪纸、花腰带等，提供有温度的购物体验；喀斯特森林徒步穿越、原始洞穴探险、山地自行车、户外真人 CS、溯溪、戏水、攀岩、帐篷露营、篝火 K 歌等真山真水的户外活动自然亲和力十足，带来全身心放松愉悦的休闲娱乐体验。

2. 参与式旅游产品体系的打造

在农耕文化集中区开展采摘种植果蔬、施肥锄草浇水、稻田或鱼塘中抓鱼、插秧、牲畜家禽喂养等农事体验活动，在欣赏田园风光的同时，感受农业劳作的不易和收获的乐趣，同时培养孩子吃苦耐劳的品格，传承发扬农耕文化；在少数民族聚居区开展陀螺、斗牛和打猎等民族体育竞技活动，染布、纺织、扎染、蜡染、古法造纸、剪纸、银饰品等民间特色手工艺品制作技艺的参与，古井豆腐特色年宴、古法酿酒、酸辣食品、稻花鱼、酸梅汁、青梅酒、腊肉等风味土特产的酿制，布依大歌、民间舞蹈矮人舞、傩戏、锣妹情歌对唱、民族歌舞学习等丰富的全方位民族参与活动，让游客深度体验民族文化的魅力。

（三）充分挖掘利用贵州多彩的文化

"乡土"是民宿永远的出发点和归宿，每一间民宿都要有自己的"本土味道"。结合贵州当地自然风貌，民族文化特色，打造具有贵州独特风味的精品民宿。

以贵州的山地为条件，打造"山地+民宿"模式。对贵州本土化与人性化进行分析，充分挖掘自然景观、民族文化、红色文化、风土人情，将本土具有审美价值、特色代表贵州的某一文化植入民宿设计中，突显地方特色元素，体现贵州人、贵州物以及经营者个性的文化特征。

以情境的营造强调人文、艺术、创意。好的民宿一定是有温度和走心的，设计一个民宿，不是简单设计一栋房子，更是一种情怀和生活形态的体现。

沿着一片山而来，推门而入，便是一个纯净的天地。

民宿最大的特点是温馨、舒服，有家的味道，找得到乡愁。在设计上以"自然、绿色、健康、特色"为主基调，以民俗风情和地域文化为根基，添加主人故事，传递"主人文化"，让游客快速融入当地环境，体验当地风情，感受当地魅力。

建筑形象应尽可能地突出当地的地域文化特征，将贵州景区的生态优势与多彩的民族资源有机结合，与周边环境和谐统一，里面材料应就地取材，多使用自然的材质，如石头、木、竹及砖瓦等。

精品民宿绿化是指将精品民宿与绿化种植或景观盆栽相结合，使绿化成为建筑中不可分割的环境部分。绿化设计不仅带给观者视觉上景观享受和身心的愉悦性体验，还能有效改善居住环境。

废弃材料的合理利用不仅可以有效地节约成本，还能在一定程度上引起游客好奇心，增加精品民宿对游客的感性程度。提高资源利用率，增加产品附加值，做的环保并可持续发展，同时贵州当地的老旧物品的再次利用可以增加精品民宿的厚重感，使精品民宿变得有内涵。

在各民族村落原有特色建筑的基础上，积极引进绿色环保的高端养生度假品牌，最大化利用当地民族资源，结合现代绿色先进的建筑技术，充分发挥各个民族的文化特色，构筑各具特色的规模化、品牌化高端本土主题的民宿，开展生态养生、运动养生、民族文化养生、森林养生等一系列养生活动，打造中国顶尖、贵州首创的静想慢奢生活民宿产品。

（四）形成良好的空间布局

民宿就空间形态来看主要有：①独立农舍民房型；②集合住宅

型；③聚落别墅型；④个性化风格民宿等。根据地方收入水平、消费水平及游客量，合理确定民宿规模和数量，控制成本，避免盲目投资，最大限度规避风险。同时，要结合地方实际，多样化、差异化打造民宿，满足游客不同层次的需求，形成良好的空间布局。

城镇民宿：以旅游小镇为主要依托，以现代风格的建筑为特色。外来投资者租赁房屋，表现为社会型民宿，同时会形成集群效应，比如杭州西湖的"四眼井"。

乡村民宿：以乡村文化为内涵，依托景区或地域特色资源而发展，利用自用住宅空闲房间，以家庭副业方式经营，乡土气息浓厚，以散户型居多。

从微观上看，要有合理的庭院设计。院子作为民宿的灵魂，一花一草的装点、休闲设施的配备不能只是简单的复制，复制难出精品，庭院的打造要花心思、下功夫，融入主人独特的人文思想，营造出一种温馨的氛围，让游客远离城市的喧嚣，感受宁静、舒适，让快节奏的生活"慢"下来。同时，重视室内设计，即对建筑内部空间进行个性化处理，创造出功能齐全、美观大方、温馨舒适，满足游客生理心理需求的室内空间环境。

五 贵州精品民宿旅游产品建设的保障体系

（一）出台相关地方政策法规，规范民宿运行

民宿市场火热的同时凸显出不少问题，如租金纠纷、合法经营、行业相关标准的缺失、缺乏监管、维权困难、土地流转等问题。上述问题大大阻碍了民宿行业的健康发展。当地政府及有关部门应加快出台更具针对性的贵州民宿政策法规，如进一步明确开设民宿的资格、条件及申报程序，消防设施、安保人员、安全卫生条件的标准，特殊行业许可证等相关证照的办理等。民宿在

体现差异化个性化的同时，更要体现标准化、规范化，让游客能够放心"住下来"。

对于传统建筑的保护，遵守不改变社区传统建设群原状及与之适应的整体环境，尽可能地保护传统建筑所包含的历史信息。

非传统建筑的利用，尊重技术发展和社会发展的要求，符合现代生活要求和审美水平，发掘自身文化特点，符合市场需要。

（二）政府牵头，多规合一，制定贵州民宿发展规划

遵循市场规律，把握发展方向，将"精品民宿"作为乡村旅游提档升级的一项重大战略举措。科学规划"精品民宿"发展的重点区域。制定民宿发展规划至关重要。由于生态的脆弱性，如果贵州民宿旅游的开发缺乏规划，民宿一哄而上，大规模无序发展，将对贵州的生态环境带来极大破坏。故需要全面而详细的规划来指导民宿旅游发展的进程、规模、速度等，以实现健康可持续的发展。发展民宿旅游涉及众多职能部门，需政府相关部门协同作战，强化城乡建设、土地利用、环境保护、文物保护、林地保护等各类规划的衔接，多规合一，解决各类规划自成体系、内容冲突、缺乏衔接协调等突出问题，各部门有机联动，形成发展旅游产业的合力，保障贵州民宿发展规划的有效实施。

（三）提高社区参与度，营造和谐的社区环境

通常在以政府或商业机构进行的建设项目中，农户往往是配角，主体地位没有得到维护。赵小芸（2009）认为，小城镇旅游发展带有显著的政府意愿，因此只有在发展过程中充分尊重当地社区利益尽可能提高社区参与度，才有可能实现可持续的旅游发展，否则宏观旅游战略将不具任何指导意义。[5]当地政府和民宿业主，要积极主动地与当地居民进行交流沟通，维护他们的主体地位，处理好利益

的分配问题，让他们共享旅游发展成果，激发当地社区的旅游参与热情，旅游项目的开发才会得到他们的理解和支持。

（四）重视高素质专业旅游人才队伍的培育与引进

我国民宿近年来呈爆发式增长，以长三角为例，每年正以20%~40%的速度增长。民宿产业与民宿设计正进入新的发展阶段，对民宿专业人才的需求已经供不应求，民宿建设者却苦于没有系统的建设方法论进行学习深造和落地培训，例如，比较受关注的一些开发主题有民宿选址、民宿设计、民宿运营、民宿管家、民宿游学、民宿项目落地实践等。

在贵州，民宿旅游要获得长远发展，需要具有长远眼光、大局思维和大智慧的旅游人才的参与，解决发展过程中出现的利益分配，生态环境保护，旅游开发速度、规模，以及民族文化传承与发展等问题。我们可以采取多种形式和办法加强高素质旅游人才队伍的建设：利用本地高校和中职学校的资源优势，采取协作办学模式，加大旅游人才培养力度；与国内著名旅游院校合作，定向培养行业管理人才，或派出优秀人员进修；成立旅游从业人员培训中心，对行业人员进行全员培训，指导旅游企业开展内部人事教育培训工作，对参与旅游经营的个体户实施教育与培训等。

（五）多渠道融资，提供资金保障

贵州民宿旅游的开展需要大量的资金投入，可通过多渠道进行融资，提供资金保障。积极争取政府专项资金，策划和筹备一批符合国家、省、市投资重点的项目，充分利用各种配套优惠政策和资金渠道；加大招商引资力度，积极运用多种招商手段，不断提高旅游项目的论证及推介水平；争取银行贷款；吸引社会强势资金，出台相关激励政策，争取国内一些有实力的大型企业、旅游企业投资开发项目。

（六）政府大力扶持，完善基础配套设施

在贵州开展民宿旅游的一大劣势是基础设施的不完善。民宿旅游的发展需要完善的公共和旅游基础设施配套，给旅游产品的开发提供良好的平台基础和运营保障。在基础配套设施的完善方面，政府和各民宿业主需拧成一股绳，协同作战，其中，政府应该肩负主要责任。具体来说，应该包括完善的景区交通网络、通信信息网络、现代互联网系统、水电的供给保障和使用安全、生活垃圾和污水的清洁处理系统以及游客服务中心的建设等，为现有和潜在的民宿业主提供良好的旅游公共环境。

六 结论与展望

民宿近几年来的井喷式发展映射出其广阔的市场空间，民宿旅游的发展将带来巨大的经济、文化和社会效益，尽管目前民宿行业很多问题亟待解决，但市场热度依旧不减，上层建筑也在大力提倡。经过几年的发展，民宿行业正回归理性，民宿规范有序发展的好时代正到来。贵州生态旅游区发展民宿旅游的条件得天独厚，若科学规划，精心打造，保障到位，将有很大的发展空间。

注释：

———————

［1］王昆欣：《推动民宿业成为乡村旅游主角》，《中国旅游报》2016年2月5日，第1~2页。

［2］AlastAir, M. M. Philip, L. P. Gianna, M. Nandini, N. Jo-seph, T. O. (1996). Special Accommodation：Definition，MarketsServed，and roles Tourism

Development［J］. Journal of Travel Re-search，（Summer），pp. 18-25.

［3］胡莹、王欣、邓念梅：《鄂西生态文化旅游圈民宿旅游发展研究——基于乡村旅游转型升级的视角》，《中国管理信息化》2016 年第 16 期，第 1 页。

［4］叶霖：《让精准脱贫搭上民宿旅游"快车"》，《当代贵州》2016 年第 10 期，第 1 页。

［5］赵小芸：《国内外旅游小城镇研究综述》，《上海经济研究》2009 年第 8 期，第 3 页。

参考文献：

［1］费建琴、张建国：《德清西部山区发展民宿经济的若干思考》，《浙江农业科学》2016 年第 7 期。

［2］柳建文：《新型城镇化背景下少数民族城镇化问题探索》，《西南民族大学学报》（人文社会科学版），2013 年 11 月。

［3］方堃、胡哲斐：《大鳄入局"民宿群落"推动民宿产业跨入 2.0 时代》，中国新闻网，2017-03-10. http：//www. chinanews. com/cj/2017/03-10/8170089. shtml。

［4］雷凯华：《台湾民宿对发展海南五指山市番茅村民宿旅游的启示》，《科技经济导刊》2016 年第 12 期。

［5］李初叶：《温州乡村民宿发展研究》，广西师范大学硕士学位论文，2016 年 4 月。

［6］王勇：《上海市郊农家乐旅游发展研究》，上海师范大学硕士学位论文，2006 年 5 月。

［7］何林青：《石仓古民居旅游项目资源保护与开发研究》，浙江工业大学硕士学位论文，2015 年 5 月。

［8］凤凰空间·天津：《旅居中国：发现最美的民宿》，江苏科学技术出版社，2013。

［9］谷声图书：《在台湾恋上民宿》，中国旅游出版社，2013。

［10］戚山山：《民宿之美》，广西师范大学出版社，2016。

［11］林燊：《基于本土化和自然化理念的乡村民宿改造设计研究与实

践》,《居舍》2019 年第 5 期。

[12] 苏霹:《文化旅游下的武夷山适地性精品民宿设计研究》,《辽宁科技学院学报》2018 年第 6 期。

[13] 罗凌菲:《基于资源整合理论的绵阳安州区乡村民宿发展策略研究》,西南科技大学硕士论文,2019 年 6 月。

[14] 王秋蕾:《浅议民宿设计》,《老区建设》2016 年 11 月。

[15] 王兆峰、余含:《张家界旅游产业发展与小城镇建设耦合发展研究》,《经济地理》2012 年 7 月。

[16] 赵小芸:《国内外旅游小城镇研究综述》,《上海经济研究》2019 年 8 月。

[17] 刘贤菊:《重庆民宿消费者市场研究》,重庆师范大学硕士论文,2017 年 5 月。

[18] 王晓伟:《小城镇景区建设困难化与旅游资源优势化间的张力》,《旅游纵览》2015 年 7 月。

新世纪以来贵州地域
民族文学创作概观

喻子涵[*]

摘　要："地域民族文学"是指各民族作家创作的与少数民族及其生活地域相关的一类作品，也指少数民族作家创作的反映本民族生活的作品，同时也指用少数民族文字创作的具有地域特色和民族特色的作品。新世纪以来贵州地域民族文学创作充分体现在长篇小说、行走散文、长诗等方面，是贵州作家在地域性和民族性方面的自觉关注、自觉坚守和积极融入的结果。

关键词：地域民族文学　长篇小说　行走散文　长诗

关于地域民族文学，笔者曾在一次民族文学论坛上作过专题探讨。笔者认为研究民族文学不应忽略"地域"的概念，因为"地域"文学具有包容性，单纯的"民族文学"难免带来狭隘性甚至会被边缘化，提出"地域民族文学"，更具有合理性和现实性。何况，地域与民族是分不开的，民族的生成依赖于某一地域，地域的文化

---

*　喻子涵，本名喻健，1965 年生，土家族，贵州沿河人，贵州民族大学教授、硕士生导师，民族文化产业发展研究中心主任，研究方向为中国现当代文学，新闻传播学，民族文化产业等。

由一个或多个民族所创造。所谓"地域民族文学"是指我们的作品所书写的内容与我们的民族和生活的地域相关的一类作品，也指我们的少数民族作家创作的反映本民族生活的作品。当然，用少数民族文字创作的具有地域特色和民族特色的作品作为地域民族文学更纯粹些，但范围毕竟太窄，影响毕竟太小。提出"地域民族文学"，容易使各区域文学形成一个整体，形成合力，融入全国文学，成为中华文学的一个重要组成部分。

新世纪以来十多年，贵州文学创作由于作家在地域性和民族性方面的自觉关注、自觉坚守和积极融入，出现三个方面的创作亮点，下面分而述之。

一　生长于地域民族土壤的长篇小说①

仡佬族作家王华的长篇小说《桥溪庄》（曾获首届"乌江文学奖"、第三届"贵州文艺奖"，获第九届全国"骏马奖"时叫《雪豆》）、《傩赐》（获第二届"乌江文学奖"和第四届"贵州文艺奖"）、《家园》等，发萌于贵州这块地域，体现生长于这块地域上的民族生活。小说中的"桥溪庄"是有着古老历史的村庄，也是历经磨难正在努力实现现代转型的村庄，因此，"灰头土脸的样子"的桥溪庄，有着深度的沧桑，也有着"坚硬的憔悴"，它是落后的贵州努力向着现代转型必然付出沉重代价的一种隐喻或描绘，是贵州这块土地上的民族生存、挣扎与发展的缩影。小说中的"傩赐"是贵州常见的一类闭塞贫困的小村，这样的地域因素让这些民族形成独特的兄弟共妻的婚俗，随之出嫁仪式、生活习惯、思维方式也写得完全贵州土俗化，小说虽然写女主人公秋秋的悲惨命运，但实际反映的是贵州贫困山区独特的婚俗传统和无奈的

---

① 喻子涵：《生长于地域民族土壤的长篇小说》，《贵州日报/27°黔地标》2013年3月22日。

生存现实，其地域民族的特性是明显的，改变贵州贫穷落后面貌既是小说的呼唤，也是贵州全省人民的呼唤。《家园》中的"家园"在哪里呢？据作者说是罗甸的一个小村，叫安沙，这是一个"寄托了中国人所有的梦想，青瓦泥墙，竹篱菜畦，鸡犬之声清晰可闻"的世外桃源。《家园》写的是一个下岗工人陈卫国从黑沙钢厂被"双解"后谋求再就业的经历，而小说采用狂想现实主义手法写到了古老宁静的小村安沙，写到了新农村安居工程冰河庄，写到突发奇想的旅游开发和"掠夺性发展"的城镇化建设，写世情、亲情、爱情，写残酷、辛酸、温暖，这种疯狂的现实在21世纪转型与发展的贵州农村普遍存在。因此，王华的长篇小说得力于地域民族的深厚滋养和深切体悟。

冉正万的长篇小说《纸房》《洗骨记》《银鱼来》等，也有着浓郁的地域民族色彩。《纸房》虽然描写一个叫"纸房"的村庄的种种变故和人物的各种命运，但隐含着现代化进程中贵州农村的浮躁动荡、人们的复杂心态、传统与现代的剧烈冲突，尤其是对原始宗教、巫文化、丧俗文化的描写，从另一个侧面揭示了贵州山区普遍存在的敬畏自然的民族文化传统，使小说增添了神秘独特的贵州文化气息。《洗骨记》虽然描写的是贵州偏僻山村一群小人物的成长过程、爱情故事和生存状态，反映贵州发展进程中的阵痛以及人性的重重冲突，但作品也是基于古老民族的开棺取骨、祛邪治病的洗骨风俗来构架故事的，其地域民族文化的叙事背景是十分突出的，使小说增添了神秘色彩和魔幻效果。尤其是《银鱼来》，以黔北的崇山峻岭为背景，叙述了四牙坝村的历史变迁和范、孙两大家族百年恩怨情仇的故事，是地域民族文学创作的典范。小说中的两大家族，在四牙坝村靠着一个大洞每年雨季盛产的银鱼世代生存了数百年，其中不仅写时代转折与社会变迁、恩恩怨怨和悲欢离合的故事，写出了这里一直延续并保存着的古老神秘的巫文化，还写出了万物有灵、与人为善、心存敬畏的传统文化精神，写出了这里特别的生存环境、生活方式、民情风俗和厚重历史。可以说，这部小说如果没有地域性、民族性的元素浸染润饰，或许将失去不少魅力。因此，评论家雷达认为，在这片神奇的土地上，冉正万首先打动他的是民俗地域等特定的东西。①

除了王华与冉正万以外，新世纪以来取材于贵州这块地域上的民族和历史文化的长篇小说，还有苗族作家吴恩泽叙写四省交界的武陵山区百年沧桑及百姓人生的《平民世纪》；有仡佬族作家赵剑平取材于芙蓉江流域，揭示自然环境和人文环境双重失衡，探讨人类救赎种种可能的《困豹》；有李钢音描写一群生活在小镇、小街、小村的普通人平静生活的《远天远地》；有谢挺以贵阳为城市背景，描写鲜活的市井人生，叙述一个家庭四十年变迁的《爱别离》（获首届"乌江文学奖"）；有亚光通过贵州一个小山寨村民的境遇和心态，反映农村改革历程、勾勒乡村风情画的《野猫冲旧事》（获第二届"乌江文学奖"）；有林吟以一幅颇具沧桑感的小城风俗画卷，细腻描述山城贵阳历史风貌和时代变迁的《玉兰》（获第二届"乌江文学奖"）；有侗族老作家谭良洲叙述侗族青年创业、描写侗乡民俗文化、反映现代乡村生活的《侗乡》和以侗族大歌为文化背景，塑造一个民族文化传承艺人形象的《歌师》（获首届"金贵奖"）；有土家族作家张贤春以乌江中下游风土人情和社会变迁为创作题材，描绘大半个世纪乌江岸边土家人生活图景的《猪朝前拱》（获首届"金贵奖"）；有布依族作家赵雪峰以故乡泥凼为背景，描写布依山村世相百态、艰难改革和历史变迁的《皇天后土》（获首届"金贵奖"）；有唐玉林反映梵净山区黔东古镇民情风俗以及民国时期官、匪、民几十载争斗史的《冥界不取之人》和《中南门》，有鲁乾亮通过婚姻悲剧的描写，揭示农村复杂的村干选举、紧张的干群关系

① 舒晋瑜、陈香：《冉正万长篇新作令人刮目相看》，《中华读书报》2013 年 2 月 16 日。

以及善恶角逐的《桃园一家人》……这些都是新世纪以来十多年贵州文学的重要作品。

还值得特别注意的是，具有贵州地域和民族特色的长篇历史小说创作也取得丰硕成果。如欧阳黔森的《雄关漫道》（获第二届"乌江文学奖"）、《奢香夫人》（获第五届"贵州文艺奖"一等奖），前者以红军在贵州的革命活动为背景，真实再现了红二方面军长征途中与国民党军队英勇战斗的悲壮景象，热情讴歌了红二方面军克服一切困难、压倒一切敌人的英雄气概，成功塑造了贺龙、任弼时、关向应、萧克等一批红军领导人的形象，既弘扬了伟大的长征精神，又描写了贵州地域风貌和民族风情；后者叙述彝族公主奢香从帮助丈夫霭翠稳定水西到丈夫去世后亲自执政的经历，描写了美丽聪慧、正直善良的贵州少数民族女政治家奢香广办汉学、发展经济、不顾屈辱、遵从大义、维护国家利益和民族团结的高尚品质与政治才能。两部作品写得大气、紧凑、厚重，加上历史与艺术的严密结合，人物形象的准确把握和情节的环环相扣，成为同类作品的上层之作。再如侗族老作家袁仁琮的《王阳明》和青年作家冯飞的《大清血地》，前者是一部涉黔人物的历史小说，王阳明在贵州龙场悟道，成为历史上著名的心学大师，作品将历史与艺术高度融合，塑造了一个丰富鲜活的王阳明智者形象；后者在叙述贵阳教案这桩外交纷争的来龙去脉基础上，让人对贵州的文化渊源、历史演变有一个全新的认识。还有罗建明、李东升的《乌蒙磅礴》和龚晓虹的《鸽子花开》（均获第三届"乌江文学奖"），都是比较难得的作品，前者以红军在乌蒙山区建立革命根据地为背景，描写了气势磅礴的红军长征画卷，展现了黔西北丰富的历史文化；后者兼跨革命历史题材和少数民族题材，缅怀红军在黔东创立革命根据地的光辉业绩，叙述了黔东人民杀富济贫、奔向革命的动人故事。罗文亮的《夜郎春秋》和彝族作家吴勇的《水西悲歌》也是很有分量的地域历史题材的长篇小说，前者叙述了夜郎古国与汉王朝的恩恩怨怨和各色人物的起起落落，描绘了古夜郎的风情习俗和盛衰过程，揭示了夜郎王国灭亡的原因；后者在歌颂水西人民抗击吴三桂镇压的英勇事迹时，描绘了黔西北大地奇特的生态地貌和生动感人的历史故事。最近还有土家族作家田永红创作出版的长篇小说《盐号》，以千里乌江油盐古道为背景，以思南周和顺盐号发展历程为原型，描述了清末民初波谲云诡的历史变幻和汹涌起伏的商海角逐，是贵州少见的一部优秀商贾小说。

综观贵州新世纪以来十多年的长篇小说，与全国近年来每年生产 4000 部长篇相比，数量上差距过大。但是，充分注意地域性和民族性资源的深度挖掘与应用，注重社会变迁和人物命运的细致表现，注重复杂矛盾的深刻揭示和人物性格的细腻塑造，体现出贵州作家长篇小说创作的实力。同时，历史小说注意与现代意识结合，而描写当下生活的长篇小说则又注意"历史感"的蕴含。因而，新世纪以来的贵州长篇小说，显得比较厚重和丰富，影响力也逐渐扩大，在融入全国文学大潮、显示"黔军"力量方面，其努力是有目共睹的。当然，贵州作家还得进一步"接好地气"，深入挖掘地域民族文化资源和小说传统资源，充分发挥地域民族作家独特的思维优势，深刻揭示地域民族人物的个性和心理，创作出更加厚重、深刻、可读的作品。评论家雷达说："中国的小说传统最根本的还是深厚的文化基础。"他强调："要对民族文化有清醒、清晰的认知，看到自己民族的文化与其他民族文化的不同，要有文化自觉与文化自信。有文化自信、文化底蕴、文化内涵的长篇小说，才可能成为经典的、伟大的作品。"①

---

① 李墨波、李晓晨：《新世纪长篇小说的现状与问题》，《文艺报》2012 年 12 月 26 日。

二 跋涉于山水采撷人文的行走散文①

这里提"行走散文"比提"旅游散文"或"游记"这个概念似乎要恰当。因为，行走散文的主动性、体验性要强，创作目的明确。而"旅游散文"或"游记"，往往是因游而记，随意性比较大。历史上的《水经注》《徐霞客游记》，当代的《文化苦旅》，其实就是行走散文，因为他们不是文人墨客游山玩水的即兴创作，而是有创作规划、创作目的，有文化的自觉和良知，甚至是具有探险性的考察祖国山川地貌的作品。由此而看贵州作家的这种"行走散文"，新世纪以来十多年的创作成果是十分突出的。

一是王大卫的黔滇行走散文。贵阳作家王大卫立足云南、贵州边远古朴的少数民族地区开掘题材，创作成果颇为丰硕。自 2003 年 9 月出版《寻找天堂》以后，2005 年 3 月出版《天地无极》（上、下），2006 年 10 月出版《中国石门》（上、下）；2012 年 2 月又出版《最后的纸质图书》。一百多万字的作品，短短六七年间在香港和内陆出版以及几次再版，不仅成了出版界的神话，更展示了王大卫纪实散文创作的实力，同时也显示了"行走"散文的艺术魅力与受众认同。其中的《中国石门》，是他沿着英国传教士伯格理一百年前在威宁石门坎彝苗地区创建中国西南"文化圣地"的足迹而行走和写作的。写《中国石门》，他先后五次苦旅在黔西北、滇东北边远、荒寒、贫瘠的乡村，深入当年柏格理创建的麻风医院、孤儿院、学校、教堂、足球场、农技站、纺技站等遗址考察和采访。因此，"苦旅"与"寻找"，便构成了王大卫行走散文创作的核心内容；而浓厚的地域性、民族性和历史感，又形成了王大卫行走散文的鲜明特

---

① 喻子涵：《跋涉山水，采撷人文》，《贵州日报/27°黔地标》2013 年 4 月 12 日。

色。不仅如此，王大卫的行走散文在纪实和追忆中渗透一种人文精神，在写生和实录中追求一种诗性表达。王大卫行走散文的诗性，是由他的"行走"而产生的。"行走"意味着"寻找"，寻找一种灵魂、一种精神、一种价值、一种人性、一种信念、一种理想，这"行走"与"寻找"的本身，就充满着强烈的诗意的壮举。

二是魏荣钊的贵州三大江行走散文。记者出身的德江土家族作家魏荣钊，曾经独自行走贵州的三条大河——乌江、赤水河、北盘江，写下系列行走散文，出版了《独走乌江》、《走在神秘河》和《遭遇北盘江》。由于父爱的缺失、母亲的悲景、世态的炎凉，这位"孤独的行者"自幼养成了孤僻倔强的性格。他独行于这些江河，雨行路中、夜宿村镇、穿越悬崖洞穴、摆渡过河、爬出绝境，寻觅自己的过去、前辈们的过去、祖先们的过去。他采用纪实手法，记事写人、追溯历史、描景状物、实录真相，将贵州地域人文生态"深描"下来，将散布在江河流域的母语文化及其感人故事搜集起来，并在母语和现代汉语之间努力寻找一种表达上的契合，从而展现贵州地域文化的丰富性和深刻性，给人一种良知的启悟、思想的引领、诗性的熏陶和现实的反思。

三是安元奎的乌江中下游行走散文。思南土家族作家安元奎，主要行走于乌江两岸土家山寨，新世纪以后出版有散文集《行吟乌江》《远山的歌谣》。他的作品是一种"母语文化"的回归和"地域寓言"的书写。尽管他的散文着力点在于对乌江流域历史文化的清点与盘活，但是，一个乌江之子对自己的地域人文传统和根性文化的崇敬与复原，对乌江人精神文化生活的探源与描述，是他散文的价值所在。从安元奎的散文来看，无论是《古盐道上的虚拟航号》中对老船长、老纤夫的追寻与采访，还是《怀念歪屁股船》中对乌江木船的深描与追念，无论是《野生的民歌》中对乌江两岸原生态的"打闹歌"和歌师的赞美与探访，还是《凭吊绿荫轩》中对黄庭坚谪迁乌江彭水遭际的怀想与感念，等等，无不充满着对故土的挚爱与留恋、惋惜与深思。他表现母语文化的方式不是直接的，也不停留在语言表面上，而是在寻找乌江文化的源头时，对母语文化精神的认同、渲染、强调和转换。

四是韩进的黔东南两江行走散文。贵阳作家韩进，一直热衷于地域民族题材的散文创作，曾出版《夜郎情思》《远山在召唤》。他先后行走清水江和都柳江，分别在《贵州日报》开辟"清水江纪行"和"行走都柳江"两个专栏，陆续发表纪实散文近50篇。行走清水江时，从清江南源斗篷山区的马尾河开始，途经都匀、福泉、丹寨、麻江、凯里、黄平、施秉、台江、剑河、锦屏等县市，最后抵达清江出省处的天柱县渡头坡。风光、风情、风物尽收眼底，体察、感受、思考也流于笔端。行走都柳江系列，记录了地域风貌、民俗风物，观察了社会变迁、人情世相，考察了历史文化、社会现实，以极其朴实的情感、平民心态书写对乡土的眷念和底层的关怀。同时，在行走的背后还蕴含着对真情的寻找、善良的发现和心灵的感悟，使他的纪实散文超越了纪实而充满文学的力量。

五是文隽永黔滇缅抗战路线行走散文。记者出身的德江土家族作家文隽永，从都匀出发只身走进雪域高原，感知人迹罕至的可可西里生态环保状况，探访中国江河源所在，关注藏羚羊的命运，唤回人们对大自然的敬畏之心，探寻人与自然和谐的奥秘，出版了《行走秘境雪域高原——一个记者眼中的江河源》。2011年4月，文隽永又沿着举世闻名的"史迪威公路"主线，独自从贵州独山深河桥抗日文化园出发，穿行晴隆"24道拐"，前往昆明、大理祥云、保山、腾冲猴桥与缅甸甘拜地、龙陵与施甸接壤的怒江、德宏州芒市、陇川、畹町、瑞丽，直至缅甸南坎。在行程近4000公里的黔滇缅抗战路线上，考察抗战遗址，谒拜国殇墓园和抗战纪念碑，寻访"驼峰航线"机场遗址和部分"史迪威公路"遗址，拜访慰问健在的远征军抗战老兵，在多个中缅边境口岸采访搜集抗战文化。他将才情、激情、真情熔铸到行走与写作中，创造出了独具一格的纪实散文。

六是"走遍夜郎故土"丛书的系列行走散文。"走遍夜郎故土"丛书是贵州省写作学会 2002 年起开始实施的"520 行走写作工程"的成果，这个工程的含义是组织会员每 5 年为 20 个旅游县市采写并出版 20 本精美的旅游散文集。十年来写作家们走访考察了贵州 48 个县市的山水风物、人文奇观，"用他们的眼睛发现贵州风情，用他们的心感受山水的灵气，用他们的笔书写贵州的文化"（喻莉娟语）。目前该工程已出版了 48 本 800 多万字的大型散文书籍，成为贵州"行走散文"的集大成者。贵州省写作学会副会长喻莉娟说："三四千篇散文，反映贵州多姿多彩的风俗民情和地方文化，用优美而畅达的文字，深厚而朴素的感情，自由而丰富的形式去书写这片多彩的土地，字里行间让我们感受山水的美丽，人间的真情；历史的久远，文化的厚重。是我们贵州当代文学创作的一个重要组成部分，也是贵州当代文学的重要成果之一。"[①] 这个总结比较准确恰当。

行走散文的文体特色是纪实，也就是说，它是用写实的手法来记事写人、描景状物、忠实反映事实真相和生活原貌。自 20 世纪 90 年代以来，散文创作呈现繁荣景象，而纪实类作品占很大比重，无论是报刊还是书籍，都大量刊载和出版人物纪实、事件纪实、过程纪实、风物纪实等一类作品。散文的纪实化与新闻的文学化相互交融渗透，满足了当今时代广大读者的平实、快速的阅读要求和精神消费。当然，纪实散文必须是文学的，必须符合文学的审美规律；优秀的纪实散文，还熔炼着诗性元素，使其纯度得到提升。因此，纪实散文在纪实的基础上，还须传达作家内心世界的丰富性，传达

---

① 喻莉娟：《走遍夜郎故土，贵州文学奇葩》，2013 年 1 月 12 日，http：//blog.sina.com.cn/s/blog_5af96c9601015yl8.html。

一种人格魅力和精神向度，对读者进行一种良知启悟、思想引领和诗性熏陶。也只有这样，纪实散文才能达到思想和艺术的融合，才能获得艺术上的超越，才能以其独特的艺术品格吸引读者并求得独立生存。而前面提到的这批行走散文，在处理纪实性和文学性上的程度不一样、方法也不一样。王大卫在纪实性和文学性的基础上增加学术成分，因此具有思想深度和思辨效果；安元奎在纪实性和文学性紧密结合的基础上注重历史文化的融入，因而文化气息浓厚；魏荣钊注重故事讲述和人生体悟，韩进注重现状描写和心灵的感悟，文隽永注重历史挖掘和现实反思，各具其艺术魅力，也体现行走散文的丰富多样。

当然，综观贵州新世纪以来十多年出现的"行走散文"，其创作质量也有不稳定的情况，一些篇章避免不了材料的堆砌、叙述的雷同、思想的轻浅、语言的枯燥；有些行走散文只是一种现场见闻的实录，近于新闻报道而离文学较远；有的行走散文只是历史文化的记录和诠释，而缺乏自己的体悟和诗性的描述；有的行走散文仍然是"文化散文"模式的翻版，并且题材价值不大，立意不高，写法上又缺乏独立和创新。行走散文的写作途径在于"行走"，没有行走就失去其意义和价值；而行走散文写作的落脚点是"散文"，丢失散文本体就没有文学性。因此，我们期待贵州行走散文改变面貌，出现更佳更具影响力的作品。

三 彰显贵州精神和民族文化的长诗①

长诗是一个时代文学发展与繁荣的标志。正如温东华先生所说："历史不会满足于文字的碎片。"长诗创作需要才情、气度、思想和

---

① 喻子涵：《贵州精神的讴歌与民族文化的彰显》，《贵州日报/27°黔地标》2013年4月19日。

学养的支撑，更需要把握时代、选择题材、处理材料的概括力和抽象力，同时也需要"完成思想、完成激情、完成人物"（朱多锦语）的形象和诗化处理能力。新世纪以来十多年，贵州长诗创作时而出现，下面就我目前看到的长诗作品作以下简要评析。

李发模于 2009 年出版的《呵嗬》（获第四届"贵州文艺奖"）共十章 5000 余行，是一部以仡佬族创世神话和发展历史为题材创作的叙事与抒情结合的长诗。这部长诗，叙写了仡佬这个以竹为图腾的民族艰难演进的历程，赞颂了这个民族顽强的生存意志和勇敢的创造智慧，并通过抒叙山蛮和水妹的爱情故事，讴歌了坚贞的品格和人性之美。这部长诗题名"呵嗬"，正是仡佬族的生活习俗与传统文化的呈现。仡佬族是居住在贵州北部深山的古老民族，是一个"喊"的民族。作者说，他们"喊山、喊号子、喊灵魂、喊奋进"，因而喊出一个民族的诞生、发展、繁荣，喊出他们悠久的历史与丰富的文化。"呵嗬"的喊声里包含着民族的性格与精神，包含着他们的神话与历史、宗教信仰与礼仪道德，包含着许多历史事件和文明的进程，也包含着他们的巫术与艺术、智慧与创造。由此，我们可以看出这部长诗体现了丰富多层的内涵和鲜明的地域民族特色。在创作方法上也是如此。《呵嗬》有着史诗的宏伟构架，有着叙事长诗的清晰脉络和故事情节，但它又不是枯燥地讲述历史和叙写故事，而是穿插大量抒情短章，将仡佬族的神话、传说、寓言、故事以及冲傩、赶尸、游天等习俗，通过山歌、民谣、儿歌、情歌、盘歌、对歌、酒歌、仪式歌、婚嫁歌、祭祀歌、打闹歌、栽秧歌、报路歌、劳动号子等形式表现出来，充满浓厚的民间艺术特质；有一些篇章又是戏剧形式、宗教经辞、唱本对白、小说对话，甚至散文短章，使长诗显得摇曳多姿、丰富多样。这样的创作方法，既彰显了贵州地域民族文化，同时也丰富了诗歌的创作形式，使这部长诗成为诗歌形式的集大成者从而显得独具一格。

　　另一部以土家族历史文化为题材创作的厚重史诗，是 2012 年出版的徐必常的《毕兹卡长歌》。"毕兹卡"是土家族的语言，意思是"说土家语的人"，既是土家人的自称，也是别人对土家族人的称呼。土家族世代居住在湘、鄂、黔、渝四省市交界处的武陵山区，贵州土家族主要分布在武陵山区的乌江中下游流域。这部长诗是以土家族历史和文化为原典，以土家族传说人物为原型，以土家族人的生活为背景，做现代性和时代性的诗意化诠释。第一章《梯玛神歌》以土家族史诗为原义，进行远古历史的探源；第二章以土家民歌《竹枝词》为题，描述土家族的文化创造；第三章《撒尔嗬》通过对跳丧民俗的描述，展现土家族英雄正义勇猛的民族性格和豁达无畏的生死观；第四章以土家情歌《龙船调》为题，反映土家族人民朴实的爱情观和对真爱的执着追求；第五章《薅草锣鼓》，以土家族劳动歌为背景，表现土家族人民的劳动风貌和勤劳乐观的人生态度；第六章以土家族织锦"西兰卡普"为题，象征智慧与创造、劳动与成果，预示土家族人民在新时代开创美好的未来。《毕兹卡长歌》在写法上与李发模的《呵嗬》完全不一样，这部长歌采用第一人称写法，用抒情的语调来叙事，并用当代人的视角和口吻，抒写对自己民族、祖先、历史、物事、宗教、习俗、文化的崇敬与追忆；结构和文体形式上比较单纯，没有像《呵嗬》那样采用各种民间诗歌形式来多线条地叙事抒情；语言风格上，平静朴素，注重情感控制和节奏把握，少用宣写、咏叹和铺诵，即使是像《龙船调》《薅草锣鼓》这样浩荡的、适合多声部抒情的篇章，作者仍然是平静地运用现代诗的创作手法进行民间文化现象的抒叙。因此可以说，《呵嗬》集中了仡佬族民间文学形式之大成，而《毕兹卡长歌》则是一部土家族题材的现代诗，这或许正是这部长歌的独特之处。

　　2010 年出版的姚辉的抒情长诗集《我与那个时代靠得更近》，则是一部以现代意识抒写诗人心灵与时代对话的长诗。这部长诗集包括《个人时事》、《南方》、《交谈》、《太阳》、《镍币或者其他》、《兄弟》和《颂歌》等七篇长诗。《个人时事》以连绵的思绪倾诉一个人 20 世纪 60 年代以后在南高原上的经历、见证、遗存的"苍茫琐事",这是一些不堪设想或者让人麻木的、繁多而不暇顾及或者被时间逐渐湮灭的"时事",充满着反思和历史沧桑感。《南方》仍是"悠远绵长的诉说",诉说历史、大地、三十年前的故园,诉说"姓氏"(姓资姓社的暗喻)的争论、冬天和道路的探寻,诉说雪的凛冽和对幸福与温暖的想象,诉说"春天成为大地的方向",诉说一个"闪耀的南方"在大地上出现。这是对一个时代变迁的回忆与唱颂。《交谈》是一组心灵与心灵的对话,"交谈"的话题是对人生的思考,对情感、生存、爱憎的思考。《太阳》书写一种顽强的信仰在人们心灵深处的复杂衍变过程,有着对一个时代的追缅与反思。《镍币或者其他》揭示商品经济时代人们变态的面相和腐蚀的灵魂,同时也折射了生存的艰难和现实的残酷。《兄弟》怀念一些往事,颂赞一种情谊,倾吐一腔真情,发出内心思念,是一组亲情赞美的诗篇。《颂歌》颂赞一种存在,人或物或诗的存在;颂赞一种愿望或者传说,一种存在的幸运与幸福。一般来说,叙事长诗有故事和情节支撑是可以长下去的,而抒情长诗靠什么呢?我想,靠情感、气度、内涵的延展。如果一个诗人在这些方面没有相当的准备,则是无法写长诗的。而姚辉的抒情长诗却写成功了。打开成功的秘籍,是因为他的抒情长诗有着很强的抽象力和诗性缔造。诗有抽象力吗?当然有!抽象力是诗人对眼前物事、胸中物事进行提纯和整合,使之达到一定思想高度、精神纯度,直至达到激情点,然后燃烧为诗。这种燃烧之中摇曳的、明艳的、持续的火焰,就是诗性。因此,诗性是精神燃烧过程中的形象呈现,是诗的形象化过程中爆发出来的一朵朵焰火和放射的一束束光芒。抒情长诗就是靠这种燃烧不尽的诗性来支撑、构架与延展的。读姚辉的抒情长诗,我们感觉到他是一位独立于南高原、传递南高原精神的使者，他为一朵焰火的持续与扩大，为精致而磅礴的诗性缔造一直守望于南高原。

《断碑，或午夜的自画像》是南鸥获得"中国当代诗歌奖（2000-2010）"的抒情长诗，其价值在于作者始终秉承现代主义创作精神，一贯坚持诗性原则和诗人的良知，将诗歌艺术融入自由精神的寻找和生命意义的探寻。在内容上，这部长诗以人的存在、信仰、价值、意志、尊严、情感、道德、人格、灵魂等生命意识与终极关怀为核心内容，对生命本源及本质进行探索，对人性和命运予以体察，具有一种纵深的历史感和使命感，也具有一种面对现实的苍茫感和悲壮感。在创作态度上，南鸥对诗歌艺术的探求，对文字的崇敬，对诗歌品质的坚守，几乎做到一丝不苟、竭尽全力。在写法上，他以磅礴的抒情气势和密集的意象支撑诗体，传达出诗意的历史和灵魂的青春。在艺术特色上，他以一种心灵的力量直追诗歌精神，以捍卫生命的方式捍卫诗歌理想，所以他的抒情长诗，激情四射，内涵丰厚，思想深刻，想象奇崛，意象繁富。在语言风格上，他提出"诗人应该是一个民族语言的智慧与光芒的开掘者，精神与情怀的捍卫者"，因此，他的诗歌语言充满隐喻、象征和多义性，显得激烈凝重，扑朔迷离，用词上注重内敛含蓄、精致准确。南鸥以现代主义创作方法构建长诗，其抒情才华得到尽情的发挥，为贵州长诗创作增添了一线色彩。

另外还值得关注的是，贵州的政治抒情长诗与地域民族文化题材长诗一样，都有自己的创作传统和精品力作。20世纪90年代王蔚桦创作出版的6000多行《邓小平之歌》，在报刊发表、在舞台朗诵、在电台播送，曾风靡一时；后有金永福创作出版的《毛泽东之歌》也产生一定影响。近年来，欧阳黔森的《贵州精神》，李远刚的《走自己的路》（获第四届"贵州文艺奖"和第三届"乌江文学奖"）和《播撒春天》等，都是贵州政治抒情长诗的代表作。《贵州精神》是欧阳黔森的重要诗歌作品。欧阳黔森是诗人出身，尽管他的小说成就更大，但是他的诗歌创作功底是过硬的。因此，《贵州精神》作为一首政治抒情诗，达到了政治价值和艺术魅力的融合与统一。该诗从历史切入，从对"二块巨石"一般的两个成语的诠释开始，道出了"夜郎自大"实际是"自大与自信"的辩证统一，"黔驴技穷"实际是"黔虎吞食了好事者的驴子"的谬传。然后再以"明白人"刘伯温的预言逆转，指出贵州"胜在青山绿水里"；接着以诗论证"保住青山绿水"与"高度工业文明"的和谐关系，"三化同步"与"科学发展"的科学原理。长诗通过历史的、自然的、政治的、经济的、时代发展的背景描述，指出"贵州的春天来了"，指出"又好又快，更好更快"是一种睿智与谋略。诗到此，转入对"贵州精神"的内涵理解与诗意描述。诗歌用很长的篇幅刻画"钢"和"水"的两个意象。描绘了贵州精神像"钢一样坚忍不拔"，像钢一样"不断地锻铸"而成，"百炼成钢"的贵州精神于是"战无不胜，无坚可摧"，战胜了千里冰凌的较量，战胜了百年大旱的炙烤；描绘了贵州精神亦如水一样"自信自强"，如水一样"遇软而柔，遇坚则刚"，贵州人就像那"屹立高原，心向大海"的千条万滴水，"洋溢着战斗的英雄主义"精神，以"不可阻挡、一泻千里的气概"，冲出大山找出路，绝地逢生求发展。诗篇通过"钢"的意象，诠释了"不怕困难，艰苦奋斗，攻坚克难，永不退缩"的贵州意志；通过"水"的意象，诠释了"自信自强，开放创新，能快则快，团结和谐"的贵州精神。这首长达354行的诗篇，思路清晰，立意高远，诗意浓郁，激情昂扬，语言精练，形象生动，是贵州近年不可多得的一首政治抒情长诗。

李远刚的《走自己的路》，是一首纪念改革开放30周年的力作，作品以澎湃的激情抒写中国人走自己的路的正确性和科学性，展现了气壮山河的奋争场面和波涛汹涌的改革航程。这首长诗的成功之处是"将引导中国改革开放方向的政治理论进行了一种诗意的表达"（贺绍俊语），它的鲜明特色在于"对历史事件的诗意化叙述"，"把诗歌的叙事功能和抒情本质恰到好处的结合起来"（苑坪玉语）。他的另一首长诗《播撒春天》，是在贫困落后的贵州在后发赶超过程中甩掉贫困、提速转型的历史节点上产生的一部重要的政治抒情诗。作者以现实的体察和内心的真诚，以饱满的激情和诗人的责任，书写出一曲激越而优美、刚劲而抒情的"播春的踏歌"。该诗的创作有三个特点：一是运用好政治抒情诗的抽象力与形象性，二是把握好政治抒情诗的情感控制和含蓄美，三是注重政治抒情诗的朗诵性和跨媒介传播效果。诗人以较强的抽象力和形象化的协调处理，以质朴的诗意叙述和飞扬的激情流动，使原本是政治报告的具体内容抽象为一个个名词，化为一种品质或精神，变成生动形象、激发联想、催人奋进的诗句。

总体来看，新世纪以来十多年贵州长诗创作题材多样，既有时代精神的颂歌，又有民族演进的史诗，还有地域文化的赞歌、现代意识的长诗。创作水准上，四种类型的长诗都各有千秋，起点不低。尽管贵州长诗创作数量不是很多，但是能广泛传播，能留给读者和听众深刻印象，能激发一代人生活和创造的激情，能引发人们思考，这些长诗的价值就已经不小了。

贵州彝文典籍及其价值述评

谢定国[*]

彝族是西南地区历史悠久和人口众多的一个民族，有着自己的民族文字，且文字的起源甚早。历史上在云、贵、川地区，彝文曾经是流行的书面交际工具，保存了大量内容丰富、卷帙浩繁的彝文典籍，是研究彝族社会历史和民族文化的宝贵资料。摩尔根《古代社会》用文字的出现来区别野蛮社会和文明社会，由此可见，彝族应是较早进入文明社会的民族。对彝文典籍的研究，能更好地让他们了解古代彝族社会，并有效地传承优秀的彝族文化。

一 彝文概述

（一）彝文的起源问题

研究彝文典籍必须要研究作为其载体的彝族文字，即彝文。在历史上彝族创造了本民族的文字，汉文史书称之为"爨文"或"韪书"，现称为彝文。彝文历史悠久，现流传于川、滇、黔、桂四省（区）彝族地区的彝文，据不完全统计约 6000 字，经常使用的也有

---

* 谢定国，男，彝族，贵州省七星关人，贵州民族大学民族科学研究院教授。

2000 字。彝文的起源与汉字的起源一样，由于历史久远，传说不一。同时，彝文志书多不标注成书年代，故时至今日彝文的起源尚未有确定的结论。

黔西北彝族地区传说，彝文的创始者是一位叫吉禄的聪明的老人，他开始刻画六种家禽和六种野兽，并到树上记年，到石上记月，逐渐成了十二地支等符号，形成了同汉文完全不一样的、独特的彝族文字。

彝文经典《西南彝志》记载称，彝文的创造者名叫伊阿伍，他是一个聪明无比、能知天文地理的人物，他创造了文字，并用文字写了许多历史书籍。《西南彝志》的另一篇文章又说创造彝文是恒本阿鲁，他曾创始供奉祖先，发现了天地根源并创造彝族的象形文字。[1]

此外，罗文笔在《人类历史前序》中说，从彝族始祖希姆遮之时，直到撮侏渃时期，共有三十代人。当时并无文字，不过以口授而已，流传至二十九代武老撮之时，承蒙上帝差下一祭司阿叠者，他来兴祭奠，造文字，立典章，设律科，文化初开，礼义初备。[2]

以上有关彝文起源的传说和记载，如同汉字起源于黄帝史官仓颉造字的传说一样，长期以来，备受崇敬。

其实，彝文与其他文字一样，是广大的人民群众在生产生活中，根据现实的需要不断创造出来的，绝不是一两个人就能做到的，它是广大彝族人民集体智慧的结晶。

明清以来，汉文方志中，多把彝文称为爨字，这多半是爨氏集团在彝族历史上的地位和影响所致。

（二）彝文的统一问题

彝族使用彝语，彝语分六大言区，即北部方言区、南部方言区、西部方言区、东部方言区、中部方言区和东南部方言区。各方言之间差异较大，操同一方言彼此并不能通话的情况比比皆是。方言的差异主要表现在词汇方面，其次是语言方面。各地的文字也有较多的异文别体。因此，几十年来，关于如何实现彝文统一的问题，一直是各级彝族领导和彝学专家们竭力思考的问题。

彝文未能实现统一，除了客观因素外，人们观念的因素也至关重要。目前存在三种观念。第一种观念是主张统一、规范，认为统一具有可行性，且大有好处。第二种观念强调传统习惯根深蒂固，统一规范难度太大，因而不主张统一、规范。第三种观念是主张整理、编纂超方言彝文字典，选定彝文字数，确定字形、字义，读音则按各自方言念读。这三种观念形成三种势力，谁也不让谁，谁也说服不了谁。有鉴于此，彝文规范和统一的任务还很重，仍有很长的路要走。

二 彝文典籍的传承特点

彝文典籍传承的特点表现为主要由彝族的知识分子布摩来传承。在彝族历史上，长期存在兹（君）、慕（臣）、布（师）三位一体的统治权力机构。布即布摩，是彝族历史文化的传播者和民众教化的大师，在彝族三位一体的政权结构中处于十分重要的位置。他们学识渊博，足智多谋、能言善辩，属于知识分子阶层，在统治集团内部具有重要的作用。许多彝文经典中论述某个朝代或某个时期的社会情况，往往把社会进步与文明程度同当时布摩的知识水平联系在一起。因为在古代彝族社会里面，无论从事什么样的活动都离不开布摩。诸如渔猎、耕牧、作战、建筑等都要事先通过布摩占卜，预测吉凶祸福之后方可决定；每当联姻通婚、攀亲寻根时需要布摩叙谱，并查明宗亲渊源。除此之外，布摩有义务以自己的知识、才能劝导君主文明施政；布摩在战争中起着军师和参谋作用；布摩在历史、文化等方面具有文史官员的职能；布摩在刑事案件中起法官的作用。布摩广泛地参与各种社会实践活动，深深地嵌入社会的各个层面，对彝族社会各方面的情况了如指掌，又精通彝文，因此，彝族历史文化传承的重任顺理成章地落在了他们的肩上，彝文典籍自然就以布摩为核心一代代的传承了下来。

三 贵州彝文典籍的分类

贵州彝文古籍从不同的角度划分有不同的分类。按传承人来分，贵州彝文典籍可分为"布署"和"摩史署"，"布署"是彝族祭师——布摩使用的彝文经典，如《献酒经》、《指路经》、《祭龙经》、《鸡卦经》和《解冤经》等。"摩史署"为摩史在庆典、恋爱、结亲嫁女、丧祭等礼俗场合吟诵的诗歌，如《曲谷》、《阿买凯》、《鲁呕》和《把署》等。按内容分，可分为哲学、政治、军事、经济、历史、文学、谱牒、天文历法、地理、伦理、民俗、医学、医药、建筑、宗教、工艺、美术等。按地域分，贵州境内的彝文典籍可分为水西类型、乌撒类型和水东类型[3]，以下重点对这三种类型作简要介绍。

（一）水西类型

水西类型彝族典籍文化是指流传于操用彝语东部方言水西土语区的彝文典籍及其载及的彝族传统文化，包括七星关区、黔西县、大方县、清镇市、织金县、金沙县和纳雍县等地区。这一区域是彝族历史上文化极为发达的地区，安氏土司在此经营了1000多年。如《西南彝志》《爨文丛刻》中的《把署》、《献酒经》、《祭龙经》、《解冤经》和《玄通大书》等古籍文献和大多数金石碑刻皆出自这一地区。水西类型彝族典籍文化有以下特点：一是字体书法极具特色；二是用字严谨，书写工整，表义成分显著；三是布摩祭师传承系统与摩史歌师传承系统有了明显的分化；四是藏书量大，特别是历史和文学著作多；五是学术研究领先，特别是在史学方面。

（二）乌撒类型

乌撒类型彝族典籍文化是指流传于操用彝语东部方言乌撒土语区的彝文典籍及其载及的彝族传统文化，包括威宁县、赫章县、水城县和纳雍县等地，这一地区也是历史上彝族文化比较发达的地区。乌撒类型彝族典籍文化有以下特点：一是用字比较严谨，较好地保留了彝文的表意成分；二是典籍载录内容丰富多彩；三是本体文化保留比较完整；四是发掘的文史理论著述反响强烈，如《六祖源流》、《彝族创世志》、《彝族诗文论》和《物始纪略》等皆属于乌撒古籍。

（三）水东类型

水东类型彝族典籍文化是指流传于操用彝语东部方言区盘北次方言周边地带彝文典籍及其载及的彝族传统文化，包括普安县、晴隆县、兴仁市、盘州区、六枝特区等地。这一地区是彝族先民开发较早的地区，彝族文化曾在这里创造过辉煌。水东彝族典籍文化有以下特点：一是这一地区地域广大，历史悠久，文化内涵极其丰富；二是可供研究的文物古籍也十分丰富，如红岩摩崖石刻；三是翻译整理公开出版彝文古籍的不多。

四　贵州彝文典籍价值述评

贵州彝文典籍涉及诸多学科和领域，内容极为丰富，具有很高的学术研究价值，对彝文典籍的研究是彝族文化研究的重要内容。

（一）贵州彝文典籍天文学价值述评

天文学是研究天体位置及其运动规律的学问，与人类的生产和生活息息相关。彝族历来是一个农耕民族，天文知识对农业至关重要，因此，彝族历来重视天文知识的学习、创造和积累，并在实践中指导生产和生活，这一切被彝文典籍很好的记录了下来。千百年来，彝族先民在认识自然、探索宇宙奥秘的过程中，善于思索，勇于实践，总结经验，掌握规律，不断产生独特的新见解，创立了自己的历法系统，形成独具特色的天文学体系，彝族在天文学方面的成就举世瞩目。

彝文经典《宇宙人文论》以较多的篇幅记载了彝族的天文历法。彝族先民根据自己认真的观测，分析日、月出没的方位，按正月九月、二月八月、三月七月、四月六月、五月十一月、十月十二月等不同月份，观测太阳、月亮出没的六条不同的路线。这六条路线反映了地球上所受光热的时间、地点不同，因而轮回出现冬、春、夏、秋和二十四节气。书中用《清、浊二气运行的轨道图》，示意清气与浊气按青、红二线各四条和虚线一条环绕东、西二天之间的轨道运行，太阳、月亮各按此轨道不停地转动，太阳一年十二个月转一周，轮回二十四节气；月亮运行一圈，经历一个月，轮回一次圆缺。

《宇宙人文论》还记述了彝族先民认识宇宙方位的方法，即先定"四方"，后分"八角"。四方即南、北、东、西，也就是"四象"。由南、北、东、西四方演化，加上东南、西北、东北、西南而成"八角"，就是八个方位，由哎、哺、且、舍、哼、哈、鲁、朵八位主管之。"八角"相当于《易经》记载的"八卦"，即"哎"为乾卦，"哺"为坤卦，"且"为离卦，"舍"为坎卦，"哼"为兑卦，"哈"为艮卦，"鲁"为震卦，"朵"为巽卦。以哎为父，哺为母；鲁、朵为长男、长女；且、舍为中男、中女；哼、哈为少男、少女，象征人类的繁衍。又以火、水、木、金、石、禾、山、土分属哎、哺、且、舍、哼、哈、鲁、朵八个方位，象征地指万物的发生和发展。进而论述"十二地支"，也是由清、浊二气所化，"五行"所生，它们是子（鼠）、丑（牛）、寅（虎）、卯（兔）、辰（龙）、巳（蛇）、午（马）、未（羊）、申（猴）、酉（鸡）、戌（狗）、亥（猪）。"十二地支"与"十天干"（甲、乙、丙、丁、戊、己、庚、辛、壬、癸）配合，主管宇宙的时间和空间。

（二）贵州彝文典籍哲学价值述评

哲学作为社会意识形态之一，是关于世界观的学说。它是自然知识和社会知识的概括和总结，并形成人们对整个世界的根本观点的体系。哲学的根本问题在于回答精神和物质二者谁是第一性，谁是第二性问题，即是物质决定意识，还是意识决定物质的问题。凡是承认物质是第一性，精神是第二性的，即物质决定意识的就是唯物主义，反之，承认精神是第一性的，精神决定物质的就是唯心主义。彝文典籍系统全面地记录了彝族哲学思想和哲学原理，有关理论可以用来指导彝文哲学论著的整理研究工作。与此同时，彝文典籍中有关哲学方面的论述可以丰富彝族哲学思想的研究。

彝文典籍有关哲学思想的论述十分丰富，许多彝文典籍都涉及彝族的哲学思想和理念，也产生过很多杰出的哲学家。在众多的哲学论著当中，最有代表性的当推《宇宙人文论》，该书坚持朴素唯物主义一元论的思想，认为世界是由气产生，在天地形成之前就有了气，气是最早的原始物质。气分为清气和浊气，由于清气和浊气的发展变化，形成天、地、人和万物，这是书中所论述的基本观点。彝族先民认为，在天、地产生前，整个太空是一片"哪赫赫、哪贾贾"的"无极"空间，即是"大空空、大虚虚"的混沌景象。后来，由于"气"的发展变化，形成天和地的"太极"图像（彝语称为"纂古鲁"和"米阿哪"，意思是"天父"、和"地母"），于是清气上升成为天，浊气下降成为地。人体同于天地之体，同样由清气和浊气发展变化而成人的"形象"，彝语称为"哎哺"。人体同样由清气和浊气管着气、血、营、卫。哎和哺有着不同的两类属性：哎为乾、为男、为父，属于阳性；哺为坤、为女、为母，属于阴性。万物也跟天、地、人一样，由清气和浊气发展变化而成。天、地、人和万物都可以用阴、阳二象概括之，此即所谓"两仪"。天、地、人和万物产生之后，人是其中的主宰。书中记述了人们怎样认识万物，怎样区分宇宙的方位，各方位由谁主管。著作还讨论了火、水、木、金、土"五行"是福禄之源，这与汉文古书记载"五行生万物"的道理相似。

《宇宙人文论》还用清浊、五行、丁支、八卦的道理来讲述人体的部位和经络、气血。"当清浊二气充溢，由五行而形成天地之后，又随着五行变化，形成人的根本。五行的水就是人的血；金是人的骨；火是人的心；木是人的筋；土是人的肉。"[4]与祖国医学以心、肝、脾、肺、肾分属火、木、土、金、水的说法是一致的，而其原理又是相符的。又说："在五行成为人体雏形之后，就开始有生命会动，仿着天体去发展变化，成为完整的人"[5]。所以，"天上有日月，人就有一对眼睛；天上有风，人就有气；天会雷鸣，人会说话；天有晴朗，人有喜乐；天有阴霾，人有怨怒；天有云彩，人有衣裳；天有星辰八万四千颗，人有头发八万四千根；天的周围三百六十度，人的骨头三百六十节。"[6]这样的论述，虽然不符合科学原理，但比起"上帝造人"的唯心论来说，要高明得多。

彝族哲学体系中，不仅有清浊二学说，还有其他许多有关宇宙观和系统的学说。如彝族人民的虎宇宙观认为，宇宙是由虎尸解创造的，地球也是由虎来推动运转，这种宇宙观无疑是从虎图腾崇拜的观念之中演化而来的。许多天地形成和万物产生等起源神话，虽有着浓厚的神话色彩，却能够系统地反映彝族先民的朴素唯物主义观点。

（三）贵州彝文典籍史学价值述评

史学是以历史为研究对象的一门学问，它以人类社会有文字记载以来的历史作为自身的研究对象。故前人将文献学看作广义的史学，二者确实存在密切的联系。因为文献学把文献作为整理研究的对象，其目的在于保存古代文化遗产，疏通古今之文意，为各方面的研究提供翔实可靠的文献资料。而历史学则是根据古文献史实记载疏通古今之历史过程，揭示各种历史现象，并对历史发展规律作高度的理论概括，用历史纪年和代系之主线将古代文献串成系统，形成历史画卷展现在今人的面前。在众多的彝文典籍当中，《西南彝志》和《彝族源流》无疑具有极高的史学价值。

彝文典籍是彝族历史的主要载体，彝文典籍较全面地记录了彝族社会历史发展脉络。《西南彝志》是一部历史巨著，被称为"彝族古代社会的百科全书"，全书约 37 万字，共列有 400 多个标题，记载的内容有哲学、古氏族谱系，以从希姆遮到水西安氏的 116 代父子连名谱为主线，叙述古代彝族的迁徙、发展、分支、联姻、祭祖等社会活动的历史，并叙述了滇东北、黔西北、黔中、黔西南、四川凉山等地彝族"乌蛮"和"白蛮"各部的"什数君长"父子连名谱及活动史实。书中的记载与所述地域的彝族各支相对应，它的内容还涉及天文、历法、语言、文字、医药、交通、兵器制作、生活用具、工艺、畜牧、狩猎、农耕等各个方面，较全面地反映了彝族古代社会的政治、经济和文化生活。

《彝族源流》是另一部彝族历史巨著，它以父子连名谱为线索，记录哎哺、尼能、什勺、米（慕）靡—武娄、举偶、六祖这六个时期的彝族历史，认为彝族起源于哎哺氏。由哎哺氏分支的尼能、什勺、米（蒙）靡、武僰、举偶等各大支系，共同起源、同步发展，同时存在于毗连的分布地，但从时间上却分先后占据彝族历史的突出舞台。尼能、什勺、米（蒙）靡连接六祖、武僰四大系统是彝族的族源主体，举偶是彝族文字文化的代表与象征。据《德布源流》《水西世系》等文献记载，彝族历史在笃慕（蒙靡最后一代王）之前，有三百八十六代，在笃慕之后，传七十八代到安坤。从《彝族源流》所记载的内容上可以看出，彝族与昆明、蜀、叟、哀劳、卢等族群有直接联系；在进入阶级社会后，又同古蜀国、古滇国、古夜郎国、古朱提国、古牂牁国的建立直接有关。至于建立罗殿国、罗施鬼国、南诏国、阿者国、毗那国、自杞国，以及上百的"以什数"的君长政权，其根源关联就更不待言了。

（四）贵州彝文典籍文学价值述评

彝族是一个诗的民族。彝族的文学表达形式以五言体诗见长，可以说彝族文学史，就是诗歌史。举奢哲是彝族诗论最早的代表人物，是古代彝族的大毕摩，具体生卒年代均不可考。今人据《盐仓家谱》记载推断，约为南北朝时期人，与汉族刘勰、钟嵘大体同时。

举奢哲所著《彝族诗文论》是一部研究彝族诗歌创作特点的重要著作，书中认为：历史学家要完全忠实于史实。"第一写史事，人物身世明，代数要叙清，时间要弄准，所有写史者，人人须做到，记录要真实，鉴别要审慎，这样写下的，才算是历史，史实才算真[7]。诗歌则不同：诗歌和故事，可以是这样，当时情与景，情和景中人，只要真想象，就可作文章，可以有假想，夸饰也不妨"[8]。"至于编写时，若是写故事，无论怎样写，须有六成真，可有四成虚，这样才能把人物写活起"[9]。在这里，举奢哲已经意识到历史的真实与艺术的真实的区别，意识到文学艺术的想象性和虚构性的特有属性，而且意识到想象和虚构必须以生活的真实为基础和准绳。

并提出了关于历史题材写作"六成真,四成虚"的原则。这些理论,时至今日依然具有借鉴意义。

《彝族诗文论》讨论叙事诗时,提出了几个原则。一是不仅要"描事象,而且要绘心谱",即注意对人物的心理刻画。因为人是叙事诗的中心,只有善"绘心谱",才能写出栩栩如生的人物形象。二是要注意故事的完整性和连续性,写出人物性格的发展和故事情节的来龙去脉。三是故事情节要真实合理,令人信服。他还特别强调音律。他说:"韵律要牢记,上句押下句,五言对五言,七言对七言,九言对九言,三言对三言,这样写下来,念起既和谐,谈来也顺畅,文笔更流利。"[10]他把音律作为诗歌最重要的形式因素摆在十分突出的位置。举奢哲的这些认识无疑是相当正确的,对于今天的创作仍然有着指导作用。

阿买妮是与举奢哲齐名的彝族古代杰出的文论家。她的诗文和理论对彝族文化的发展产生过巨大的影响,因而被彝族人民尊为传播知识和文化的女神。她的诗论著作《彝语诗律论》,是一部全面论述彝族诗学理论的论著。阿买妮在这部论著中提出了一系列重要的原则。一是强调主旨。"诗要有主旨,无旨不成诗"[11],认为主旨是诗的核心所在,有了主旨,才能有神韵和血肉,才能成为一个充满生机的艺术生命体。二是强调韵律。认为写诗要严格遵守诗的格律,讲协韵,讲对仗。"如要写诗文,须得懂声韵;写者不知声,作者不懂韵,诗文难写成。"[12],三是强调内容与形式的有机统一。认为诗歌既要"诗意深",又要富于文采,要情文相生。文采来自何处,她认为来自诗人深厚的常识和阅历。这些原则,对今天的作者仍然具有借鉴作用。

(五)贵州彝文典籍宗教学价值述评

宗教学是一门以宗教为研究对象的科学,它主要研究宗教的产生和存在的根源、发展和消亡的过程及其规律、社会表现和社会作用等。马克思指出："相当长的时期以来，人们一直用迷信来说明历史，而我们现在是用历史来说明迷信。"[13]对一个民族的研究，宗教是一个绕不开的话题，同样，对彝族及其文化的研究，宗教同样是一项重要的内容。在为数众多的彝文典籍当中，有关宗教的典籍就占了60%以上，包括《指路经》、《祭奠亡灵经》和《招魂经》等。由此可见，宗教在彝族社会中的重要地位。

彝族宗教强调万物有灵。彝族的宗教信仰，从总的方面来看，基本上还处在原始宗教的发展阶段，万物有灵普遍存在于社会生活之中。新中国成立之前，由于社会生产力的低下，彝族人民对大自然驾驭能力是很低的，因而，把自然物和自然现象视作具有生命、意志以及巨大力量的对象加以崇拜。

彝族宗教强调灵魂不死。彝族认为人死后肉体终止了，但灵魂还在继续存在，它既能降之以灾祸，也能赐人以福祉。为此，对灵魂极为崇敬，遇有不幸要请毕摩禳解驱鬼，有所企求亦要请毕摩祈祷保佑，其中最盛行的是对祖先的崇拜。

新中国成立以来，彝族人民群众中仍有不少人信仰自然宗教，也有不少地区盛行祖先崇拜，但在个别地区，如贵州的赫章、威宁等地的部分彝族群众信仰基督教。但是，总的来说，随着教育的普及，知识文化水平的提高，彝族人民群众更为崇尚科学，思想境界大为提高。

小　结

彝文典籍作为彝族传统文化的重要载体，以丰富的著述内容，广泛地涉猎了彝族社会历史的方方面面，全面地载录了各种文明成果，成为彝族优秀文化的代表。本文对贵州境内的彝文典籍分类情况进行了介绍，并对贵州彝文典籍在天文学、哲学、史学、文学和宗教方面的价值进行了概括性的评述。我们深信，随着彝文典籍翻译整理工作的不断推进，贵州彝文典籍所包含的更深厚的价值将不断被揭示出来，彝族文化研究也将不断走向繁荣。

注释：

----

［1］余宏模：《余宏模彝学研究文集》，贵州大学出版社，2010，第305页。

［2］余宏模：《余宏模彝学研究文集》，贵州大学出版社，2010，第305页。

［3］朱崇先：《彝族典籍文化研究》，中央民族大学出版社，1996。

［4］罗国义、陈英译《宇宙人文论》，民族出版社，1984，第88～90页。

［5］罗国义、陈英译《宇宙人文论》，民族出版社，1984，第88～90页。

［6］罗国义、陈英译《宇宙人文论》，民族出版社，1984，第88～90页。

［7］举奢哲：《彝族诗文论》，贵州人民出版社，1988，第5页。

［8］举奢哲：《彝族诗文论》，贵州人民出版社，1988，第6页。

［9］举奢哲：《彝族诗文论》，贵州人民出版社，1988，第7页。

［10］举奢哲：《彝族诗文论》，贵州人民出版社，1988，第7页。

［11］举奢哲：《彝族诗文论》，贵州人民出版社，1988，第48页。

［12］举奢哲：《彝族诗文论》，贵州人民出版社，1988，第42页。

［13］《马克思，恩格斯全集》第一卷，人民出版社，1960。

贵州红色文化影像化手段研究[*]

王长城^{**}

摘　要： 红色文化作为中国特色的先进文化，是我国文化建设的重要组成部分，合理有效地利用可以带来巨大效益。贵州红色文化资源丰富，由于长期投入不足、不够重视等原因，大量的红色文化资源没有获得很好的开发利用，在很大程度上影响了这些资源的传承与保护。要想把贵州红色文化发扬光大，讲好贵州故事，带动贵州红色旅游经济的发展，影像化表达是最直接的手段。因此，本文从贵州红色资源影像化现存概述、红色文化影像化作品分析、红色文化影像化作品发展不足及提升策略这三个部分来分析贵州红色文化影像化手段研究，有效的利用影像化手段使贵州红色文化资源得到最大化资源整合利用。

关键词： 贵州　红色文化　影像化

党的十九大提出，要坚定文化自信，推动社会主义文化繁荣兴盛。没有高度的文化自信，没有文化的繁荣兴盛，就没有中华民族伟大复兴。要坚持中国特色社会主义文化发展道路，激发全民族文

---

* 2017 年度贵州省党的建设研究会课题成果。项目号 17ZX008，2018 年 3 月被评为优秀项目并结题。

** 王长城，汉族，贵州遵义人，贵州民族大学副教授，硕士研究生导师。

化创新创造活力，建设社会主义文化强国。① 基于此背景上，贵州红色文化作为一种先进文化、和谐文化资源，更加应当对其进行有效的利用和合理的开发。笔者结合当前贵州的红色文化资源特点和生存状况，经过深思和探索如何极大地发挥红色文化资源的效益后，得出影像化表达是最直接的手段。

近年来，贵州省在通过影像化表达红色文化资源方面做了很多尝试，但成效不够明显，故此笔者想在之前学者研究的基础上，找寻不同研究角度进行深度探索，以期找到指导红色文化转换影像的手段脉络。

一 贵州红色资源影像化作品现存概述

自 1934 年 10 月起，红军长征便在贵州全省各地留下了不可磨灭的印记。自此，贵州的红色文化资源遍布全省各地，其中经过国家认定的红色文化资源在全省有 14 处，经过省级认定的红色文化资源有 22 处，并形成了以遵义为中心，遍及贵阳、安顺、毕节、黔南等市（州）的分布网状。另外在国家认定的 14 处红色文化资源中，遵义占 7 项，黔南占 2 项，贵阳、安顺、毕节、铜仁、黔东南各占 1 项。

贵州红色文化资源时时刻刻彰显与表达着无产阶级先辈们无私奉献的革命精神，党和组织也热切期盼借此精神影响、规范并约束人们在日常生活和工作中的行为。故此，与娱乐相结合的影像化表现手段可以使得红色文化资源得以形象、立体、直观地呈现在电视荧幕上，也让这些在中国历史上难以磨灭的重要痕迹得以最大限度地还原与再现。

----

① 2017 年 10 月 18 日习近平总书记在十九大报告中提出。

（一）贵州红色资源影像化早期作品

新中国成立之初，贵州的红色资源影像作品呈现一片空白，直到新中国成立后才有所改善，开始进入一个历史的发展新时期。1961年，电影《突破乌江》是贵州红色文化资源影像化作品与观众见面的最早期作品。1982年，单本剧《在密林，在山岗》在央视播出，是贵州红色文化类影像作品的第一次亮相；紧接着是1983年故事片《四渡赤水》获得第四届中国电影"金鸡奖"特别奖和文化部优秀影片奖二等奖。1994年，14集电视连续剧《黄齐生与王若飞》获得第四届"五个一工程"奖，可以说这部剧在当时成为高水平电视剧作品之一。1996年，8集电视连续剧《遵义会议》在获得"五个一工程"奖的同时还第一次为贵州夺得了中国电视剧的最高奖——"飞天奖"。2000年前后，贵州的5部红色文化资源作品《邓小平在1950》、《杨虎城的最后岁月》、《邓恩铭》、《周恩来在贵阳》和《喋血黎明》分别先后获得中国电视剧的三大奖项："飞天奖"、"金鹰奖"和"五个一工程"奖。至此，贵州红色文化资源影像化早期作品可以说进入了贵州红色文化资源题材电视剧的创作高潮，在那一个时代留下了永远的印记。

（二）贵州红色资源影像化中后期作品

2001年，电视剧《长征》在中央电视台一套播出，其中7～15集重点讲述了党和国家领导人带领红军进入贵州后发生的事迹，该作品获得精神文明建设"五个一工程"奖。2006年至2010年，电视剧《雄关漫道》、《杀出绝地》、《绝地逢生》、《大西南剿匪记》以及电影《水凤凰》、《云下的日子》相继播出，让贵州红色文化资源影像作品在全国得以展现。从事影像化作品相关创作人员充分认识到贵州在过去的影视创作数量上虽然不多，但质量并不低，当务之急贵州应摆脱对外界的依赖，提升自身的生产能力。基于此背景，2011 年 8 月，贵州民族大学传媒学院联合贵州省苗学会、贵州毕节电视台进行摄制，并联合了贵州省委党史研究室、贵州省委宣传部共同出品了红色文化资源纪录片《扩红·贵州》。这部影片是一部比较客观与朴实的作品，其运用了简洁明快的镜头语言娓娓道出了红军长征在贵州扩红运动的全过程。

2014 年，电影《红石坡刑场》在贵州省电影家协会的筹备下，和大众见面，这是贵州省自创的又一部红色文化资源影像化作品。2015 年，《红军山上杜鹃红》在遵义市取景进行拍摄。同年，位于贵州省晴隆县选景拍摄的名为《二十四道拐》的电视剧在央视一套、八套播出。2016 年，拍摄于黎平县的电视剧《生死黎平》进入人们的视野，同年十月，《遵义会议》由贵州电视台、北京东方一处国际传媒有限公司、陕西文化产业投资有限公司等企业和媒体部门共同联合出品，该片是纪念中国工农红军长征胜利 80 周年的作品。随后，故事影片《勃沙特的长征》在贵州省贵阳市横店电影城 6 号厅举行了首映仪式，由贵州省黄平县委宣传部和湖南潇湘电影有限公司联合进行拍摄。同年，为了纪念红军长征胜利 80 周年，选择贵州省遵义市作为取景地点进行拍摄，由中宣部和国家新闻出版广电总局共同参与指导，影片荣获了第五届优秀国产纪录片及创作人才扶持项目中的优秀理论献片。

从早期的 1961 年到中后期的 2016 年前后，以贵州红色文化为背景或为主要故事情节的影像化作品不断活跃起来，在中国学术界和影视圈受到了不同程度的关注，成功地吸引了人们的眼球。的确，在当前人们追求娱乐精神文化大背景下，影像化表达是一种传递文化的直接手段，通过这种传播方式能产生部分社会效果，产生一定的影响。

二 贵州红色文化影像化手段作品分析

19 世纪后，人们发明了摄影技术，带来了影像时代。20 世纪后，电子传播技术渐渐地完善，电视电影也促使影像不断发展，人们所看到的影像，从静态变成了动态。转眼到了 21 世纪，全新的网络时代到来，影像变得更加普遍，正如德国思想界的主要代表人物海德格尔预言，21 世纪的人类将进入一个图像时代。

近几年来，我国科学技术发展迅猛，经济发展水平不断提高，传媒类领域的电子传播技术、影像技术等也取得了长足的发展，这让信息传播跨入视觉图像化时代。而与视觉图像紧紧联系在一起的是影像化。加拿大多伦多传播学者麦克卢汉曾经提出"媒介即讯息"[①] 的观点。影像化既然是大众传播手段中的一个分支，那么影像化本身就是一种传播媒介，同时又是一种文化信息。贵州红色文化在传播的过程中，通过影像化手段尤其是电影、电视剧、纪录片等方式的传播，对贵州红色文化的宣传起到了相当大的作用。因此，本部分通过个案和内容的分析，利用电影《四渡赤水》和《遵义会议》、电视剧《长征》、纪录片《扩红》来分析贵州红色文化的影像化手段。

（一） 电影与贵州红色文化影像化

"四渡赤水"是由毛泽东同志带领的红军在危险关头四过赤水脱险的战役。按照电影的上映时间，在贵州早期红色文化电影中，1982 年八一电影制片厂拍摄的影片《四渡赤水》，把红军长征途中与敌人斗智斗勇的威武雄壮形象搬上银幕，真实地再现了这次战役的浩大场面，塑造了大批无产阶级革命家，如毛泽东、周恩来、彭

---

① 邓至秦：《麦克卢汉的媒介理论阐释》，《新闻世界》2015 年第 5 期，第 224~225 页。

德怀、朱德等，以及红军指战员高翔、卢青松的光辉形象，把红军战士在贵州长征期间发扬的不怕苦不怕累、勇往直前的精神发挥得淋漓尽致。

这部影片算是较早地把贵州红色文化通过影像化的方式展现出来，让观众了解红军长征在贵州的故事。影片《四渡赤水》中有两个特点较为突出，第一个特点是善于运用长镜头。既是影片导演又是摄影师的蔡继渭，擅长拍摄场面雄壮的画面，刻画形象生动的人物。影片崇尚自然真实，且镜头语言较为简单粗糙，多用长镜头，通过长镜头把红军四渡赤水、抢占娄山关、南涉乌江等情节一一呈现，那滔滔的赤水河、巍峨的娄山关、波涛汹涌的乌江，成就了贵州天然屏障的险要地势和雄伟的气势，当电影镜头推向国共敌我双方在以上几个战场上对阵时，你攻我守、拼命厮杀，影片既展现了战斗场面的气势磅礴、波澜壮阔，又表现出了红军士兵的英勇善战。影片总是利用大全景把四渡赤水这场有意义战役的广阔场面让观众尽收眼底，十分壮观。正如当红军从茅台镇第三次渡过赤水河时，一个长镜头从山间往左摇到河面上，利用大远景拍摄红军打着红旗朝着渡口的方向走来，队伍浩浩荡荡；用全景展现河面的浮桥上，红军队伍冒着敌机的轰炸快速过河，河中不断炸起水柱，茅台镇酒坊被炸，酒窖里的酒"嘭"一声被炸烂等，接着画面剪切到天上的敌机不停盘旋轰炸，体现了战士们毫不畏惧，勇往直前的精神。这样的拍摄手法以及剪辑手法给观众呈现红军战士在贵州进行的一场激烈战争的场面，恢宏的气势，惊心动魄；另一个镜头则是红军手拿火把在夜间行进的情景，画面中无数燃烧着的火把，远处星星点点，像一条游动的长龙，浩浩荡荡，蜿蜒行进在夜色朦胧的贵州山岭中。

电影《四渡赤水》另一个特点，是在影像化过程中使用典型叙事以及人物塑造。在影片里，送盐事件成为一个典型的事例。画面描述了红军战士高翔在第一次抢渡赤水河时，穿过红色火焰的桥面，救起了被国民党士兵毒打的贵州老乡范天亮。他背上范天亮后，转眼看到范天亮的女儿正在拣食盐颗粒，此时给了高翔腰间一个特写镜头：把腰间盐包里的一小袋盐慷慨地送给范天亮的女儿。另一个特写镜头是战斗结束后，红军将缴获的大块盐巴分给群众，接过盐巴的苗族老爹赤水伯转身拉过孙子，要他参加红军，"跟上红军给咱们苗家打天下"。这些情节，生动展现了红军与贵州当地人民群众的血肉关系，不仅体现了红军在长征途中与贵州当地人民的团结情谊，同时又为赤水伯给红军带路，获得成功作铺垫。整部影片虽然有很多的优点，但是缺乏穿插生动的故事，缺乏故事影片的强烈感染力，给观众的印象不够深刻。

而对于新时代的红色史诗电影，贵州红色文化电影中较为突出的是《遵义会议》，该片是为纪念中国工农红军长征胜利80周年的献礼影片，是讲述1935年初，红军第五次反"围剿"失败后，中共中央在遵义召开了遵义会议，确立了毛泽东同志在中共中央的领导地位，挽救了党、挽救了红军、挽救了革命的历史史实，是中国红军长征的巨大转折点，是红军长征成功的重要革命点。影片自从上映后在各大平台相继播出，好评如潮，同时也获得贵州省精神文明建设"五个一工程"奖。

该电影由五个事件构成，分别是苏区大撤退、湘江血战、遵义曙光、强渡大渡河、陕北会师，每个事件之间连接每个版块，流畅自然。不仅真实的再现长征壮伟的革命历程，还体现了老一辈革命家毛泽东、周恩来等人的才智与魄力，生动展现中国工农红军不畏艰险，以遵义会议作为重大转折点，奋勇前进，诠释了伟大的长征精神。

影片《遵义会议》不同于《四渡赤水》，在拍摄手段上更加丰富，注重塑造人物，不仅常用全景和中近景，同时擅长用仰拍、过肩镜头以及侧面拍摄等，这样的方式再现了当年红军长征战争的残酷与艰辛，同时把每一段故事都描绘得可歌可泣。影片开头，红三十四营营长方云霄带领手下与国民党进行了一场激烈的枪战，运用了一个全景交代了敌我双方的厮杀，漫天枪雨；用中近景展示一个个红军战士英勇杀敌，奋力战斗的场面。影片用仰拍的视角展现战士壮烈牺牲，在观众面前营造一种直逼真实历史的战斗场景，体现战士们为了红军长征前进不惧危险的精神。影片不仅给了壮烈牺牲的冲锋战士镜头，还在几次重要会议中多次使用丰富的拍摄镜头，尤其是在遵义会议中毛泽东、周恩来等同志在反思第五次反围剿失败原因时，画面从不同角度，尤其是过肩仰拍，对会议过程进行一个全方位的描述，把毛泽东等人的发言刻画得淋漓尽致。对会议中途休会时，周恩来、王稼祥、毛泽东等人抽烟沉思的过程，运用中景拍摄和积累蒙太奇，来凸显革命领导人对遵义会议之后的充分部署，也加强了毛泽东等人高大伟岸形象的视觉效果。电影的结尾处，上演了强渡大渡河的22名红军战士不顾生死，奋力突击夺桥，多名红军身受枪伤，英勇地坠入河中，十分壮烈。这时镜头转切到毛泽东同志撕掉电文，站在大渡河铁索桥上眺望着天空中盘旋的雄鹰，这正是对红军战士英勇牺牲的赞誉，渲染了他们可歌可泣的革命精神。影片通过不一样的视听语言手段来呈现战斗场面，有利于观众更加真实了解和深刻体会这段历史。

（二）电视剧与贵州红色文化影像化

贵州红色文化电视剧很多，但展现方式有所不同，有的电视剧是在宏观的大背景下，全景式全方面讲述红军二万五千里长征，其中部分剧集提到贵州红色文化，如《长征》中遵义会议等；而有的则是以贵州红色文化作为主要背景，讲述贵州国共两党对抗、抗日以及当地百姓的故事，如《杀出绝地》《二十四道拐》等。

电视剧《长征》是中央电视台创作的历史作品，是通过采用全景式来展现红军长征的过程，突出红军革命精神的作品。它采用艺术化的手段再现长征精神。与此同时，该剧也获得了飞天奖、金鹰奖与国家精神文明建设"五个一工程"等奖项。贵州红色文化的呈现离不开红军长征，因此在电视剧《长征》中，部分剧集也展现了黎平会议、遵义会议、打鼓场战役等。

剧中影视人物刻画真实，人物形象生活化、平面化。尤其是把毛泽东、周恩来等英雄领导人的形象通俗化，可视化。《长征》从第七集开始，讲述红军长征在经历第五次反"围剿"失败渡过湘江后，在行进贵州途中，毛泽东遇到刘福带着十多个人追上了红军队伍，听到刘福哭诉阿玉的牺牲，毛泽东长长的哀叹，让胡班长吹了一首《十送红军》，并吟诵了《十六字令》。在第八集中，影片刻画了一个处于逆境中的毛泽东。在中共党内斗争的背景下，影片刻画了一个深深思索红军命运等多重矛盾的领导形象，同时还将其置于家庭生活情感中。黎平会议后，毛泽东回到家里闷闷不乐，妻子送上一碗鸡汤，可他知道爱人担心他的身体累垮舍不得喝，于是又让妻子喝下。两人在交谈中说到远方儿子毛毛时眼睛含着泪水，凸显了毛泽东的领导、丈夫、父亲形象，表演得有人情、有诗情、有智慧，血肉丰满。

在电视剧《长征》中，第七集到第十四集"中共党内斗争"内容的影像叙事很有创意，镜头切换凝重静止、运动得流畅自然，不仅把电视剧情所要表达的情感展现出来还把叙事背后的内涵准确传递出来。在第十三集中，中共中央召开政治局扩大会议讨论打鼓场战役，坚持正确作战路线的毛泽东却遭到众人反对，他的内心受到很大的打击。在这个时长 4 分钟左右的影片段落中，共有 80 个镜头，除了两个慢摇、推拉镜头外，绝大多数的静止镜头都是特写。这两极镜头中的特写镜头对电影内容表达有很大的影响，与前一个运动镜头形成鲜明对比，营造了一种凝重而紧张的气氛，这与当时党内的矛盾和冲突非常吻合，准确地传达了中央政治局领导人们面对复杂形势而引发的复杂的思想斗争过程。剧中影像构思非常明确，以毛泽东为中心建立影像关系，刻画他与参会人员意见相左时的情感状态以及人物关系，通过慢推镜头在毛泽东到朱德、周恩来之间反复切换，最后停在周恩来沉思的脸部特写。用这样一组静止镜头来表现这场争议的表层含义外，视听影像还暗示出更多的含义：毛泽东在红军中军事领导地位的来之不易与他不计个人得失，面对众人反对仍旧试图力挽红军免受重创的伟人风范；还表现了毛泽东与周恩来、朱德三者非同一般的关系，以及周恩来忍辱负重、顾全大局的性格光辉。①

《长征》让观众了解中央红军在贵州长征途中发生的重大事件，通过艺术化手段再现长征，但却把众人熟知的遵义会议用旁白和叠化镜头一笔带过，没能体现这场会议在红军长征中的分量也是遗憾。

另一部红色电视剧《二十四道拐》，和《长征》一样都好评如潮，影片大背景是发生在贵州黔西南州晴隆县。该剧于 2015 年秋季分别在央视一套、八套以及贵州卫视播出，是为纪念世界反法西斯胜利 70 周年的抗战剧，由贵州省委宣传部、八一电影制片厂、中央电视台联合出品。该剧首次从国际角度讲述抗战期间各部队在二十四道拐这一咽喉要道展开保护与破坏的故事。

二十四道拐是抗战后方唯一的陆路运输通道，大量货物由此被运送到中国战场。因此，用艺术的方式来拍摄电视剧《二十四道拐》，以二十四道拐与一座铁索桥作为故事主线，再现了贵州各族人民同国共两党、国际友军一起抗击日军。

电视剧《二十四道拐》以谍战题材为主题，悬念自然成为一个突出的特征。影片中剧情紧实，二十四道拐公路和盘江铁桥是盟军

---

① 刘婷：《〈长征〉过后尽开颜》，《当代电影》2008 年第 2 期。

运输物资的咽喉要道，日军的战略目标是封锁和断开，中美联军则是要共同保护畅通，因此，在断与保之间定会产生碰撞的火花。剧中最后几集，工程师哥哥梅山回到家乡与日本特务王雅琴接触后，被她虚假的温柔和美貌迷惑，此时悬念凸显，日本特务王雅琴利用梅山的孝子心理，暗示他母亲生死掌控在她手里，胁迫他上山找出二十四道拐的轴心位置，悬念又进一步加深。由于敌人特遣队中专门负责寻找二十四道拐轴心位置的工程师死掉了，特工钱仓又准备下手暗杀梅山，此时心急如焚的王雅琴赶紧制止。不光是这个情节，影片还有很多悬念，比如说刘显兰在烧掉小船的紧张时刻，却被日本特务杀害，这时炸弹还被日军放在船上，随江而下，快接近铁桥时，运送物资的卡车正源源不断的驶过桥面。越来越近的炸弹让观众都捏了一把汗，情节时刻都在调动观众的紧张情绪。可以说，该剧是从不同方面不断地设置悬念推动情节发展，帮助创作主旨一步步完成，并使观众获得观赏愉悦。

《二十四道拐》在人物塑造上也独具特色。没有沿用高大全的形象，而是在正义与邪恶的生死较量中，在爱恨情仇的纠葛中，通过故事情节的推动带领观众走进每个人物内心深处，呈现的是一个个复杂而真实的人物。剧中的特派员梅松，曾是叱咤疆场的抗日英雄，奉命回到家乡晴隆负责保铁桥护公路的工作。梅松的个性被塑造为坚毅果断、有勇有谋，他与日本特务斗智斗勇，多次摧毁日本间谍的阴谋诡计。他在初恋情人吴晓雨和自己的妹妹梅雪被日本间谍绑架之际，没有感情用事，而是顾全大局，继续坚守战场。他多次顶住巨大压力，甚至动用武力，极力保护戈国华、连鼎民等中共特工。当他在睡梦中被噩梦惊醒至大汗淋漓时，凝视着刘显兰给予的定情绣花护腕时眼里打转的泪水，又让观众看到了一个钢铁战士内心的柔情。

数字技术运用构成了这部电视剧的视觉特征，将二十四道拐用数字影像和实体影像完美结合。比如说影像中的飞机轰炸、汽车过桥、悬崖画面，给观众一种身临其境的真实感，既能显现当时在二十四道拐上艰巨的运输任务，又能感受在那场中国人民反抗日本帝国主义侵略战争中爆发出的伟大民族精神。

（三）纪录片与贵州红色文化影像化

纪录片《扩红·贵州》是贵州红色文化影像化的代表作之一，2011年，为了纪念建党90周年与建军84周年，贵州民族大学传媒学院的师生们历时四个多月，独立摄制完成了这部大型红色历史专题纪录片，同时这也是我国第一部以长征期间扩充红军队伍为专题的纪录片作品。

《扩红·贵州》通过一条长征红线串联着整个贵州的红色文化，以红军在贵州地区所待的六年时光里，把当地人民扩充为红军为主要线索，展现贵州各族人民纷纷拥戴红军、参与红军的历史事实，也表现了工农红军紧紧借助贵州各族同胞壮大红军队伍的力量，从少到多，从弱至强，为长征的最终胜利储备了有生力量。因此，这部专题纪录片的问世，填补了长征途中，红军在贵州扩红的影像记录空白。

整个纪录片共分为六个部分，从西进贵州、鏖兵铜仁、转战遵义、红卷毕节、回旋乌蒙到挥师川陕，分别讲述了工农红军途经贵州境内所发生的扩红故事。影片用简洁明快的视听语言展示了红军用自己严明的军纪去维护少数民族村寨的政策；为黔西当地穷困潦倒的烂泥沟村民开仓放盐的故事；不顾自己生命安全为保护当地百姓牺牲的事迹，深深打动了贵州各民族人民，红军得到人民的拥护、爱戴，这就是红军能够在贵州取得胜利的关键所在。

纪录片是用来记录真实的影像。正如影片中解说词所说的"穿越厚厚的历史尘埃去打捞散落在大山深处、苗乡侗寨里，那些激越而不失悲壮的音符，用影像和镜头向后人昭示，这些正在远离我们视线的伟大，以完成对他们的敬重与感激"。① 这部纪录片使用了很多电影纪录手法去挖掘红军长征期间的扩红，并展示给观众这段被大家所熟知却少有发现的故事。尤其是在摄制时所选的采访人，有不同的层次和代表性。有亲身经历过这段历史的老红军——95岁高龄老人刘吉成，还有在长征期间担任贵州抗日救国军司令员、开明绅士周素园的女儿周平一等。同时，被采访者包括当地的普通民众、历史专家代表等在接受采访过程中，他们表情凝重而自然、激动而不失庄重，语言条理清晰、重点突出，极具贵州当地的民族特色，给观众一种真实感受。在镜头、剪辑手法上，《扩红·贵州》中还采用了大量的空镜头，使画面流畅自然、错落有致，如红杜鹃、青葱树木、大山中的瀑布等。与此同时，利用插叙和现场扮演的情景再现，画面和谐一致，通过影像的方式为观众展示现存的历史遗址、红军标语、民族歌谣、旧照片等，为该纪录片增加了许多珍贵的视听资料。

纵观纪录片《扩红·贵州》全片，这是一部展现优秀的贵州红色文化的文史资料片。但观后细思，也有一些不足之处：画面中的字幕底色为红色，易让人看不清楚又影响视觉效果，还有影片中部分地方的解说词与画面的跳跃性较大、节奏把握不够稳定。随着科学技术的发展，我们可以借助现代科技、数字技术去代替某些现场扮演的画面，从而让内容更加丰富，画面更加和谐。

三 贵州红色资源影像化作品发展提升策略及不足

近年来，由于多种原因，贵州在开发红色文化资源影像化作品

---

① 引自贵州民族大学传媒学院摄制纪录片：《扩红·贵州》解说词，2011。

方面，一直处于停滞不前的阶段，成效并不明显。鉴于此，笔者到贵州省主要红色文化资源重点分布地区进行走访调研，并发放问卷调查（见附录），了解其特点、现状，并重点了解现阶段的利用情况。

本次调查问卷总共分为三个方面：第一个方面，主要是对调查对象的个人信息统计；第二个方面，主要调查人们对红色文化影视类作品的接受效果；第三个方面，主要调查分析影像传播对红色文化资源开发的影响。通过实地走访调查，本次调查共发放了 100 份问卷，其中有效回收问卷 78 份。

受访年龄在 30~50 岁的 18 位男性中 16 位喜爱看红色文化类的影视作品，占 89%，而同年龄段的 14 位女性中 12 位喜爱观看，占 86%。其次年龄在 18~30 岁的 15 位男性中 10 位喜爱看红色文化类的影视作品，占 67%，而同年龄段的 13 位女性中 5 位喜爱观看，占 38%。最后年龄在 18 岁以下的 7 位男性中 1 位喜爱看红色文化类的影视作品，占 14%，而同年龄段的 11 位女性中 1 位喜爱观看，占 9%。从受访者总体数据可得知，年龄越大的男女性越喜爱看红色文化类影视作品，相反年龄越小的男女性对该类影视作品不太感兴趣。另外从受访者乐意接收的红色文化类影视作品传播方式来说，年龄在 18 岁以下的受访人群中 53% 乐于接受视频这种传播方式，年龄在 18~30 岁的受访人群中 49% 乐于接受图片这种传播方式，年龄在 30~50 岁的受访人群中 49% 乐于接受文字这种传播方式。37% 的受访者对红色文化影像化作品的呈现方式倾向于电视剧，35% 受访者则倾向于电影，22% 受访者倾向于纪录片，6% 受访者倾向于其他方式。大部分受访者对影视类作品的关注点集中在故事情节、明星演技两个方面，喜爱的红色影像化作品题材大部分为谍战、爱情。而大部分受访者对于喜爱的影视类作品，只是看过，并没有去研究过文化背景。

基于上述调查问卷的分析，笔者结合问卷中受访人员的意见和建议，提出以下几个方面的思考，以此来积极探寻贵州红色文化资源影像作品的发展策略。

（一）坚持正确体制导向，彰显时代价值

鉴于中国国情的特殊性，体制则成了一个决定影视行业发展的重要组成因素，因此坚持中国特有的影视产业体制建设，调整过程中与发展不同步、不适应的部分，才能使贵州红色文化资源影像化作品得到更好的发展与长足的进步。贵州省相关政府部门还应当认真贯彻实施国家发布的相关红色影视产业工作的精神和政策，并结合当前贵州省自身的实际情况，进一步完善相关的辅助措施，彰显属于这个时代的价值。

首先，用科学的评价标准引导作品创作。有了科学合理的评价标准，对于优秀的影像化作品涌现是有重要的激励作用的。任何事物的创作如果不受到一定评价标准的束缚，那么其价值导向就会产生偏离。因此积极探索贵州红色资源影像化作品发展的新路线、新机制，就离不开科学的评价标准。

其次，用健康的评价标准促进作品创作。健康的评价标准，为影像化作品创作带来了一股新的生命力，更是一盏指向灯。当前，各种文化相互碰撞、交织在一起产生了绚烂的火花，特别是影视创作人员的创作力、想象力更加趋于多元化、复杂化。在此背景下，更加迫切需要健康的评价标准来衡量与促进影像化作品的创作，不断促进更多富于真知灼见的影像化作品的推出，为贵州省内的一批又一批的影视创作人员提供借鉴与指引。

最后，有效的行政管理手段规范作品创作。众所周知，有管理才能有效控制好一个行业的秩序。因此，在中国大力发展社会主义市场经济的今天，对影视行业有效的行政管理手段任务要求艰巨，

特别是历史上存在过并对后代产生重大影响的红色经典文化的改编，需极其慎重。早在 2004 年，国家广电总局曾经两次提出要求"认真对待红色经典改编电视剧有关问题"和"切实加强对红色经典改编电视剧的审查管理"，在发布之后起到了一定的作用，特别是针对戏说红色经典文化的势头。因此，对于贵州红色文化资源影像化作品的本土创作，贵州省政府相关部门应根据国家广电总局的相关要求做好协助、排查工作。

（二）遵循文本规律，打造内容精品

说得彻底些，电影、电视剧等相关的影像作品，都是在某种程度上为了满足人类的需求："从时间的长河中攫取生灵，使其永生"①。而这种"永生"在笔者看来，无非就是一种长久的停留于观众的脑海中，永远存在、永远鲜活。那么怎么样才能打动人，使其"永生"？其中最核心的当然是文本内容，任何优秀的影像作品在文本内容上都不缺乏精品与创意元素。鉴于此，如何去讲好内容故事，如何去使文本更生动精彩，成为每个剧作者都深思的问题。

贵州红色文化资源影像化作品的内容创作应该保持本地区的民族特色，需以地域特征为出发点，以传播地方红色文化为中心，结合本地区的风俗习惯，将这些原汁原味的文化精品传播出去，打造一种属于贵州特有的红色文化资源内容精品，遵循文本的发展规律，去突破固定题材的表达局限和思维习惯，用观众乐于接受的方式去呈现故事情节，表达主题。

（三）掌握市场需求，提升作品效益

任何作品需要传播，就需要受众。人民群众正是市场的消费主

---

① 〔法〕安德烈·巴赞：《摄影影像的本体论》，李恒基、杨远婴译，《外国电影理论文选》，上海文艺出版社，1995，第 245 页。

体，因此任何产品的开发都需要以消费者作为起点研究，了解清楚观众想看什么，再进行创作。只有更多的人接触到作品，对作品产生浓厚的兴趣，才能达到相应的教育目的与经济、社会效益。

市场的需求换言之就是受众的需求，一部成功的影像化作品必然是达到市场、受众的期盼与需求。现如今的影像化创作文化市场已经和过去发生了翻天覆地的变化，由于第四媒体智能手机的出现和新媒体的迅猛发展，传统媒体迫切寻求转型，于是新媒体平台则日渐成为人们接受信息、观看视频的主要渠道。因此，开创新的传播形式，深入挖掘贵州省的红色文化资源，创作出多种新媒体平台的作品，才能更进一步提升其在青年群体中的影响力。

另外，贵州作为全国经济欠发达的地区，影视传播制作专业人才匮乏，要想打造一部优秀的本地红色文化影像精品，可以说是有一定难度的，但是，只要本地区的创作者能够利用全国优秀的影像类资源，善于利用其他地区专业领域人才的长处和优势武装自身，不断引进外聘的导演、编辑等相关资源，定能在国内同类作品中独树一帜。

四　结语

贵州红色文化资源丰富，分布广泛，作为一种先进文化、和谐文化资源，自然应当对其进行合理的开发和有效的利用。随着我国信息时代的到来，通过影像化手段展示贵州红色文化作用显得愈来愈重要，它不仅让观众感受到了影视剧作品中所带来的时空、节奏感，也对剧中人物的塑造、抒情的叙事或者是价值观的传递都起到了空前作用，不仅如此，红色文化影像化还能带动贵州红色旅游的发展。概言之，要想贵州红色文化资源得到更好的利用，必须通过使用科学、健康的评价标准去引导贵州红色文化作品影像化的创作。

对于影像化创作手法，不仅要牢牢把握时代背景，掌握市场需求，遵循文本的发展规律，还要塑造立体的人物形象，用好叙事策略，善用视听语言，通过影像化结合贵州当地的少数民族特色，将原汁原味的红色文化精品传播出去，打造贵州特有的红色文化精品，带动贵州旅游业和其他行业的协同发展。

参考文献：

［1］〔法〕安德烈·巴赞：《摄影影像的本体论》，李恒基、杨远婴译，《外国电影理论文选》，上海文艺出版社，1995，第245页。

［2］约瑟夫·斯特劳巴哈，罗伯特·拉罗斯：《今日媒介：信息时代的传播媒介》，清华大学出版社，2002。

［3］邓至秦：《麦克卢汉的媒介理论阐释》，《新闻世界》2015年第5期，第224~225页。

［4］李博：《电影〈遵义会议〉再现荡气回肠却不乏温暖的长征路》，《中国艺术报》2016年10月，第4版。

［5］刘婷：《〈长征〉过后尽开颜》，《当代电影》2003年第2期，第32~36页。

［6］本刊记者：《对抗战题材的新开拓——电视剧〈二十四道拐〉研讨会综述》，《中国电视》2016年第3期，第22~24页。

［7］李效文：《西部开发背景下贵州红色题材影视创作的现实思考》，《贵州师范大学学报》，2010，第82~85页。

［8］马玉玲、黄解明、彭海宝：《"红色经典"主流价值与当下文艺创作研究——以中宣部"五个一工程"获奖作品为例》，《江西社会科学》2013年第9期，第61~70页。

异地扶贫搬迁中居民的社区融入研究

张禹青*

摘　要：如何让居民有效地融入社区，营造良好的社区氛围是推进搬迁居民"稳得住，能致富"的关键保障。本文以异地扶贫搬迁居民为研究对象，通过实地调研，探析易地扶贫搬迁居民的社区融入现状，指出其存在的问题，文章采用文献分析法、访谈法和参与观察法来进行整体写作，同时以生态系统理论和舒茨的人际需要理论作为论据、论点和资料导向，以搬迁居民的经济生活、社会生活、文化生活和心理状态为衡量指标来对社区居民展开调查分析。文章应用社会学的理论与方法分析研究异地扶贫搬迁居民社区融入的状况，旨在找到一种有效的社区融入途径，达到居民间、居民与社区间、社区与社区间的良好互动。

关键词：异地搬迁　扶贫　社区融入

　　异地扶贫搬迁是相对于就地扶贫措施成效不显著且成本高应运而生的一种扶贫措施，是一种政府主导、民众参与的中国特有扶贫模式。易地扶贫搬迁是通过国家政策扶持，把居住在"一方水土养不起一方人"的贫困群众搬迁到条件较好的地方居住，按规划、分

＊　张禹青，贵州民族大学博士，副教授，硕士研究生导师。

年度、有计划组织实施，实现迁入地交通、医疗、文化教育等生产生活条件有明显改善，使得迁出区生态环境能有效恢复，有利于贫困群众创业、就业，逐步提高收入水平和生活质量，确保搬得出、稳得住、有事做、能致富。

随着国家精准扶贫政策的提出，越来越多的贫困人口开始享受国家政策带来的福利，在这一背景下，易地扶贫搬迁的扶贫模式开始频繁出现在公众视野中，涌现出了大批的搬迁居民，如何让居民有效地融入社区，营造良好的社区氛围是推进搬迁居民"稳得住，能致富"的关键保障。为了解移民搬迁社区居民的融入情况，笔者对贵州安顺 H 移民社区进行调研，H 移民社区吸纳了猫洞乡、猴场乡、补郎乡、坪上乡、鸡场坡、化处镇等普定县各乡镇居民共计搬迁安置 961 户 4604 人。社区能为居民提供基本的就业保障、配套的基础设施及公共服务设施，但是消费层次的不同随之带来的即是生活支出陡然增加，另外社区内居民来自各个不同的乡镇，拥有的社会资本也不同、彼此之间不太熟悉，互动较少，居民与社区的互动和联系也不强，笔者希望通过论述异地扶贫搬迁后居民的社区融入困境及对现有的原因进行分析，以达到异地扶贫搬迁既能促进民众脱贫，把社区提供的资源优势转变为经济优势，又能整合社区目标，营造社区友好关系，共建社区文化，使得居民间达到一种相互需要，共生共荣的状态，共同促进社区的发展，实现易地扶贫搬迁的真正意义。

自 2017 年搬迁居民入住社区以来，居民基本完成了从农村生活向城镇生活的过渡，小到开始熟悉交通、楼栋号及社区环境，大到开始熟悉社区基本办公场所，经过三年时间，居民已经在社区安了家。社区居民虽住进了宽敞明亮的楼房，但却面临着适应环境之后的重建生计与社区文化、融入新社区等问题，如何引导社区居民能更快地融入社区，激发社区自组织能力（内生产力）、增强居民对社区的归属感、留住人心，则是本文所探讨的内容。希望通过此研究，其一，能够找到一种有效的异地搬迁居民的社区融入方法，实现居民间的良性互动，为现有搬迁居民社区融入提供经验借鉴。其二，为社区工作人员提供决策依据。异地扶贫搬迁不仅是政府政策的实施过程，也是居民参与的过程，换句话说"稳得住，能致富"才是关键。只有将居民看作是一个完整的人，他们都应该具有自己心理的、社会的、政治的和经济的生活，才能最大限度地发挥出居民参与社区的主观能动性。其三，对于 H 社区搬迁居民的社区融入具有重要的指导意义，对于贵州省 188 万搬迁人口后期的可持续发展，也将产生一定意义的影响。

社会融入作为一个广为流传的学术术语已被国内外诸多学者关注。在文献研究中发现，国外对社会融入的研究大多集中在移民的社会融入问题上，而我国早期的研究大多集中在流动人口的社会融入中。在我国，通过移民搬迁解决部分地区困难群众的贫困问题，是我国扶贫开发一项带有探索性的重大政策，这项工作最早从甘肃、宁夏的"三西地区"开始。所以"易地扶贫搬迁"这一概念是属于中国的本土词语，是我国特有的且规模较大的扶贫模式，近年来，学术界也开始关注到搬迁居民的社会融入问题，涌现出了许多研究成果。社会融入越来越受到学术界的关注是由于居民间的融合程度低会产生许多的社会问题，不利于社区乃至社会的发展。在吉登斯看来，"融入"意味着公民资格，意味着社会的所有成员不仅在形式上，而且在其生活的现实中所拥有的民事权利、政治权利以及相应的义务，还意味着机会以及社会成员在公共空间中的参与。在研究中不同学者对于社会融入持有不同的理解，但总的来说，社会融入是在平等的价值基础上提高人民福利的举措，目的是实现社会团结与和谐，它是一个多维度的概念，包含了经济、社会、文化、心理等层面的融入。社区是社会的缩影，因此在研究搬迁居民的融入问题的同时，本文基于该社区的特殊性探析居民的社区融入问题，希望通过此研究促进居民社区融入来达到居民对整个社会的适应力，本文在研究居民社区融入问题的同时也将这些衡量指标纳入了研究中。

本文基于异地扶贫搬迁居民的社区融入问题比较采纳的观点为居民社区融入是指社区中的个人或群体都能平等地参与社区行动与活动、社区决策与管理，并享有社区服务，以此来增强居民对社区的归属感和责任感，降低社区的不平等现象，促进不同群体之间的和谐共处。在研究搬迁居民社区融入的过程中，本文从经济、社会、文化、心理等层面来剖析居民的融入状况，通过社会工作专业方法来帮助居民建立起新的适应力以期更好地融入社区。

一　国内外移民社区研究现状

随着西方工业化、全球化的兴起，西方出现了移民潮，随之而来的人口大规模的流动和相关问题的突出，让社会融入开始成为一个重要的研究议题，从而进入西方学者的研究视野。在这里，移民首先要开始适应发达国家中的现代生产体系和现代性的社会互动规范，并随着时间的推移，最终成为适应新社会生活的社会成员，即通常所谓的社会融入或社会融合。

在社会融入方面 Crawford 认为，社会融入包含两个方面，一方面是行动者在生活区能够享受到平等、关爱和尊重；另一方面是行动者能够建立互信、赏识、尊重的社会联系，无论是在家庭、朋友圈，还是在生活区。Burchard 对社会融入另一种结果社会排斥进行了界定，它是指个体虽然生活在某一社区，但是他（她）缺乏社会活动的参与，那么该行动者就处在被排斥的境地，社会排斥存在于生产、消费、政治、社会交往等场域。

在我国，异地扶贫搬迁居民与国外移民有着本质上的差别，从某种程度上来说，我们同样可以将这批搬迁居民称为移民，但实际上他们又不等同于一般意义上的工程移民、劳务移民、求学移民，因为对于这部分移民来说，他们搬迁的初衷更多涉及经济因素与行政因素的双重干预。所以就研究方向来讲，我国学者早期较为关注的重点是流动人口的城市融入问题，但随着精准扶贫涌现出大批搬迁居民，许多学者开始关注到搬迁居民的社会融入和后续发展的问题。

从社会融入的大背景来看，具有代表性意义的是：梁波认为迁移者的社会融入有三个分析视角，即经济、社会（文化）和政治视角；在移民融入的归因上，社会资本、人力资本和政策制度的解释范式为移民融入问题提供了三种主要的理论解释。杨菊华则认为移民的社会融入应当包括经济、文化、行为、身份这四个维度；要从移民在经济、文化、行为、身份等方面的适应程度来衡量和分析流动人口在社会融入中产生的隔离、多元、融入、选择、融合这五种融入结果。综合从易地扶贫搬迁居民的社会融入来看，冯烨从社会工作的视角出发，文章重点探索居民是否在文化交融、社会交往、心理状态这三个维度上存在困境，同时侧重于从实务介入居民的融入困境。郑娜娜、许佳君指出异地搬迁不仅是居住空间由散居向聚居的迁移过程，更是生产生活方式、文化心理、社会网络、基层治理的消解与重塑的过程，他们较为关注的是社区的空间再造，指出建立一定的空间秩序和制度文化并将其作为空间运行的保障机制，整合来自不同社区移民的风俗文化和集体记忆，构建一个具有开放多元的社会文化、公平正义的社会环境和较强心理归属感的社区共同体。

综上所述，国内外学界关于社会融入的研究在不断的发展，这些研究使得社会融入也开始纳入政府政策制定的过程当中，不同的学者对社会融入的关注和研究方向不同，但是多数学者的研究仅仅停留在政策分析、融入困境及原因分析和提出建议等方面，关于实务介入的研究还是比较少，许多学者的研究都将经济融入、社会融入、心理融入、文化融入纳入了居民社会融入的测量维度之中。

二　H社区居民社区融入现状

（一）H社区基本状况

H社区的设立是安顺市委、市政府立足"一分三向"的要求，加快推进山地特色新型城镇化，促进农民变市民的一个重要举措，主要为易地扶贫搬迁安置点。社区建设通过招商引资，于2016年年底完工并正式入住，目前社区内搬迁安置961户4604人，新建安置房859套，安置房设计分为5种类型（60～140平方米户型，人均为20平方米），吸纳了猫洞乡、猴场乡、补郎乡、坪上乡、鸡场坡、化处镇等普定县各乡镇居民。如今的鑫旺大市场已经发展成为普定综合批发市场，经营内容含家居建材、五金百货、副食餐饮、农产品批发交易，同时设有客运站、小学、幼儿园、医院，是较为规范化的行业大市场。

H社区作为该县规模较大的异地搬迁安置点，如今在社区的帮助下利用大市场的多样性特征，带动了部分搬迁群众的就业和创业，目前社区内搬迁群众的基本就业得到了一定的保障，但是居民参与社区事务的积极性不高，居民间缺乏交流机会与渠道，社区人情意识淡薄，除了依靠原有社区纽带交往，社区居民间基本没有任何往来。

（二）搬迁居民社区融入状态

社会生态系统理论强调整体的作用以及系统中各个部分之间的关系，在这些系统之中，系统与个体相互作用并影响着个体发展。

在这里，要考究居民的社区融入问题，应当把居民视为"系统中的人"，居民在社区融入中有经济、文化、社会和心理融入的需要，应当从各个系统综合分析居民的融入状况。因此，本文主要以居民的经济生活、文化生活、社会生活和心理融入作为居民社区融入的衡量指标来综合探析搬迁居民的融入现状。该部分内容主要是通过对研究对象进行访谈得到的结果。在本文中，访谈结果均以总结性的方式呈现在文中。

1. 经济生活融入状态

异地扶贫搬迁后续就业扶持是搬迁居民稳得住的关键。换句话说，只有搬迁居民的经济水平达到或超过以往时期，才能在新环境中安得住家。基于研究需要，在对社区负责人进行访谈之后了解到在 H 社区，工作人员因户施策，实现了一户一就业，采用贫困户贷款等工作手段实现了搬迁居民的就业。具体体现为五个一批，即外出务工巩固一批、引进企业消化一批、推荐企业吸纳一批、激发自主创业解决一批、提供公益性岗位和低保兜底扶持一批，现在户均就业率达 1.7。

外出务工巩固一批：这类人群主要是原有乡镇的常年在外务工人员，还有一部分就是通过社区资源引领外出务工人员。引进企业消化一批：H 社区以规划引领先行、招商引企先试、商铺招租先优"三先"引领，有效保障了居民的就业。目前，已有 580 余家商家、企业入驻 H 社区，可提供就业岗位 1000 余个，为搬迁居民自主就业提供了良好的契机和平台。推荐企业吸纳一批：主要体现为县总工会与人社部门联合开展招聘，为社区居民提供就业机会，同时，居民参加社区举行的就业培训以达到岗位要求。激发自主创业解决一批：居民换了新环境，激发了脱贫新动力，依靠政策扶持自主创业，社区工作人员帮助协调特惠贷资金，免利息创业，结合不同实际，居民间也可以抱团取暖，共同创业。提供公益性岗位和低保兜底扶持一批：具体体现在 H 社区依托鑫旺集团旗下"鑫旺定南农业发展有限公司"流转土地 6000 余亩，打造集种植、养殖、旅游、销售为一体的新型农业产业链，加之鑫旺集团内部的岗位需要，可为居民提供养殖、种植、销售、安保、保洁等就业工作岗位。在对搬迁居民的访谈过程中了解到，社区内目前公益性岗位、销售、安保和保洁的工资收入水平达到 2000~2400 元，相对较稳定，除此之外，社区会根据具体的农忙时节及时发布临时就业信息给有需要的居民，每年至少有 4 个月的采摘期。具体来讲，以社区为载体，通过公益性岗位和低保扶持是可以为居民解决基本的就业的和保持基本的生活的。

2. 文化生活融入状况

文化生活融入是脱贫的内在要求之一，主要体现在异地扶贫搬迁既应关注如何把贫困人口搬出去，也应关注贫困人口如何融入当地已有的文化秩序中去。在 H 社区，社区居民来自各个不同的乡镇（村），除了存在不同民族之间的差异，也存在地域上的差异、社会资本的差异，这些差异形成了居民间的文化融入障碍。相对于当前的社区来讲，不但少了原有乡村的生产生活方式，而且社区现在还未形成相同的社区文化，没有共同的集体记忆，因此居民间情感认同性和可接受性程度较低。H 社区也存在一部分原有的常住居民，搬迁居民与原有居民之间的接受度也需要一个过程。在这里，社区文化适应，即对移民来说需要对新的环境和当地人有一个认识、了解、适应、融入的过程，同时对于当地人来说，他们对移民亦需要有一个了解和可接纳的过程，最终达到双方相互适应和融合。总体来说，社区文化本质上是一种家园文化，具有社会性、开放性和群众性的特点。对于搬迁后的新型社区来说，发展社区文化可以使居民对社区具有一定的情感归属，增强社区凝聚力，同时引领居民树立正确的价值观，使搬迁后居民的社会化得以正常进行。

3. 社会生活融入状况

在搬迁居民社区融入中，居民的社会生活融入状况应当包括良好的社区交往、积极的组织参与和强有力的支持网络。与人交往，并建立良好的人际关系是社会化的基本要求。马斯洛的需要层次认为，人是一种社会动物，人们的生活和工作都不是独立进行的，经常会与他人接触，因此，人们需要有社会交往、良好的人际关系，人与人之间的感情和爱，在组织中能得到他人的接纳与信任。搬迁伊始，社区便设有跟踪管理中心，工作人员主要负责搬迁群众的就业、就学、就医以及低保、社保、户口等相关工作的承接和转移，在这个特殊时期，这种方法成为搬迁群众和 H 社区的一条特殊的纽带。搬迁至今，跟踪管理中心开始淡出社区服务，社区政务服务中心开始承接了社区事务。社区内居民的交往还基本依托于原有的社会关系，即喜欢以原来的地缘、业缘、血缘来选择性交往，但是随着社区组织的逐步完善，以楼长管理和基层党建的管理方式开始出现，部分居民开始参与社区建设，特别是社区一些文体活动的开展，开始加大了居民之间的交流。社区政务服务中心也开始成为居民的强有力的支持网络。

在社区中，便利的基础设施方便了居民的日常生活。同原有社区一样，社区居民基本依靠外出务工作为最主要的经济来源，所以社区内遗留的多数是留守儿童、老人和妇女。相对于这些群体来讲，在这里他们的就学、就医、就业显得较为便捷。

4. 社会心理融入状况

社会心理融入个体层面体现出的是个人的社会身份认同感和归属感，在宏观层面体现出的是社会各个群体的融合程度。因此真正意义的社会融入必然是建立在外来人口对迁入地高度的心理认同之上的。在社区中，受经济、社会、文化、生活等方面的影响，居民心理上对于社区的依赖性较低，这种城乡冲突不仅造成了居民难以融入社区，也造成了社区原有居民对搬迁居民的排斥心理，短时间内居民难以建立对社区的心理归属感。

总的来说，经济层面的适应是立足城市的基础，社会层面是融入城市生活的进一步要求，反映的是融入城市生活的广度，文化心理层面的适应反映的是参与城市生活的深度。只有几者相互有机整合，才能达到居民的城市化融入。

三 H社区搬迁居民的融入困境及原因分析

（一）H社区居民的社会融入困境

1. 经济层面上：收支呈正比或出现收支剪刀差

经济收入与生活支出呈现正比状态和收支出现剪刀差都会在一定程度上影响居民的生活。在传统的集镇或村落，除了一些难以生产加工的食物和日常用品之外，居民基本的生活物资是可以自给自足的，但是来到社区，虽说工作赚钱的机会相对于以前在农村来讲比较多，但消费方式开始逐渐随着环境变化发生改变，如水电、交通、燃料等支出然而他们的经济收入却难以与之提升到一个水平，甚至有的居民开始出现收支"剪刀差"的状况。这些收支状况在居民的经济生活上具体体现为现在的一般的家庭消费支出相对高于以前在原居住地的支出，除了以上增加的支出之外，居民在衣、食、住、行等方面都会随之有所增加，另外交通通信、教育、医疗也给居民带来了较大的生活压力。这种收支"剪刀差"随之带来的是居民难以建立在社区生活的信心，他们努力工作换取的仅仅是能在社区生活下去的资本，出于对未知事件的忧患，可以说他们所拥有的资本抗风险能力是不足的。

2. 社会生活上：居民社会交往范围小，交往呈现内倾向特征

目前在社区普遍存在的状况是搬迁居民与原当地居民、搬迁居

民之间，居民与社区之间的交往范围小，不利于邻里关系的增进和社区共同体的建立。搬迁前，居民生活在世代居住的村落，同质性高且具有较强的集体意识，居民之间都是"熟人社会"，有利于情感的交流，互帮互助。来到社区后，由于各个乡镇的居民集聚于一个安置点，彼此之间不相熟，加之社区搬迁居民的迁入，会给原有的社区造成一定交通、生活和工作上的压力，短时间内会受到原当地居民的排斥，原有社区工作者在短期内也不可能了解到各居民户的状况，社区工作难以开展，这些问题都会造成居民生活上的不适应。同时，这种不适应会间接推动居民与原有的熟人居民进行选择性交往，长此以往不利于社区共同体的建立，原有的地域标签成为居民交往的首要问题，居民会产生隶属于某某地方的心理，对新社区的认同感不强便难以走出去了解社区，了解社区居民，甚至难以建立起新的社区文化和形成新的社会网络。

3. 公共文化上：公共空间活动形式单一

公共活动形式单一、缺少有组织的规划、公共空间的简单化设计都不利于居民日常的精神文化生活需要。文化差异是普遍存在于社会中的，但若是处理不当则会造成居民社区融入的障碍。文化只有在交流碰撞中才能迸发出新的生命力，才能使得居民之间形成共识，在这一过程中，公共空间的活动显得尤为重要。在 H 社区中，由于原有熟悉的社会关系网络发生断裂，而在新的生活场域内因缺少交流平台与机会又无法快速建立起与原社会关系网络起同等作用的新的社会关系网络，因此搬迁居民选择向内发展关系网络，即在搬迁居民内部寻找熟悉的关系网络并加以强化。公共空间的意义在于通过固定的场所来开展固定的社区活动，激发居民兴趣，促进社区居民的沟通与合作，让各个层次的传播内容都交织在公共空间里，有组织地将其空间作用最大化发挥才不至于被居民边缘化。同时在这里，人们可以通过兴趣去选择性交往，稀释掉原有的关系纽带才能增加不同居民间的交流机会，才能使得居民彼此间的情感加强，形成社区整合。

4. 居民心理上：城乡冲突导致心理认同感较低

有学者在研究中指出居民的社区感（居民对自己与所在社区的关系所持的感受，或对自己归属于该群众团体的个人理解）、邻里感（包含环境因素和邻里动态的交互过程，即社区规范、机会、障碍、控制、压力及支持等对人心理的影响）、社区参与感（居民平等参与社区事务，充分表达自己所体验到的感受）都会对搬迁居民心理上造成一定的影响。不同生活方式的变化都会导致居民不确定性担忧的心理倾向。在 H 社区中，居民也不可避免地在这些方面存在一些问题，这些都会使得居民对社区形成负面的心理感受。同时，当地居民与工作者对搬迁居民的"标签化"不仅不利于建立居民的心理归属感，还会造成搬迁居民负面的自我认知。

（二）社区搬迁居民的社会融入困境原因分析

1. 生活方式由原有的基本自给自足开始向市场交换转变

在这个经济时代，居民虽然来到了社区，住进了宽敞明亮的楼房，交通设施得以改善，但适应新生活的成本也开始提升，不少居民开始萌生出了对未来生活的忧患，甚至出现了居民"返迁"的情况。社区为居民提供了很好的发展条件，但是由于居民参与和利用市场的能力不足，往往也会造成一些资源的浪费。在经济适应方面，有学者研究指出，搬迁居民的适应能力与居民自身的经济发展能力呈正相关，即生计资源稳定的搬迁人群的经济适应能力一般高于依赖政府补贴资助的人群。换句话说来讲，随着居民搬入社区开始失去原有传统的养殖、耕作方式，在现有社区市场化深入的驱使下，居民自身已经不能自给自足，只有依靠社区提供的资源来选择创业、就业，才能有收入来维持住家庭基本的生活开支，因此居民的经济适应力与运用市场的能力会直接影响到居民的经济生活。然而相对于社区内部分居民来讲，年龄与技能储备的关系是难以运用到这些资源的，相对来讲，各种经济压力造成了这些居民在对比农村生活后的怀念心理而产生不适感，不利于居民对社区归属感的建立。

2. 社区组织动员能力不足，居民社区参与少

社区组织动员能力不足，活动少，导致居民间、居民与社区间的交流比较少，社会交往呈现群体内倾性特征。参与是融入的核心，在这个新型社区中，居民间的彼此不熟悉造成了居民难以找到有效的途径融入社区，建立和谐的社区关系。难以参与便难以建立主人翁意识融入社区，即所谓的归属感是建立在参与社区事务与活动中的。社区内虽有楼长制度和党建管理活动，但是除了一些日常通知组织外，总的来说组织动员能力还比较欠缺。居民对社区的认知和社区为居民提供的服务都不太利于社区友好关系的建立。有学者指出在异地扶贫搬迁的政策实施过程中，应当在维系搬迁居民的多元生计资本配置策略基础上注重增强搬迁居民的社会情感参与意识。这就要求社区工作人员要有敏锐的洞察力和足够的威信力去组织居民参与社区活动与管理，形成有事大家议，活动大家积极参与的社区风气，不让居民失语，在参与的过程中促进居民的交流与认识。

3. 社区公共活动空间布局不合理，常造成现有资源的浪费

所谓的社区公共空间是指在建筑实体之间存在着的开放空间体，可以为社区居民提供公共交往、举行各种活动的开放性场所，其存在的目的是为广大公众提供服务，满足居民需求。具体而言，社区的公共空间包括了社区广场、图书室、活动中心等，在 H 社区中，能为居民提供公共活动机会的场所除了社区广场外，其他场所基本建立在社区政务服务中心内，虽说是"一站式"服务方便了群众，但是这种场所设置也造成了资源的浪费，在居民的认知中，政务服务中心是办公场所，不属于公共活动空间，这种略带政治色彩的简单化设计导致了公共活动空间逐渐被居民边缘化，出现了资源"空置"的状况，挂牌于社区，但未发挥出空间设立的真正价值。例如社区中的"乡愁记忆区"本该是留住乡愁情怀的记忆廊，它不仅是维系居民与原有生活的纽带，给予居民心理归依，还是千百年来劳动人民智慧的成果，应该在开放学习中将这种柔韧刚强的精神代代相传，但在社区里不过是一条乡愁记忆廊而已，并未起到联系群众、留住乡愁的相应作用。社区公共空间为居民的交往提供了可能，而共同的爱好或习惯是保证交往持续性的基础，社区工作人员在工作过程中应当坚持入户动员，挖掘居民兴趣，鼓励参与，利用好社区公共活动空间的整合作用。

4. 对搬迁居民的刻板印象导致的对搬迁居民的可接受度低

刻板印象主要是指人们对某个事物或物体形成的一种概括性的固定看法，并把这种观点和看法推而广之，认为这个事物或物体整体都具有该特征，而忽视个体之间的差异。刻板印象容易让人造成认知偏差、以偏概全，难以科学正确地去评价某一事物。在政务中心工作人员的定义里，社区居民被定义为搬迁户和原当地居民，久而久之这种定义无形的将居民划分出"城里人"和"农村人"的区别。在社区中，居民大致分为当地土地被征收的原居民、工程移民和享受精准扶贫户，而搬迁居民类型大抵分为一般农户、低保户、特困供养户。在社区中，和社区联系较强的基本是低保、特困户，这些困难群体基本依靠政府补贴资助和提供工作机会来生活，久而久之，工作人员会对社区居民产生倦怠情绪，认为居民没有发展自身的潜力，加之部分居民难以摆脱过去"等、靠、要"的心理，社区提供就业却高不成、低不就，造成了社区工作人员和当地居民对社区搬迁居民的刻板印象，从而导致对搬迁居民的可接受程度低。

四　增强社区居民社区融入的策略

1. 增加户均就业率，促进弱劳动力的就业

在社区中，生活方式的转变会给许多家庭带来经济生活上的压力，户均就业率的提高会使得居民应对风险的能力得到增长，在对社区进行了解之后，发现现阶段社区存在的主要问题是50～60岁高龄农户弱劳动力就业的问题，相对来讲这部分人群还具有一定的劳动力，但却没有具备完整的能在城市就业的知识技能储备，若是这部分人群能得以就业，不仅可以为家庭的城市适应力做出贡献，还能让自己发挥余热，找到自身的价值。相对来说，资源禀赋则是影响居民经济生活困境的重要原因之一，在这里，社会工作者就应该发挥资源链接者的作用，开展社区活动，以入户、海报宣传和微信平台组织动员社区居民积极参与社区招聘会，运用专业知识和技巧协调社区资源，以社区力量解决弱劳动力的就业问题，可以邀请政府就业相关工作人员、社区工作者和有关就业培训专家对居民进行就业宣传与指导，促进这部分人群的就业，与此同时要遵循接纳与非批判的原则为有需要的居民开展个案服务，收集居民就业意愿，以个别化的方式了解居民的需求，对其进行登记，摸清居民工作意向，及时反映给社区，为居民构建正式的支持网络。也可以依托社区原有的楼长制度，以楼长微信群的形式建立关系，发布最新招聘信息，为居民提供更为广泛的、更适合的就业机会。开源也需节流，社会工作者在运用专业知识促进居民就业的同时，也应该为社区居民开展生活教育主题活动，以生活交流会的形式引领居民在衣食住行等方面的科学消费。

2. 搭建交流平台，促进居民社区参与

舒茨的人际需要理论认为，每个个体都有人际交往的愿望和需要，并且不同的人有各自不同的需要。在人际交往的过程中会形成各种关系网络和社会角色，可以共同促进社会的发展。所以，促进搬迁居民与当地居民、居民与社区工作者、搬迁居民之间的交流，是社会工作者在进行社区服务过程中不可忽视的问题。在此过程中社会工作者可以借助以节日、纪念日为载体来组织社区活动。节日与纪念日都是在长期的历史实践中形成的具有一定社会意义的精神纽带，是具有集体共识的民族精神与情感，所以以此为载体，可以增强居民的凝聚力和认同感，推动和谐的人际关系。具体方法为：以节日、纪念日为载体，通过专业的方法和技巧对社区事务和社区人际关系进行有效的协调和运用，社会工作者应当在对社区居民的原有风俗习惯进行了解之后为社区进行连续且有计划的活动策划，为居民营造一个连续性的、不同意义的活动氛围，在依托节日、纪念日为载体开展社区活动的基础上，让社区活动深入人心，使得居民为此形成一种期待与惯性，形成社区特色。通过组织社区居民参与集体活动，不仅可以去界定、了解社区居民的需要，在参与的过程中，还可以促成社区居民建立对社区的归属感，激发居民主人翁意识，培养自助、互助和自决的社区精神，加强居民在社区参与及影响决策方面的能力和意识，激发其潜能，以形成更有能力、更和谐、更民主的社区，增强社区吸引力和感染力。

3. 建构社区集体记忆，营造和谐社区文化

"集体记忆"一词是由法国社会学家莫里斯·哈布瓦赫提出的，是指一个群体或现代社会中的人们所共享、传承以及一起建构的事或物。在工业化、城市化、市场化的影响下，社会各个方面都在随之发生变化，社会流动在不断增加，因此让农民变市民不仅是社会生产力发展的客观需要，更是经济社会发展的必然趋势。在该社区中，居民的异质性较高，从目前来讲社区也没有形成大家相对认可和遵从的约定俗成的文化，因此居民开始出现一种无根的状况，他们既无法融入新社区，又和原有的社区逐渐失去联系，只好重新思考社区未来的发展，建立起新的社区文化，以社区精神文化推动社区的发展才能使社区内的居民能紧紧联系在一起。针对本文中社区公共活动空间的布局和资源浪费的问题，在此过程中，我们首先应该考虑社区特点与居民的需要，形成系统的评估，将其结果反映给社区；其次，整合社区资源，包括社区内政治资源、居民资源；最后，由社区工作者针对需求策划主题社区活动，加强对社区文体设施、文化场所的使用。在此过程中，社会工作者可以以小组工作的形式推动社区组建起自己的兴趣小组，以文化类、体育类、分享类活动来激发居民兴趣，发挥自身优势，共同打造文化社区，促进居民间的交流，丰富居民精神文化生活。

4. 开展心理咨询活动，解决居民心理困境

在搬迁社区中，居民对经济、社会、文化、心理的融入需求是不同的，相对来讲，目前心理层面的适应还是属于首位的，造成心理融入困境主要还是受生计困难和抗风险能力弱等诸多因素的影响。社会工作者应当适时的帮助搬迁群众疏导不良情绪，加强关系调试，增强居民信心。在社区中不同的群体面对社区心理融入呈现出不同的困难和需求，在此，我们应该区分共性与个性，针对不同的需求开展个案服务和小组服务解决居民的心理问题。例如针对目前社区内存在较为普遍的留守儿童、妇女、老人的问题上，我们可以定期开展小组活动，用社会工作专业知识对其进行心理健康辅导和提供精神关怀；也可以为有需要的个体提供个案服务，让社区群众能得到实实在在的关心与福利，以优质的服务消除搬迁群众的疏离感，建立居民心理归属感，提高居民对新环境的适应力。

总之，搬迁居民由于其地理的限制，大多居住于交通闭塞的山区，这种先天性条件限制了与外界的交流，致使其发展稍落后于经济市场，近年来政府对精准扶贫工作的推进使得人民享受到了更多的福利，扶贫更加精准，人民的生活水平不断提高，政府这种有计划的现代化，其初衷是好的，但是由于其简单、单一的计划，受到时间、政绩的限制和未系统的评估，导致 H 社区居民出现了一种无序、无根的流动，同时由"人与自然-人与市场"的转变，出现了文化的冲突，导致文化的断裂，从而使居民的社区共同体意识不强，文化不自信，这些改变对于长期居住在山区，同质性较高的居民来讲是毁灭性的，因此，在扶贫工作过程中，要注重居民文化建设，保持文化的敏感性和发挥当地民众的主体性，只有这样，才能做到扶贫的可持续发展，才能让居民在新社区中立得住家。

在 H 社区，尽管社区政务服务中心在社区建设与社区管理中发挥着重要的作用，但在目前情况下工作人员在实施管理过程中仍存在着权责不明、身份尴尬、人力有限、事务繁杂、工作量大等一系列的问题。所以社会工作专业知识和理念的介入在当前的社区中显得尤为重要，社会乃至社区都需要这样一群专业的人来做这些专业的事。

五　结语

异地扶贫搬迁是脱贫攻坚的重中之重，是中国历史上一次有组织地奔向幸福小康的伟大迁徙，这项举措在就医、就学、就业等方面给群众带来了实实在在的福利，是一项民生工程、德政工程。著名学者阿玛蒂亚·森曾说过，贫穷会使人丧失挖掘自身潜力的机会，社会工作也强调"人在情景"中，既然社会存在的不平等现象导致了部分群众的贫困问题，那么在国力充裕的时候也该动用必要的行政力量去解决，以资源获取再分配的方式去激发群众的内生发展力。目前居民已经"搬得出"，但是"稳得住、能致富"仍是后期工作的重中之重。在这其中，居民的经济、社会、文化、心理的融入依然是学界研究的重点，只有在这些领域居民参与进去了，才会使得居民真正融入社区，在现居住地的社会活动中才不仅仅是对经济利益追求。孟子曾曰"乡里同井，出入相友，守望相助，疾病相扶持，则百姓亲睦"，这是对美好社区的愿景，也是社区社会工作者为之努力的方向。

参考文献：

［1］中华人民共和国国家发展和改革委员会：《异地扶贫搬迁"十三五"规划》2012年第7期。

［2］黄承伟：《中国农村扶贫自愿移民搬迁的理论与实践》，《中国财政经济出版社》，2004。

［3］安东尼·吉登斯：《第三条道路——社会民主主义的复兴》，北京三联书店，2000。

［4］刘建娥：《乡——城移民社会融入的实践策略研究——社区融入的视角》，《社会》2010年第1期。

［6］Crawford，C. Towards a Common Approach to Thinking about and Measuring Social Inclusion ［M］. Roeher Institute，2003.

［7］冯烨：《社会工作视角下异地扶贫搬迁居民社会融入问题探究》，《西北大学》，2019。

［8］梁波、王海英：《国外移民社会融入研究综述》，《甘肃行政学院学报》2010年第2期。

［9］杨菊华：《从隔离、选择融入到融合：流动人口社会融入问题的理论思考》，《人口研究》。

［10］郑娜娜、许佳君：《异地搬迁移民社区的空间再造与社会融入》，《南京农业大学学报》（社会科学版），2019年1月第19卷第1期。

［11］毛东来：《易地扶贫搬迁居民文化融入路径完善研究——以H省G村为例》，《中南财经政法大学研究生学报》2018年第4期。

［12］杨甫旺：《易地扶贫搬迁与文化适应——以云南省永仁县易地扶贫搬迁移民为例》，《贵州民族研究》2008年第6期。

［13］崔岩：《流动人口心理层面的社会融入和身份认同问题研究》，《社会学研究》2012 年第 5 期。

［14］刘芳：《桥接型社会资本与新移民社会融入——兼论社会组织与基层社区对新移民融入的推动作用》，《学习论坛》2015 年 11 月第 31 卷第 11 期。

［15］程素萍、胡惠玲：《城市化进程中被征地新居民的心理反应探讨》，《山西师大学报》（社会科学版）2009 年 9 月第 36 卷第 5 期。

［16］刘伟、黎洁、徐洁：《易地扶贫搬迁农户生计适应性研究——以陕西移民搬迁为例》，《中国农业资源与区划》2018 年 12 期。

［17］叶青、苏海：《政策实践与资本重置：贵州异地扶贫搬迁的经验表达》，《中国农业大学学报》（社会科学版）2016 年 10 月第 33 卷第 5 期。

［18］顾诗颖：《城市社区公共空间在社区居民交往中的作用——以江苏省 Y 市 H 区 D 小区为例》，《同济大学国际学术论坛 平行论坛》，2015。

［19］纪华勇：《社区居委会权责应规范》，《民主》2020 年第 2 期。

西南*农业考古概述

王 俊**

摘 要： 农业萌于旧石器时代，端于新石器时代，成于人类发展的整个过程。旧石器时代，西南古人以石器、骨器、蚌器等为主要的农业工具，以狩猎、采集野生动植物为主要农业生产方式；新石器时代始，西南古人以石器、青铜器和铁器等为主要农业工具，以种植、养殖、狩猎、采集为主要生产方式。整体来看，农业随人类的发展而发展，经历了一个由自然环境决定到自然、文化共同决定的发展过程。

关键词： 西南 农业 考古

一 引言

在中国的当代语境里，"农业"被定义为"利用植物、动物和

* 基于项目（15BMZ039）设计，本文的"西南"指的是贵、川、云、渝四省市。本文为国家社科基金一般项目"西南地区少数民族农业文化遗产调查研究"（项目编号：15BMZ039）；贵州省社科基金重大项目"贵州少数民族传统认知研究"（18GZWH04）；云南省重大专项-绿色食品国际合作研究中心专项课题"绿色食品产业发展战略研究（项目编号：2019ZG00911）"。

** 王俊，男，彝族，贵州民族大学多彩贵州文化协同创新中心副研究员，博士，硕士生导师，研究方向为西南少数民族农业文化遗产。

微生物的生活机能，通过人工培育以取得农产品的社会生产部门"。[1]从历史来看，农业历经原始、传统和现代等形态;[2]从内涵来看，农业有狭义和广义之分，狭义的农业专指种植业，广义的农业则包括种植业、林业、畜牧业、渔业和副业等[3]，本文采用"农业"的广义内涵。

"农业考古"是被定义为通过对考古遗址、遗迹及其生态环境和相关出土农业实物资料的研究，探讨农业的起源和发展，以为当下服务的考古学分支学科。[4]就字义而言，考古学中的"遗"指遗留，"存"指存在，"遗存"即遗留下来的存在;就词义而言，"遗存"包括"遗迹"和"遗址"等，"遗迹"即"旧迹"[5]，"遗址"是"指古人类活动遗留下来的城堡、村落、住室、作坊和寺庙等基址"[6]。本文认为"农业考古"就是对"农业遗存"的考古，本文将"农业遗存"定义为"能反映人们农业活动，含有农业工具，或农业物种（包括动物物种、植物物种）、农业文化符号等的岩画、遗址、墓葬等人类活动旧迹"。基于本文对"农业考古"的定义，在表达时，本文以农业岩画、遗址、墓葬为概述重点，以农业工具、农业物种和农业文化符号为概述内容。

基于本文"农业"的广义内涵，除以"人工培育"为标志的种植业、林业、畜牧业和渔业外，还包括非人工培育的采集、捕猎等副业。从农业发展史可知，现在所谓的副业，曾是石器时代（尤其是旧石器时代）人类的主业，随着人类知识的累积和创新，人类逐步掌握生物的"人工培育"技术，采集、狩猎等曾经的主业慢慢变成了副业。学界普遍认同木石农具、刀耕火种是原始农业的主要特征，并认为原始农业的时间基本上与考古学上的新石器时代相始终[7]。但事实是即便到新中国成立时，刀耕火种仍是西南地区部分少数民族主要的耕作方式。因此要阐述农业史，撇开旧石器时代是说不清楚的，也是不完整的，本文在概述农业考古时，将旧石器时代作为不可分割的一个部分列于其中。

民以食为天的生物学特性，决定了传统文明密码无一例外是以农业为基码的，西南是中国自然环境和民族文化较为丰富的地区，西南的历史发展过程就是一个不同民族在西南地区的互动过程。对西南农业考古进行概述，可以勾画西南地域文明的基码图谱，从而为西南地区的生态文明建设提供史料脉络和参照基础。

二　西南农业岩画概述

顾名思义，岩画即画或刻在洞壁、山崖等岩石上的图画，作为人类文化的重要组成部分，岩画产生的历史悠久，内涵丰富，但除少数有明确时代标注的岩画外，大多数岩画产生的时代不明，基于此，本文将农业岩画单独标题概述，且不涉及岩画产生的时代。需要说明的是本文农业岩画的图像命名以一目了然、多数人不产生歧义为主，凡有可能产生认识歧义的图像则以"等"略过。

（一）贵州农业岩画概述

目前，我们已在贵州全部的9个地级州、市发现了岩画，计40余处[8]。农业岩画有贵阳市花溪区孟关乡的岩画、清镇市卫城镇永乐村的岩画、开阳县高寨乡坪寨村的岩画，黔南州龙里县巫山乡谷远村的岩画、惠水县大龙乡长征村的岩画、长顺县威远镇龙家院村的红洞岩画，安顺市关岭县普利乡下瓜村的岩画、紫云县县城团坡村的岩画，黔西南州安龙洒雨镇竜保村的洒雨岩刻画、贞丰县沙坪乡石柱村的岩画，六盘水市六枝特区木岗镇底簸村的岩画等。

孟关乡的岩画图像以人骑牛等为主，永乐村的岩画图像以人骑马、人牵马等为主，坪寨村的岩画图像以人骑马、人牵马或人持弓箭打猎等为主；谷远村的岩画图像以挎腰刀的人骑马、人牵马、牛等图像为主，长征村的岩画图像以人骑马、人牵马等为主，长顺县威远镇龙家院村的红洞岩画图像以人骑马、饲马和持弩狩猎等图像为主；安顺市关岭县普利乡下瓜村的岩画图像以人骑马等为主，团坡村的岩画图像以人骑马等为主；洒雨岩刻画以马、羊、鸟等为主，石柱村的岩画图像以人、人手形状、牛等为主；底簸村的岩画图像以人骑马、人骑牛等为主。[9]贵州农业岩画中的动物图像相对较少，可清楚辨认的主要有马、牛、羊、鸟等，其中马的图像最多，牛次之，羊及其他动物较少。"人骑马"说明马此时已成为重要的交通工具，"饲马"代表养殖，"人牵牛"代表放牧或农耕，"人持弓箭（弩）"代表捕猎，从图像的数量可知，种植、养殖（放牧）业是此时人们生计的主业，而捕猎也是人们一种重要的生产方式。从图像所处的区域来看，图像生动反映了贵州当时的农业概况。

（二）云南农业岩画概述

目前，我们已在云南南部、中部和北部发现了岩画，计 60 余处[10]。农业岩画有文山州砚山县平远镇的大山村岩画、广南县珠琳镇的弄卡村岩画和连城镇的平山村岩画、丘北县曰者镇政府所在地的狮子山岩画、临沧市沧源自治县勐省乡和勐来乡的岩画、耿马自治县四排山大光芒村的岩画、永德县永康镇送吐寨的岩画，玉溪市元江县青龙场镇它克村的岩画，丽江市玉龙自治县虎跳峡镇金沙江沿岸的岩画，大理州漾濞自治县苍山西镇金牛村的岩画等。

大山村岩画图像以人骑马狩猎为主，弄卡村岩画图像以人骑马等为主，平山村岩画图像以猪和跳舞的人为主，狮子山岩画图像以人、鱼等为主；勐省乡和勐来乡的岩画图像以持械猎牛、持弓箭狩猎、跳舞等图像为主，大光芒村的岩画图像以人持弓箭猎牛等为主，送吐寨的岩画图像以马、人骑马等图像为主；它克村的岩画图像以人跳舞、狩猎等为主；跳峡镇金沙江沿岸的岩画图像以人张弓射箭、牛、羊等图像为主；香格里拉市洛吉河两岸山上的岩画图像以牛、羊为主；金牛村的岩画图像以多人牵手、牛等为主。[11]相对而言，云南农业岩画中动物图像更丰富些，其中动物图像除马、牛、羊外，还有猪、鱼等。在云南岩画中，捕猎的图像最多，且猎牛的内容居多，逻辑上说明人们此时正处于牛的驯化和养殖阶段。猪、马和牛的图像代表了人们的养殖（放牧）、种植方式，鱼代表了人们的捕捞方式，从图像可知，养殖（放牧）、狩猎、捕猎是所处区域主要的生计方式，而种植的特征则体现得并不明显。

（三）四川农业岩画概述

四川目前发现的农业岩画不多，有宜宾市珙县洛表镇麻塘坝的僰人岩画，甘孜州石渠县阿日扎乡和温波乡的岩画等。其中麻塘坝的僰人岩画图像以人骑马、人站在马背上、佩剑者骑或站在马背上、鱼、拉鱼等为主，阿日扎乡和温波乡的岩画图像以人、牛、羊、马等为主。[12]四川的岩画虽然不多，但清晰反映了岩画区域当时养殖（放牧）和捕捞（鱼）的生产方式。

（四）重庆农业岩画概述

重庆目前发现的农业岩画也较少，有江津市四面山镇洪洞村的灰千岩刻画、云阳县凤鸣乡马岭村牛尾石刻画等。灰千岩刻画以牛、羊、鱼等为主，其中尤以牛的形象惟妙惟肖、生动传神；牛尾石刻画以村落房屋为主。[13]重庆农业岩画反映了当时人民养殖（放牧）和捕捞（鱼）的生产方式。

三　西南农业遗址概述

农业遗址是西南农业考古的重要内容，综合来看，农业遗址以先秦居多，尤以石器时代居多。这一方面由于石器时代的石器、化石等不易腐朽，容易留存；另一方面也由于旧石器时代晚期前，墓葬尚未产生。据相关研究，墓葬始于晚期智人阶段（即旧石器时代晚期），山顶洞人时才开始有早期阶段的埋葬[14]。墓葬产生后，常作为人们现实生活和社区的一个重要组成部分，因此，先秦后遗址和墓葬常相伴而生，农业遗存更多以遗址墓葬的形式呈现。本文在阐述西南农业考古时，只按遗址据历史顺序梳理，并未按考古学定义将遗址和墓葬单独分开。

（一）贵州农业遗址概述

1. 旧石器时代农业遗址

贵州旧石器时代的农业遗址有毕节市的观音洞遗址，六盘水市的硝灰洞遗址；安顺市的穿洞遗址，遵义市的马鞍山遗址和黔西南州的猫猫洞遗址等。遗址发掘了以打制为主的刮削器、砍砸器、端刮器等石制生产工具，其中穿洞遗址发掘的一块刀状石器似有锯割树木和草本植物的特征[15]，可以理解为农业由狩猎、采集向种植转化的一个标志，除石制生产工具外，还发现了部分磨制或刮制加工的骨、角器。遗址发掘了鬣狗、野猪、野牛、野羊、鹿、大熊猫-剑齿象动物群的动物骨骼，但未发现农作物或果实遗存。

2. 新石器时代农业遗址

贵州新石器时代的农业遗址有安顺市的飞虎山洞穴遗址，黔西南州的孔明坟遗址，毕节市的瓦窑遗址、中水大河遗址、吴家大坪遗址和鸡公山遗址等。

飞虎山遗址中发掘了石锛、石斧、石锄、石刀、石凿、石箭（矛）头等石制农具，骨铲等骨制农具，及石磨盘等粮食加工器具[16]；孔明坟遗址发掘了石镐、砍凿器、石斧、石锛等石制农具，石制研磨器和石磨盘等粮食加工器具[17]；瓦窑遗址出土了石斧、石锛、石网坠等石制农具，石范等铸造磨具和少量的铜、铁[18]；中水大河湾遗址发掘了石镰刀、石锄、有段石锛等石制农具，以及粮食加工器具石磨盘[19]；在吴家大坪遗址发现了大量炭化的稻谷，鸡公山遗址中80%的坑内出土有炭化的稻谷，稻谷的放置方法有两种，一种是成团放在坑内并被烧焦，另一种是呈散粒撒在坑内[20]。石锄、石镰刀、研磨器、石磨盘和大量碳化稻谷的出现说明新石器时代贵州的种植业已有所发展，石箭（矛）头说明狩猎仍是农业生产中的重要内容，石网坠的出现说明捕鱼技术得到了发展。石范、少量铜和铁的出现意味着瓦窑遗址是贵州生产技术本土化发展的一个明证。

3. 商周至秦汉

在贵州，秦、汉的农业遗址不多，但极具地域性特点，其中有毕节市的可乐农业遗址墓葬，安顺市的铜鼓山遗址等。

可乐遗址地处可乐柳家沟，也被称为柳家沟遗址，发掘了石刀、石凿、石锛等石制农具，铜锄、铜镢等铜制农具，铁镢、铁臿、铁铧等铁制农具；还发掘了能反映当时农业概况的陶井、陶井架、陶水塘水田（其中水塘中有螺蛳三个，田分四块，各有螺蛳一个）、陶鸡等陶器，以及野生核桃一枚。[21]铁制农具的出现反映了秦汉时期贵州农业生产技术得到了进一步提高，陶水塘水田的出现再次说明水稻是贵州秦汉时期主要的农作物，野生核桃的出现反映了遗址地秦汉时的植物概况，其与如今赫章县核桃一脉相承，也侧面证明了核桃树是遗址地的土生树种，陶鸡则提示了鸡已成为秦汉时贵州住民重要的家畜。另外遗址还发掘了石杵、臼形器等粮食加工器具，提示秦汉时贵州地区除研磨器和石磨盘外的其他加工方式。

安顺市铜鼓山遗址发现了房屋和陶窑遗址，出土了铜、铁、陶等器，还发现了制作陶铜戈的陶模及铸铜用的陶坩埚，说明铜鼓山是秦汉时贵州重要的铜器生产基地，与瓦窑遗址一样，铜鼓山遗址间接体现了秦汉贵州青铜文化、农业文化的原生性、地域性。另外在铜鼓山还发现了大量的碳化农作物[22]。

（二）云南农业遗址概述

1. 旧石器时代农业遗址

云南旧石器时代的农业遗址有楚雄州的元谋人遗址、昆明市的龙潭山遗址、曲靖市的大河遗址等。遗址发现了砍砸器、刮削器、尖状器、雕刻器等石制工具，以及竹鼠、灵猫、剑齿虎等大熊猫-剑齿象动物群骨骼。

2. 新石器时代农业遗址

云南新石器时代的农业遗址较为丰富，有玉溪市的海东遗址，楚雄州大墩子遗址，大理州银梭岛遗址、海门口遗址、白羊村遗址，临沧市的石佛洞遗址、南碧桥遗址等。

海东遗址发掘了螺蛳和海贝等[23]，螺蛳的出现提示了遗址地住民的饮食习惯，反映了捕捞是人们农业生产的重要内容，海贝则提示了遗址地的文化交流。大墩子遗址出土了石斧、石锛、石镞、石杵等石制农具，蚌刀等蚌制农具，骨凿、骨镞等骨制农具，角凿、角锥等角制农具，以及猪、牛、羊、狗、鸡、水鹿、鱼等动物骨骼[24]，遗址还发现了粟、黍、稻、谷糠等碳化农作物种子和粮食遗存，以及狗尾草、木槿等植物种子[25]。大墩子遗址是典型的农业遗址，较为全面地反映了当时的农业状况，除石、骨等农具外，蚌刀、角凿等蚌、角农具体现较强的地域性特点。猪、牛、羊、狗、鸡骨骼的发现说明饲养（养殖）业已成为农业生产中重要的部门，蚌刀和鱼骨的发现说明渔业（捕捞业）仍是人们农业生产中的重要内容。石镞、骨镞的发现说明狩猎仍在人们农业生产中占有重要地位。粟、黍、稻等碳化农作物种子的发现真实反映了云南农作物的发展历程，在新石器时代，粟、黍、稻都是云南重要的农作物，而谷糠一方面说明人们对稻的加工技术相对成熟，另一方面也反映了稻在各农作物中占有更大的比重，稻的种植范围、种植比例相对较大。

银梭岛遗址发现了石刀、石锛、石锛、石网坠等石制农具，以及铜鱼钩、铜锛等铜制农具，陶网坠等陶器[26]。银梭岛遗址是重要的捕捞业遗址，这从发掘物中就有直观的体现，除石锛、铜锛、石锛等狩猎和种植农具外，最多的就是捕捞器具石网坠、铜鱼钩和陶网坠了，这是由银梭岛所处的自然环境决定的。海门口遗址也是重要的农业遗址，遗址发现了石斧、石锛、石刀、石凿、石锛、石磨盘、石纺轮等石制农具，铜斧、铜锛、铜镰、铜凿等铜制农具，陶网坠等陶制农具以及铁凿、铁镰等铁制农具，还出土了梅花鹿、水鹿、狗、猪、麂、水牛等动物骨骼，炭化稻、麦、粟、荞麦[27]、稗子等农作物种子，以及碳化橡子、桃核、果皮等。[28][29]海门口遗址集中体现了新石器时代云南的农业结构，包括以稻、麦、粟、荞麦、稗子和核桃等为主的种植业，以狗、猪和水牛等为主的养殖业，以鱼为主的捕捞和以梅花鹿、水鹿、麂等为主的狩猎。其中荞麦和稗子使得海门口遗址的地域性特点体现得更明显。白羊村遗址发现了石锛、石锛、石斧、石刀、石凿和石网坠等石制农具，骨凿、骨锛等骨制农具，以及穿孔蚌壳等蚌制农具[30]。

另外云南新石器时代的农业遗址还有临沧市的石佛洞遗址和南碧桥遗址等，石佛洞遗址发现了石斧、石锛、石凿、石磨盘、石磨棒、石网坠和穿孔石刀等石制农具，骨锛、骨凿等骨制农具，还出土有炭化稻谷、粟、豆类及谷糠、果核等[31]，南碧桥遗址也发现了大量的碳化稻谷[32]。

3. 商周至秦汉

云南商周至秦汉时期的农业遗址有玉溪市的李家山遗址墓葬群、学山遗址群，昆明市的河泊所遗址、玉碑地遗址和金连山遗址，楚雄州的万家坝墓葬、菜园子遗址、磨盘地遗址，迪庆州的维西宗咱遗址等。

玉溪李家山遗址墓葬群发掘了石网坠等石制农具，铜斧、铜镰、铜犁、铜锄、铜削、铜凿、铜镞、铜鱼钩等铜制农具，还出土了铜鱼、铜牛、铜鹿、铜蝉等动物模型[33]。铜犁代表了牛耕技术，铜制动物模型反映了渔猎和养殖，另外发掘的铜制贮贝器等器物上装饰的滇人进行农耕、纺织、畜牧、狩猎等的场景，也是农业文化的重要体现。学山遗址群发掘了铜镞、骨凿等农具，及狗、猪、牛等动物骨骼，[34]还出土了碳化了的小麦、水稻、大麦、粟、黍、大豆、荞麦等农作物种子，以及豆科、藜科等杂草种子。[35]

河泊所遗址发掘了小麦、水稻、粟、黍、大豆等碳化了的农作物种子，以及禾本科、豆科等杂草种子，另有水稻基盘的农业遗迹[36]，是又一个出土了大豆的遗址。玉碑地遗址出土了双孔石刀、石镞等石制农具，骨锥和骨镞等骨制农具，及铜镞、铜鱼钩、铜锥和铜削等铜制农具，[37]还发现了水稻、粟、大豆、小麦等农作物碳化种子，以及藜科、莎草科等杂草种子，另外还有包括桑科在内的碳化果实、果核等，以及水稻基盘、稻壳、块茎及部分不可鉴定及未知的植物种子，其中水稻的数量最多，粟次之，大豆和小麦极少。[38]金莲山遗址发掘了铜锄、铜镰、铜爪镰等铜制农具，铁锸等铁制农具及陶纺轮等陶器。[39]

楚雄州的万家坝墓葬出土了铜锄、铜斧、铜镢、铜镰等农业生产工具[40]；菜园子遗址出土了石斧、石锛、石凿、石刀、石镞、石网坠等石制农具，还出土了牛、猪、羊、狗、鸡、水鹿等动物骨骼[41]；磨盘地遗址发掘了石斧、石锛、石凿、石镞等石制农具，还发现了大量的碳化稻[42]；维西宗咱遗址发现了少量的荞麦[43]。

（三）四川农业遗址概述

1. 旧石器时代农业遗址

四川旧石器时代农业遗址有资阳市的资阳人化石地点，遗址发掘了刮削器、尖状器、砍削器等石制农具，以及猪、马、鹿、象等动物骨骼化石，骨锥[44]。

2. 新石器时代农业遗址

四川新石器时代农业遗址有广元市的张家坡遗址，阿坝州的营盘山遗址、姜维城遗址、哈休遗址、箭山寨遗址，雅安市麦坪遗址，成都市宝墩古城遗址，绵阳市的边堆山遗址，凉山州的礼州遗址和横栏山遗址等。

张家坡遗址发掘了石斧、石锛、石凿、石镞、石镢，石砍砸器等石制农具，及石杵等粮食加工器具[45]；营盘山遗址发掘了石器、骨器、蚌器等农具，以及桃、梅、杏等水果果核，其中桃核最多，以及农作物粟、黍，杂草类的藜属、狗尾草属等，还发现了疑似黑麦、野大豆等其他不知名的植物种子[46]；姜维城遗址发掘了石斧、石凿、穿孔石刀、石锛、石镞等石制农具[47]；哈休遗址发现了碳化粟等，还发现了鹿、牛、狗、马、獐、猪、飞禽等动物骨骼化石[48]；箭山寨遗址发现了石斧、石锛、石凿、砍砸器等石制农具，还发现了碳化黍等农作物[49]；麦坪遗址发掘了石斧、石锛、石刀、石凿、石网坠、石箭镞等石制农具，铜箭镞等铜制农具，[50]以及栽培稻等[51]。

宝墩古城遗址发掘了丰富的植物种子，其中就有水稻、粟、薏苡属、野豌豆属、豇豆属等农作物种子，及莎草科等杂草植物种子[52]；边堆山遗址发掘了石斧、砍砸器、刮削器、石凿、石刀、石镰形器等[53]；礼州遗址发掘了石斧、石刀、石锛、石镞、石刮削器、石锥、石网坠等石制农具，石臼等粮食加工器具[54]，还发现了野生碳化带壳的稻谷[55]；横栏山遗址发掘了石斧、石锛、石刀、石箭镞、石网坠等石制农具[56]，还发掘出碳化了的硬木松和麻栎[57]，发现了稻谷、大麦属、小麦、粟和黍，以及狗尾草属、藜属、豇豆属、酢浆草、马齿苋科、接骨木等植物种子，及果壳等[58]。

3. 商周至秦汉

四川商周至秦汉的农业遗址有成都市的天回山崖墓、金沙遗址、十二桥遗址、羊子山土台遗址、成都市北郊的战国墓地、四川成都城乡一体化工程中金牛区的 5 号 C 地点、成都商业街遗址、羊子山 172 号墓，广汉市的三星堆遗址、永兴遗址，凉山州的礼州汉墓，达州市的城坝遗址、桂圆桥遗址、龙王庙遗址，阿坝州的牟托石棺墓、撮箕山墓群，南充市的郑家坝遗址等。

天回山崖墓发掘了铁镢、铁镰、铁刀等铁制农具，及陶谷仓罐、陶井、陶水田、陶水塘、陶马、陶狗、陶鸡、陶鸭俑等[59]；金沙遗址发掘了石斧、石锛、石凿等石制农具[60]，其中还发掘了一条由一鸟、一鱼和一箭组成的鱼纹金饰带[61]；十二桥遗址发掘了石斧、石锛、石凿等石制农具，[62]还出土了狗、马、家猪、黄牛等家畜的骨骼化石[63]；羊子山土台遗址发掘了铜斧、铜斤、铜锯、铜削、铜凿等铜制农具[64]，还发掘了野猪、鹿等动物骨骼[65]；成都市北郊的战国墓地发掘了铁斧等铁制农具，及陶仓、陶井、陶鸡、陶狗、陶猪、干栏式陶房等[66]；成都城乡一体化工程中在金牛区 5 号 C 地点发掘了碳化植物种子，其中以水稻和粟为主，另外还有野大豆、黍属、稗属、狗尾草属、黍亚科、紫苏等植物种子，还发掘了稻谷基盘和小穗轴[67]；成都商业街发掘了铜斤、铜削刀等铜制农具，在每个双耳瓮中还发现有不少的粮食遗骸和果核等[68]；羊子山 172 号墓发掘了铜箭镞等铜制农具及果核[69]。

三星堆遗址发掘了石斧、石锛、石凿等石制农具、陶网坠等陶制农具，[70]其中农业遗迹还体现在铜制的蛇、水牛、鸟、鸡、鱼等动物模型[71]上；在发掘西昌礼州新石器时代遗址时，还发掘了汉墓，其中出土了铁锄、铁斧、铁刀等铁制农具，铜杵臼等粮食加工铜器，及陶井、陶水田模型等陶器[72]；桂圆桥遗址发掘了石斧、石锛等石制农具[73]，还发现了碳化粟、水稻、黍和苋科等植物种子[74]；龙王庙遗址发掘了石斧、石锛、穿孔石刀等石制农具，及碳化水稻、黍等粮食作物[75]；阿坝州的牟托石棺墓发掘了石斧、石刀、石锛、石凿等石制农具，石臼、石杵等粮食加工器具，及已碳化了的植物根茎和果实、粟、麦类、动物肉类等[76]；茂县撮箕山墓群出土了铁锄；南充市阆中市郑家坝遗址发现了碳化粟、黍、大麦、稻等农作物，及豆科、蓼科、藜科、猕猴桃属等科属的碳化植物[77]。

（四）重庆农业遗址概述

1. 旧石器时代

重庆旧石器时代的农业遗址有巫山龙骨坡遗址，丰都高家镇遗址和铜梁遗址等。

农骨坡遗址发掘了薄刃斧和砍斫器等石制农具，以及 116 种哺乳动物化石[78]；高家镇遗址发掘了砍砸器、刮削器、手镐等石制农具，且多为以河卵石为原料加工而成[79]；铜梁遗址发掘了砍砸器等石制农具，水牛等动物化石，以及乌木、树叶和果子化石[80]。

2. 新石器时代

重庆新石器时代的农业遗址有巫山大溪遗址、魏家梁子遗址、蓝家寨遗址、丰都玉溪遗址、铜梁遗址、黄柏溪遗址、彭水龙蛇坝遗址、云阳大地坪遗址等。

大溪遗址发掘了石斧、石锛、石凿等石制农具，骨锥、骨镞等骨制农具，及穿孔蚌和穿孔小蚌环等蚌制农具，还发现了专门的动物坑、鱼骨坑和器物坑，其中鱼骨坑的数量最多，动物坑内埋有狗、牛等，其中狗的数量居多[81]。魏家梁子遗址发掘了石斧、石锛、石刀、石磨石、石镞等石制农具，还发掘了有鱼、猪、蚌等动物骨骼[82]。蓝家寨遗址发掘了铁锸、铁镢等铁制农具，及铜箭镞、各种网坠等铜、石、陶农具，还发现了鱼类骨骼[83]，除鱼类骨骼外，还出土了鸡、狗、马、猪、黄牛、山羊等6种家畜的骨骼[84]，另外从遗址石灰墓灰浆的成分[85]也可判断，此时重庆已有了糯米种植。

玉溪遗址发掘了水牛、猪、狗、鱼、蚌、螺等动物骨骼[86]，还发现了碳化了的珊瑚朴、南酸枣、葡萄属、禾本科等植物种子[87]。麻柳沱遗址发掘了石斧、石矛、石网坠、石刮削器和石磨盘等石制农具，陶网坠等陶制农具，以及铜鱼钩、铜镞等铜制农具，还发现了鱼类、猪、牛等动物的骨骼[88]。黄柏溪遗址发掘了砍砸器，刮削器、石斧、石凿等石制农具，还出土了鱼骨、猪骨、狗骨、牛骨和熊牙等动物骨骼[89]。龙蛇坝遗址发掘了大量的陶网坠[90]。大地坪遗址发掘了有肩石锄、石镰、石刀、石铲、石斧、石锛、石凿、石镞、石网坠等石制农具，还发掘了鱼、猪、牛、鹿、螺等动物骨骼，以及水稻、果核等碳化植物[91]。

3. 商周至清朝

重庆商周至汉六朝农业遗址有巫山双堰塘遗址、万州中坝子遗址、忠县中坝遗址、永兴遗址、忠县将军村汉六朝墓群等。

双堰塘遗址发掘了类似小米和狗尾草籽粒的炭化颗粒[92]；万州中坝子遗址发掘了商周时期的水田遗迹[93]；忠县中坝遗址发掘了青铜鱼钩、陶网坠等铜制和陶制农具，还发掘了鱼、黄牛、水牛等动物骨骼化石，其中鱼类骨骼的数量最多[94]；永兴遗址发掘了石斧、石锛、石凿、石杵、石网坠等石制农具，及陶网坠等陶制农具[95]；将军村汉六朝墓群发掘了铁斧、铁镰、铁凿、铁刀、铁铲、铁锸等铁制农具，铜镞、陶网坠等铜制和陶制农具，还发掘了陶制猪、狗、马、鸡等动物俑及陶塘、陶仓、陶井等陶模型[96]；除新石器时代农业遗存外，麻柳沱遗址还清理出清代栽种植物的根窝、牛蹄印、人脚印等农耕遗迹等[97]。

四 结语

基于现实语境，本文实际上是对西南农业史的一次考古学追溯。

在农业岩画方面，贵州以马的形象最多，牛、羊及其他相对较少。马的形象又以人骑马、人牵马、饲马为主，姑且不论岩画的具体年代，马的形象和数量都说明马是贵州重要的农业动物物种，在贵州的农业发展中具有重要的作用，需要强调的是，贵州的农业岩画内容整体呈静态。云南农业岩画中的动物物种相对丰富，有马、牛、羊、猪、鱼等，其中马、牛的数量差不多，如果说贵州农业岩画表达的内容相对安静的话，那么云南的农业岩画则动感十足，以狩猎和跳舞为主要内容。四川的农业岩画以牛、羊、马为主。重庆的农业岩画以牛、羊、鱼为主。所有农业岩画均隐喻着西南的地域性和民族性。

在农业遗址方面，贵州农业遗址中除石锛、石斧等西南常见的石制农具之外，还发掘了石锄、石镰刀、骨铲、铜锄、铁镢、铁锸、铁铧等石、骨、铜、铁制农具，石网坠等渔具，其中骨、角制农具相对较少，以及石磨盘、研磨器、石杵、臼形器等粮食加工器具，碳化稻谷和野生核桃，陶制水田和陶鸡等制品。与贵州农业遗址相比，除石锛、石杵等石制农具、器具外，云南农业遗址中还发掘了铜镰、铜犁、铁锸等铜、铁制农具，铜鱼钩等渔具，另外还有较多的蚌刀、骨凿、角凿等蚌、骨、角制农具。云南农业遗址还发掘了数量较多的猪、牛、羊、狗、鸡、鱼等家畜骨骼，小麦、水稻、大麦、粟、黍、大豆、荞麦等农作物及核桃、果皮。如果说贵州农业遗址更多地体现了畜牧业的话，那么云南的农业遗址既体现了畜牧业，也体现了种植业，且种植业方面体现得更为丰富。四川农业遗址发掘了石镢、铜凿、铁镰等石、铜、铁制农具，其中蚌、骨、角器较少，还发掘了粮食加工器具铜杵臼及狗、马、家猪、黄牛、狗等家畜，水稻、粟、大麦、黍等农作物，相较贵、云而言，黍和粟分布的范围最广。四川农业遗址还发掘了丰富的桃、梅、杏等水果果核。在重庆农业遗址发掘中，发掘数量最多的就是网坠、铜鱼钩等渔具，在发掘的动物坑中，鱼骨坑的数量最多。也发掘了碳化水稻和果核遗存等，重庆农业遗址体现了浓郁的渔业特点。

人类是流动的，农业也不例外，西南农业考古发掘正是西南农业流动的证据，具有明显的地域性和民族性，囿于考古材料不足等原因，本文只涉及农业的历史状态，不涉及状态的形成过程。至于西南历史农业格局的形成过程，笔者将在以后的研究中结合历史学和民族学进一步梳理。

注释：

[1] 夏征农、陈至立主编《辞海》，上海辞书出版社，2000，第1387页。

[2] 李根蟠：《中国古代农业》，中国农业出版社，2010，第15页。

[3] 夏征农、陈至立主编《辞海》，上海辞书出版社，2000，第1387页。

[4] 陈文华：《简论农业考古》，载《农业考古》1984年第2期。

[5] 夏征农、陈至立主编《辞海》，上海辞书出版社，2000，第1387页。

[6] 夏征农、陈至立主编《辞海》，上海辞书出版社，2000，第2248页。

[7] 李根蟠：《中国古代农业》，中国农业出版社，2010，第15页。

[8] 游前声、曹波：《贵州岩画》，贵州科技出版社，2014，第7页。

[9] 贵州农业岩画的图像除笔者亲自调研的外，还参考了游前声、曹波的《贵州岩画》（贵州科技出版社，2014）及王良范、罗晓明的《贵州

岩画——描述与解读》（贵州人民出版社，1997）等文献中的相关岩画照片和岩画图绘。

［10］根据杨帆等编著的《云南考古（1979—2009）》"第三章 岩画"计算而得，云南人民出版社，2010。

［11］云南农业岩画的图像除笔者亲自调研的外，还参考了《云南考古（1979—2009）》（云南人民出版社，2010）中的相关岩画图绘。

［12］云南农业岩画的图像除笔者亲自调研的外，还参考了蒋万锡的《宜宾地区悬棺葬调查记》（载《考古》，1981年9月）等文献中的相关岩画绘图。

［13］重庆农业岩画的图像除笔者亲自调研的外，还参考了张芊等的《重庆四大岩画 岩壁上的远古密码》（载《城市地理》2015年01期）等文献中的相关岩画绘图。

［14］叶晓军：《中国墓葬发展史》，甘肃文化出版社，1994，第9页。

［15］余锦标：《贵州普定县穿洞古人类化石及其文化遗物的初步研究》，载《南京大学学报》（自然科学版）1984年第1期。

［16］李衍垣：《贵州的新石器与飞虎山洞穴遗址》，载《贵州社会科学》1982年第4期。

［17］张改课等：《贵州省贞丰县孔明坟遗址：一处新石器时代石器制造场》，载《中国文物报》2009年7月3日，第004版。

［18］席克定、宋先世：《试论瓦窑遗址》，载《贵州文史丛刊》1986年第4期。

［19］李衍垣：《贵州的新石器与飞虎山洞穴遗址》，载《贵州社会科学》1982年第4期。

［20］段渝：《夜郎国和夜郎地区的青铜文化》，载《社会科学战线》2016年7月。

［21］贵州省博物馆考古组、贵州省赫章县文化馆：《赫章可乐发掘报告》，载《考古学报》1986年4月。

［22］赵小帆：《贵州发现的早期稻作遗存及谷物的收割和加工》，载《古今农业》2008年6月。

［23］新华网：http://www.yn.xinhuanet.com/2016ynnews/20161019/3493266_c.html。

〔24〕阚勇：《元谋大墩子新石器时代遗址》，载《考古学报》1977年4月。

〔25〕金和天等：《云南元谋大墩子遗址浮选结果及分析》，载《江汉考古》2014年6月。

〔26〕闵锐、万娇：《云南大理市海东银梭岛遗址发掘简报》，载《考古》2009年8月。

〔27〕中国考古网：http：//www. kaogu. cn/cn/kaoguyuandi/kaogusuibi/2016/1011/55667. html。

〔28〕闵锐：《云南剑川县海门口遗址》，载《考古》2009年7月。

〔29〕闵锐：《云南剑川县海门口遗址第三次发掘》，载《考古》2009年8月。

〔30〕阚勇：《云南宾川白羊村遗址》，载《考古学报》1981年7月。

〔31〕杨帆等：《云南考古（1979—2009）》，云南人民出版社，2010。

〔32〕阚勇：《云南耿马石佛洞遗址出土炭化古稻》，载《农业考古》1983年7月。

〔33〕张增祺、王大道：《云南江川李家山古墓群发掘报告》，载《考古学报》1975年10月。

〔34〕吴敬等：《云南澄江县学山遗址试掘简报》，载《考古》2010年10月。

〔35〕王祁：《云南澄江学山遗址植物大遗存分析》，山东大学硕士论文，2014。

〔36〕杨薇：《云南河泊所和玉碑地遗址植物遗存分析》，山东大学硕士论文，2016年5月。

〔37〕蒋志龙、朱忠华：《云南东川玉碑地遗址考古发掘的重要收获》，载《中国文物报》2014年1月3日，第008版。

〔38〕杨薇：《云南河泊所和玉碑地遗址植物遗存分析》，山东大学硕士论文，2016年5月。

〔39〕蒋志龙：《金连山墓地研究》，吉林大学博士论文，2013。

〔40〕李晓岑等：《云南楚雄万家坝出土铜、锡器的分析及有关问题》，载《文物》2008年9月。

〔41〕戴宗品等：《云南永仁菜园子、磨盘地遗址2001年发掘报告》，

载《考古学报》2003年4月。

［42］戴宗品等：《云南永仁菜园子、磨盘地遗址2001年发掘报告》，载《考古学报》2003年4月。

［43］中国考古网：http：//www.kaogu.cn/cn/kaoguyuandi/kaogusuibi/2016/1011/55667.html。

［44］娄玉山、马宁：《资阳人》，载《化石》2014年8月。

［45］郑若葵、王仁湘：《四川广元市张家坡新石器时代遗址的调查与试掘》，载《考古》1991年9月。

［46］赵志军、陈剑：《四川茂县营盘山遗址浮选结果及分析》，载《南方文物》2011年3月。

［47］辛中华：《四川汶川姜维城遗址发掘取得重要成果》，载《中国文物报》2004年7月2日，第002版。

［48］陈剑、陈学志：《大渡河上游史前文化寻踪》，载《中华文化论坛》2006年7月。

［49］徐学书：《岷江上游新石器时代文化的初步研究》，载《考古》1995年5月。

［50］刘志岩：《四川汉源县麦坪遗址2008年发掘简报》，载《考古》2011年9月。

［51］黄翡等：《麦坪遗址新石器时代晚期水稻植硅体的发现及其意义》，载《四川文物》2011年第6期。

［52］朱鸿伟：《宝墩文化：4500年前的成都》，载《先锋》2017年5月。

［53］郑若葵、叶茂林：《四川绵阳市边堆山新石器时代遗址调查简报》，载《考古》1990年4月。

［54］赵殿增：《四川西昌礼州新石器时代遗址》，载《考古学报》1980年1月。

［55］黄承宗：《从出土文物看安宁河流域种植稻谷的历史》，载《农业考古》1982年7月。

［56］张正宁：《四川西昌市横栏山新石器时代遗址调查》，载《考古》1998年2月。

［57］闫雪等：《2014年西昌市横栏山遗址采集木炭遗存分析报告》，

载《成都考古发现》2015 年 12 月。

［58］姜铭等：《西昌市横栏山遗址 2011 年及 2013 年度浮选结果简报》，载《成都考古研究》2016 年 12 月。

［59］刘志远：《成都天回山崖墓清理记》，载《考古学报》1958 年 3 月。

［60］张擎等：《成都金沙遗址的发现与发掘》，载《考古》2002 年 7 月。

［61］施劲松：《金沙遗址祭祀区出土遗物研究》，载《考古学报》2011 年第 2 期。

［62］施劲松：《十二桥遗址与十二桥文化》，载《考古》2015 年第 2 期。

［63］何锟宇：《试论十二桥文化的生业方式——以动物考古学研究为中心》，载《考古》2011 年第 2 期。

［64］郭明、高大伦：《成都羊子山土台遗址试析》，载《江汉考古》2017 年 4 月。

［65］杨有润：《成都羊子山土台遗址清理报告》，载《考古学报》1957 年 12 月。

［66］李明斌：《四川成都市北郊战国东汉及宋代墓葬发掘简报》，载《考古》2001 年第 5 期。

［67］姜铭等：《四川成都城乡一体化工程金牛区 5 号 C 地点考古出土植物遗存分析报告》，载《南方文物》2011 年 9 月。

［68］颜劲松：《成都市商业街船棺、独木棺墓葬初析》，载《四川文物》2002 年第 3 期。

［69］四川省文物管理委员会：《成都羊子山第 172 号墓发掘报告》，载《考古学报》1956 年 12 月。

［70］四川省文物管理委员会等：《广汉三星堆遗址》，载《考古学报》1987 年 4 月。

［71］李维明：《试析三星堆遗址》，载《四川文物》2003 年 10 月。

［72］王兆琪：《四川西昌礼州发现的汉墓》，载《考古》1980 年 9 月。

［73］焦中义等：《四川什邡桂圆桥新石器时代遗址发掘简报》，载

《文物》2013 年 9 月。

[74] 万娇、雷雨：《桂圆桥遗址与成都平原新石器文化发展脉络》，载《文物》2013 年第 9 期。

[75] 郭富：《四川汉源龙王庙遗址 2009 年发掘简报》，载《东方考古》2011 年 12 月。

[76] 茂县羌族博物馆、阿坝藏族羌族自治州文物管理所：《四川茂县牟托一号石棺墓及陪葬坑清理简报》，载《文物》1994 年 3 月。

[77] 闫雪：《四川阆中市郑家坝遗址浮选结果及分析——兼谈四川地区先秦时期炭化植物遗存》，载《四川文物》2013 年第 4 期。

[78] 刘东生等：《龙骨坡遗址点评》，载《重庆三峡学院学报》2008 年 7 月。

[79] 裴树文等：《高家镇旧石器遗址 1998 年出土的石制品》，载《人类学学报》2005 年 5 月。

[80] 重庆市博物馆：《铜梁旧石器的发现及其重要意义》，载《重庆师范学院学报》（哲学社会科学版）1980 年 4 月。

[81] 邹后曦、白九江：《巫山大溪遗址再次发掘发现丰富遗存》，载《中国文物报》2002 年 5 月 10 日，第 001 版。

[82] 吴耀利、刘国祥：《四川巫山县魏家梁子遗址的发掘》，载《考古》1996 年 8 月。

[83] 邹后曦：《重庆考古 69 年》，载《四川文物》2009 年第 6 期。

[84] 武仙竹等：《巫山蓝家寨遗址家畜的动物骨骼》，载《人类学学报》2015 年 8 月。

[85] 郑利平等：《重庆巫山大昌蓝家寨遗址石灰墓灰浆成分分析》，载《重庆师范大学学报》（自然科学版）2014 年 1 月。

[86] 赵静芳、袁东山：《玉溪遗址动物骨骼初步研究》，载《江汉考古》2012 年 9 月。

[87] 马晓娇等：《重庆丰都玉溪遗址 2004 年度浮选结果及分析》，载《农业考古》2016 年第 6 期。

[88] 上海大学文学院文物考古研究中心等：《三峡麻柳沱遗址考古发掘的主要收获》，载《上海大学学报》（社会科学版）1999 年 2 月。

[89] 潘茂辉：《重庆黄柏溪遗址两度发掘》，载《中国文物报》2000

年 11 月 05 日第 001 版。

［90］新华网：http：//www.xinhuanet.com/shuhua/2015 - 08/27/c_128171830. htm。

［91］席道合：《重庆云阳大地坪发掘新石器时代聚落遗址》，载《中国文物报》2003 年 7 月 30 日。

［92］梁中合等：《巫山双堰塘遗址考古发现典型西周陶窑》，载《中国文物报》2002 年 06 月 14 日，第 001 版。

［93］于孟州、夏微：《四川盆地先秦时期农业考古研究述论》，载《西华大学学报》（哲学社会科学版）2015 年 1 月。

［94］付罗文、袁靖：《重庆忠县中坝遗址动物遗存的研究》，载《考古》2006 年第 1 期。

［95］四川省文物考古研究所三星堆遗址工作站，忠县文物保护管理所，《四川忠县涂井乡永兴、李园两处古遗址调查简报》，载《四川文物》，1995 年 6 月。

［96］李大地，邹后曦，《重庆市忠县将军村墓群汉墓的清理》，载《考古》，2011 年 1 月。

［97］上海大学文学院文物考古研究中心等：《三峡麻柳沱遗址考古发掘的主要收获》，载《上海大学学报》（社会科学版），1999 年 2 月。

歌谣传唱与戏剧表演：侗族文学遗产《珠郎娘美》的经典化路径[*]

——兼谈民间文学经典的要素

龙昭宝^{**}

摘　要：侗族民间文学《珠郎娘美》主要流传于黔湘桂三省交界区，最初是以爱情传说的形式存在的。在百余年民间流传的过程中，歌谣传唱和戏剧表演是推动《珠郎娘美》经典化的路径，艺术呈现的多样化使得思想主题在现实批判的基础上增添了人文关怀。《珠郎娘美》的经典化历程表明，深刻的思想主题和多样的艺术呈现是民间文学成为经典的两大要素，也是重要的评判标准。经典的民间文学并非官方和知识精英构建，而是大众在历史中结合文化传统创造的。

关键词：《珠郎娘美》　歌谣传唱　戏剧表演　经典化

　　每个民族都有经典的民间文学，那么民族民间文学如何经典化？李雄飞认为中国民间文学经典的确立过程需经过"民众阶层、文化

---

　*　本文受贵州民族大学文化协同创新中心资助，为2019年度教育部人文社科研究一般项目"黔湘桂边区国家在场与乡村发展的碑刻古籍整理与研究"（19XJA770004）阶段性成果。

　**　龙昭宝，侗族，贵州天柱县人，贵州民族大学贵州民族文化艺术研究院副研究员，博士，硕士生导师；研究方向为中国民族关系及地方社会发展史。

权威与政治力量的三重筛选才最终得以实现"。[1]朱佳艺认为民间文学经典的形成"乃是官方和精英知识分子构建的结果"，其中精英知识分子（尤其是民间文学专业领域的学者）可通过阅读、评论和研究筛选出经典，而官方可利用权力决定哪些属于经典。[2]在中国汉语世界中，"经"有多种含义，其中之一是指历代被尊奉为典范的著作，[3]《现代汉语词典》对"经典"的解释之一是指传统的具有权威性的著作。[4]这些解释针对的是汉文典籍，而民间文学是口头流传的，虽存在变异性，但也存在经典性，此种经典性不是体现于某一异文而是体现在题材上。谁构建了民间文学的经典？本文认为，上述关于民间文学经典化过程的观点有值得商榷之处，民间文学之所以能够成为经典，并不是由精英知识分子以及官方构建的，而是由普通大众在历史中结合文化传统创造的。本文主要探讨侗族文学遗产《珠郎娘美》的经典化路径，并以此为例总结民间文学经典所需的要素。

《珠郎娘美》是清代中期以来一个广泛流传于贵州省从江县、榕江县、黎平县，湖南省通道侗族自治县，以及广西壮族自治区三江侗族自治县的爱情传说。此传说以真人事迹为依据，讲述的是古代榕江三宝侗寨的一对情侣珠郎、娘美为躲避"姑舅表婚"的传统婚俗，私奔至从江贯洞，借宿于财主银宜家之后发生的故事。银宜贪图娘美的美貌，利用侗族传统的盟款组织趁吃枪尖肉之际杀死珠郎。娘美得知消息后悲痛万分，找到珠郎遗骸后设下"谁埋珠郎便以身相许"之计，在银宜挖坑时杀死对方为夫报仇。2008年，《珠郎娘美》作为民间文学入选第二批国家级非物质文化遗产代表作名录。从一个爱情传说跃升为国家级非物质文化遗产，《珠郎娘美》在民间经历了不断经典化的历程，歌谣传唱与戏剧表演是完成这一历程的两种重要途径。在经典化过程中，这一民间文学的思想主题不断得到深化。

一 歌谣传唱中的《珠郎娘美》

侗族的歌谣十分丰富，按演唱方式以及内容的不同大致可分为史诗、大歌、琵琶歌、情歌、生活歌、礼俗歌、时政歌等。对《珠郎娘美》进行传唱的歌谣主要是琵琶歌和大歌。

（一）琵琶歌传唱与《珠郎娘美》的情节地方化

琵琶歌，侗语称为"锦"，因用传统乐器"琵琶"伴奏而得名，多由歌师边弹边唱，篇幅长，但音乐旋律较为单一，内容分爱情、叙事、劳动三大类，演唱时常以穿插"说"的方式来衔接情节，因此学界又称此类口头艺术为"说唱文学"或者"曲艺"。自20世纪50年代开始，学界陆续对各地流传的琵琶歌《珠郎娘美》进行搜集整理，诸多成果表明，民间流传有《珠郎娘美》的多种异文。限于侗语方言的差异，各地对《珠郎娘美》的称呼有所不同：广西三江侗族地区称之为"助郎娘梅之歌"，吴敬居（1954年）、过伟（1956年）、吴宏义（1979年）、杨通山（1979年）分别对流传于广西三江侗族自治县林溪、王朝村、守昌村、王朝新寨的这一琵琶长歌进行记录翻译；[5] 广西龙胜庖田一带称之为"助郎和秦妹"，1962年依易天对覃辉的口译本进行了记录；[6] 贵州从江、黎平及榕江三县保持原称，1959年肖家驹、杨奋宇、念一对流传于黎平六区东郎乡的口述本（歌师吴经松口述）进行了记录[7]（同年杨国仁根据歌师吴经松及潘老替的口唱文本整理成《助郎与良美》[8]、郑寒风也记有歌师吴经松演唱及译词的《珠郎娘美》，不过只到珠郎被害为止[9]），1985年吴生贤对流传于从江、黎平两县交界的"九洞""六洞"地区的口述本（吴晒全、梁裕宗等口述）进行了搜集整理，[10] 同年银永明、石新民对周合姣的口述本进行了记录和整理。[11] 2010年邓敏文、银永明对从江贯洞镇腊水村歌师梁华仪的传唱本进行了记译（侗、汉文对照翻译）。[12]

现可见的琵琶歌《珠郎娘美》最早的汉字刊行本为 20 世纪 50 年代末肖家驹等人及杨国仁收集到的文本（分别简称"肖本"和"杨本"）。"肖本"故事情节是"珠郎娘美逃婚""银宜贪恋娘美""设计杀掉珠郎""娘美滴血辨骨""杀死银宜复仇"，在刊印时删除了一部分内容（中间删去四行，最后两段删去）。[13]因采集于同一歌师，"杨本"在情节上与"肖本"一致，但在最后保留了歌师"寓教于乐"的传唱目的，真实地保留了《珠郎娘美》在民间的传唱形态。20 世纪中期吴生贤收集到的文本（简称"吴本"）与前述两种文本在情节上略有不同，差异之处在于"吴本"开篇说珠郎娘美"破钱定情"，为珠郎遇害后娘美"按钱寻尸"（而不是滴血辨骨）埋下伏笔，结尾在说娘美复仇成功之后衍生出了"遇到杨朝卯""生儿杨建山""夫妻坐监狱""儿来平冤屈"的故事情节。在广西学界，20 世纪 50 至 80 年代初期吴敬居、吴贵元、过伟、杨通山将吴金魁传唱的文本改编成曲艺《秦娘梅传奇》，设"坐夜""破钱""逼嫁""双奔""落寨""拒银""惊变""赴款""闻讯""辨骨""击鼓""诛银" 12 个情节。这一曲艺延续了民间主要故事情节，不同之处在于赋予了娘梅"秦"姓，理由是传统侗歌中的娘梅无姓，在广西三江、龙胜一带娘梅被称为"秦妹"，而广西侗家有"秦"姓，便确定她姓秦名娘梅。[14]概观学界收集的不同文本，"逃婚""借宿""遇害""复仇"是共有的故事情节，而从"滴血"到"破钱"，从"复仇成功"到"家人团聚"，从"无姓"到"秦姓"的情节变化体现出了琵琶歌《珠郎娘美》在流传过程中的地方化发展。

（二）大歌对唱与《珠郎娘美》的戏剧化叙事

大歌是新中国成立之后学界对流行于侗族南部方言区"支声复

调"音乐的汉称，侗语称之为"嘎老"（"嘎"即"歌"，"老"有"人数多、声音大"之意）。大歌必须以歌班为基本单位，传统社会中主要是在村落间的"为也"（侗语，意思是"集体做客"）活动中演唱。在民间，人们根据演唱内容的不同将大歌分成四大类：嘎所（声音歌）、嘎嘛（柔声歌）、嘎想（伦理歌）、嘎吉（叙事歌）。"嘎所"以表现曲调的优美和嗓音的动听为主，如模仿蝉鸣鸟叫以及溪水奔流；"嘎嘛"以抒发男女之间的爱恋之情为主，旋律缓慢、柔媚而富有感染力；"嘎想"以劝教诫世为主要内容，旋律起伏不大，重在歌词内容的表达；"嘎吉"以展示故事情节和人物对话为主要内容，旋律舒缓，曲调大多低沉而忧伤，单人领唱歌词，众人集体以持续低音相和。[15]《珠郎娘美》属于叙事大歌中的传统内容，音乐艺术特征的表现是"歌词长篇多段，曲调的结构形式接近联曲体，首尾有固定的衬腔作为歌头和尾腔，中间唱正词。全曲由多个羽调式乐段相连而成。每段乐曲旋律骨干相似，根据情节、字调、声调的变化，其音调、结构、速度、节奏等都有变化，字多腔少，具有较强的说唱性。多乐段之间用过门相隔"[16]。1957年郑寒风从黎平县肇兴镇纪塘村采集到了由歌手油妹、凤香等演唱，佩慧译词的叙事大歌《珠郎娘美》29首，不过情节只到珠郎被害。文末备注说此叙事大歌一百多段，可见内容之丰富。[17]

郑寒风搜集的资料显示，叙事大歌《珠郎娘美》和琵琶歌传唱的文本在内容情节上是一样的，区别主要是叙事方式。琵琶歌《珠郎娘美》的叙事方式是歌师以第三人称的视角展开叙述，特点在于叙述者无所不知，能够根据自己的生活阅历和知识积累来不断创编情节、渲染人物，使得同一主题的故事衍生出很多异文。而大歌《珠郎娘美》属于戏剧化的叙事方式，通过人物对话来讲述故事。琵琶歌《珠郎娘美》的开篇有着固定的提醒词，通常说"大家好好听，我唱支歌"。大歌则直接进入人物对话的模式，开篇是娘美的表哥和她母亲的对话："姑妈呀！你住在种蓝靛的好地方，娘美表妹肯不肯嫁我，要是你不肯，你就告诉我，姑妈啊！"娘美母亲说："你再等一等，等了今年等明年，娘美不肯嫁，寨上姑娘通通嫁走才能到你家，外甥啊！"[18]接下来依次是娘美和母亲及父亲的对话，此后转到珠郎和父亲、娘美和珠郎、银宜和父亲的对话。总而言之，叙事大歌《珠郎娘美》故事情节的发展是通过不同人物的对话完成的。此种叙事模式深受大歌的展演方式影响，传统社会中大歌的展演主要由主、客寨的男女歌队坐在鼓楼里完成，双方一唱一答，内容多为赞颂、爱情以及伦理之类。对《珠郎娘美》的传唱是在其他内容唱完之后进行的，双方歌队根据对唱传统将故事情节编成百余首短歌，以人物对话的方式进行叙述，歌词中既点到了人物，也借人物之口讲述了故事。侗族大歌戏剧化的叙事方式也是侗戏得以形成的一个重要基础，侗戏最初的表演形式是坐唱表演，男演员分坐两边，根据剧情来分配角色和承担道白、演唱任务，如今在黎平县腊洞寨仍能找到此种表演的痕迹。[19]

二　戏剧表演中的《珠郎娘美》

清代以来，湘戏、桂戏以及花灯戏等以汉语演唱的地方戏已在侗族地区的一些汉族村寨演出，侗族百姓听不懂而只能看热闹。大约生活于清嘉庆至道光年间的黎平县腊洞村人吴文彩（当过秀才）决定创编出让侗族民众看得懂的戏剧，他呕心沥血三年将汉族传书《二度梅》改编成侗语演唱的戏剧《梅良玉》，组建戏班在本村及周边村寨演出，并对前来学戏的人免费传授，由此侗戏逐渐在侗族村寨流传开来，成为一种广受欢迎的综合表演艺术，为《珠郎娘美》的戏剧表演提供了重要契机。据调查资料，《珠郎娘美》被改编成侗戏是在民国时期，新中国成立之后有所发展。

（一）民国时期戏剧表演与《珠郎娘美》的情节延展

民国时期，今从江县洛香镇新安的梁绍华、梁庭耀两位戏师为侗歌《珠郎娘美》的戏剧化做出了重要贡献。梁绍华自小接触侗戏，不仅在邻村看过《金汉》《梅良玉》等侗戏的演出，而且 13 岁时开始学戏，扮演由本村戏班演出的《鸳洞》中的一少年人物，并随戏班到从江、黎平交界的 20 余个村寨演出。因经常参加演出，梁绍华积累了较为丰富的戏剧知识，于 26 岁时与比他年长 10 余岁的戏师梁耀庭共同创编侗戏《珠郎娘美》，完成五分之一时，戏师梁耀庭病故，于是梁绍华独自一人花一年多的时间编完，共 500 多首歌，可演五天。侗戏《珠郎娘美》创编完成后即在本村上演，之后不断到从江、黎平两县的许多村寨演出，长达 15 年之久。[20] 在此之前，《珠郎娘美》通过歌谣传唱已为人们所熟知，而今以戏剧的形式展现，更是受到乡亲们的广泛欢迎。戏师梁绍华曾受邀到黎平、从江乃至广西的一些侗寨传戏，至解放初期共到 12 个村寨教授 14 个戏班，徒弟约 280 人。[21] 1959 年初，贵州省文化局和剧协、音协贵阳分会组成的侗族文艺工作组从贵州省的黎平、从江、榕江以及广西三江搜集到同一剧目的 7 个本子。经过比较，工作组发现侗族南部地区流传的侗戏《珠郎娘美》因细节安排和语言风格的不同分成两个路子：一是以从江县新安梁绍华编的剧本为代表，黎平、从江六洞地区和广西三江的剧本属于这一类型；二是以从江县增盈杨瑞华的口传本为代表，从江九洞地区和榕江的剧本属于这一类型。[22] 这些资料表明，民国时期侗戏《珠郎娘美》不仅在侗族南部方言区流传十分广泛，在情节及语言上已呈现出较为明显的地方特色，而且还有了以汉字记侗音的手抄本。

梁绍华、梁耀庭创编的侗戏《珠郎娘美》于 20 世纪五六十年代得到了学界的整理和改编，印成文字出版的有口述本和改编本两种，其中口述本真实地体现了民国时期这一民间戏剧的舞台表演情况。与歌谣传唱的文本比较，戏剧表演的《珠郎娘美》无论是在人物上还是在情节上都要繁复得多。人物共有 60 多个，除了珠郎、娘美、银宜、蛮松等主要角色之外，还有主要角色的亲属、教书先生、算命先生、债主、麻风病人、伙铺老板、小偷、老总、差官、保甲、兵勇等各色人物。故事情节十分冗长，虽然以珠郎娘美的爱情悲剧和复仇故事为主线，但插入了许多生活场景和矛盾冲突。当娘美杀掉银宜报仇成功之后，戏剧继续讲述她接下来的婚姻、回娘家、被捕、儿来平反、家人团聚、除掉蛮松等系列遭遇，最后形成一个美满的结局。侗戏《珠郎娘美》众多的人物和繁复的情节与侗族"为也"习俗密切关联。"为也"直译成汉语即"做客"，主要流传于侗族南部方言区，即不同村寨的民众在重大节庆或农闲季节相互邀约集体做客，时间多为 3 到 5 天，活动内容在没有侗戏之前主要是唱歌（拦门歌、大歌、琵琶歌）、赛芦笙、踩歌堂，侗戏的形成为"为也"活动增添了新的项目。受"为也"习俗的影响，侗戏的演出时间也是 3 到 5 天（梁绍华编的侗戏《珠郎娘美》正好可以演 5 天）。为了保证天天有戏上演，戏师们延展出了更多的故事情节，从而形成人物众多的场面。

（二）新中国成立后戏剧表演与《珠郎娘美》的对外传播

在各类题材的侗戏中，《珠郎娘美》是具有一定代表性的传统剧目。新中国成立后，在党和国家高度注重民间文艺的背景之下，这一戏剧在一些大型的文艺会演中精彩亮相并获得好评，剧本得到学界的搜集整理，也为艺术家们所改编，还被拍摄成电影在全国放映。由此，侗戏《珠郎娘美》开始对外传播，成为中国少数民族戏曲的一个独有符号。1955 年广西戏师吴敬居编的侗戏《秦娘梅》参加在北京举行的全国群众业余音乐舞蹈会演时获优秀演出奖和演员奖。[23]这一成果引起了贵州省委的注意，认为这一戏剧产生在贵州侗族地区，贵州应当重视挖掘整理工作。基于此，贵州文化部门把侗戏《珠郎娘美》的整理、改编及演出作为一项重要工作来抓。1956年冬，从江龙图戏队演的侗戏《珠郎娘美》在贵州省举行的民族民间文艺会演中荣获一等奖。1958年11月在云南大理举办的西南地区文化工作会上，黎平、榕江两县的侗戏演员表演了该剧，受到好评。为了进一步整理这一优秀剧目，1959年初，贵州省文化局及剧协、音协贵阳分会组建工作组深入民间进行调查，了解到这一侗戏的创始人为贵州从江县新安的梁绍华、梁耀庭二位戏师。工作组以梁本为基础，参考其他剧本以及相关的叙事歌、传说故事，改编成有12场景的侗戏《珠郎娘美》。与此同时，剧作家袁家浚、刘芥尘、刘学文、俞百巍等人共同创作出黔剧《秦娘美》，1959年上半年挑选演员组成黔剧演出团赴榕江县车江侗寨排练，一个月后基本排成，并在凯里汇报演出，而后的9月份又在贵阳汇报演出。1960年上半年贵州省文化局局长张世珠率黔剧演出团到杭州、上海表演《秦娘美》（剧本由贵州人民出版社出版），并与上海海燕电影制片厂联系，计划将此戏剧拍成电影。同年7月，黔剧《秦娘美》在北京怀仁堂汇报演出。当时上海海燕电影制片厂的编导孙瑜也在北京看戏，此次演出后便同意将其拍摄成电影。[24]黔剧《秦娘美》具有明显的时代色彩，不仅塑造了珠郎、娘美向封建统治阶层及恶势力做斗争的坚毅勇敢形象，而且突出了娘美坚贞不屈的反抗精神。

进入21世纪以来，侗戏《珠郎娘美》在民间传播以及艺术改编方面又有了新的发展。民间传播方面，2000年至2002年，榕江县栽麻乡八匡村省级侗戏传承人石云昌以车江戏师张才收藏的《珠郎娘美》为母本，自筹资金拍摄成6集侗戏连续剧。继后，榕江县车江乡脉寨州级侗戏传承人杨永昌组织群众，把自己多年来整理收集的《珠郎娘美》也拍摄成6集电视连续剧。[25]两位戏师组织拍摄的影像被刻录成 VCD 在市场上大量出售，使得侗戏《珠郎娘美》以新的方式重新走进百姓生活。艺术改编方面，榕江县文化馆剧作家杨俊于 2009 年至 2011 年先后创作了侗戏《娘美》、大型歌舞剧《珠郎娘美》和电影剧本《娘美魂断鼓楼坪》，其中侗戏《娘美》于 2009 年 10 月 18 日在贵州省首届农民艺术节民族文艺展演活动中获得银穗奖（二等奖）。[26]在这新编的侗戏中，作为反面角色的银宜已转变成正面人物（与珠郎结拜成兄弟），阶层之间的冲突也转变成了主要人物之间的情感冲突（珠郎、银宜同时爱着娘美），珠郎被塑造成割血救活娘美母亲、利用银宜的田租（五百两银子）救济灾民的慈善形象。反面人物蛮松贪图私利借珠郎救济灾民的事由杀掉他，而灾民的感恩行为使得原初蒙在鼓里的银宜最后以自刎的方式为爱忏悔。作者如此的改编主题是想突出人间的大爱与人性之美。舞台音乐方面也一改传统，大量使用侗族大歌、琵琶歌等民间音乐。此外，2014 年中央民族乐团与黔东南州歌舞团、从江县合作，将《珠郎娘美》改编成侗族大歌音乐诗剧《行歌坐月》（蒋步先编剧），2015 年 1 月 8 日在国家大剧院上演，之后到各地巡回演出。这一音乐诗剧设"青梅竹马""行歌坐月""恶断姻缘""大爱如歌"4 个剧情，通过舞台将侗族优秀传统音乐、民族交响乐、美声唱法等多种艺术展现出来，摸索民族传统音乐与民族管弦乐、现代音乐的有效组合。

三 民间文学经典化的要素分析

2008 年，由榕江县、从江县联合申报的《珠郎娘美》作为民间文学入选为第二批国家级非物质文化遗产代表作名录，这也意味着在民间积淀了百余年的爱情传说跃升为一种文学遗产，成为一种文学经典。值得注意的是，侗族民间传说题材多样、内容丰富，为什么只有《珠郎娘美》能成为国家级非物质文化遗产，这涉及作品的思想性、艺术性，而这也是民间文学经典化的两大要素，是评判民间文学是否成为经典的重要标准。

（一）《珠郎娘美》的思想表达：现实批判与人文关怀

无论是口头文学还是书面文学，创作的源头都是包括物质生活和精神生活在内的社会生活，因此反映社会生活是文学的基本职能之一。侗族民间文学《珠郎娘美》大约产生于清代中后期，这一时期的社会生活都在作品中有所呈现，尤其是传统婚姻生活以及阶级生活。清人李宗昉撰的《黔记》有记录："姑之女必适舅之子，聘礼不能措则取偿于子孙，倘外氏无相当子孙抑或无子，姑有女必重赂于舅，谓之'外甥钱'，其女方许别配。若无钱贿赂于舅者，终身不敢嫁也。""洞崽苗在占州，先代以同群同类分为二寨，居大寨者为爷头，小寨为洞崽，洞崽每听爷头使唤。婚姻各分寨类，若小寨私与大寨结婚，谓之犯上，各大寨知之则聚党类尽夺其产或伤命。"[27]这些社会生活使得《珠郎娘美》存在着"现实批判"和"人文关怀"的思想表达。侗族传统的"姑舅表婚"习俗是造成珠郎、娘美这对恋人爱情悲剧的根源，以银宜、蛮松为代表的统治阶层是助推悲剧发生的重要因素，最终逼迫娘美走上反抗之路。侗族民众塑造出"娘美"这一敢于抗争的女性形象，旨在对民间不合理婚姻制度以及阶层压迫进行批判和抗诉。值得注意的是，对现实批判的背后暗含的是人文关怀，这正如一体两面，不可分离。娘美复仇成功之后的命运如何是侗族民众关心的焦点，戏师们继续讲述她在逃难生活中遇到好人帮助以及遭受冤屈，最终得以平反的曲折，赋予了一个美好结局。此种情节设计体现了民众对人的未来、人的价值的肯定，表达了他们对美好生活的向往以及善恶有报的伦理观念。从主题的演变来看，歌谣中呈现出来的主要是现实批判，而戏剧则在此基础上增加了人文关怀。

如果把侗族《珠郎娘美》的主题放置于中国的文学宝库中进行比较考察，可以发现，其他民族的民间文学中也有相同的思想表达和类似的叙事模式，如汉族的"四大传说"（《孟姜女哭长城》《梁山伯与祝英台》《牛郎织女》《白蛇传》）、布依族的《嬢荷斑》、彝族的《阿诗玛》、维吾尔族的《艾里甫与赛乃姆》、哈萨克族的《赛里木湖的传说》、傣族的《娥并与桑洛》，等等。可以说，这些民间文学所承载的现实批判以及人文关怀在历史长河中积淀成了一种人类共同的文化心理和集体意识。基于此，当这些民间文学在空间传播和代际传承时，会被处于不同地域、时代以及文化背景的人们所喜欢和接受，例如《孟姜女哭长城》《梁山伯与祝英台》在流传过程中被中国各少数民族吸纳入传统文学中，成了广大民众共同的精神食粮和促进民族团结的文化纽带。现实批判和人文关怀的思想主题蕴含的是一种激昂奋进的精神品格，折射出来的是美好生活源于不屈抗争的人生哲理，而且二者属于因果关系，只有敢于对现实中不合理的现象进行批判和斗争才能创造出美好生活。因此，一些民间文学变成了思想武器，激励一代代人为幸福未来而努力奋斗，对社会进行变革。后世之人结合时代特点对流传下来的民间文学不断添枝加叶，使之由原初的幼苗变成了大树，那些向四周延展的枝条就是流传各地的篇篇异文，而民间文学正是通过蕴含的思想力量获得了传承。由此观之，深刻的思想主题是民间文学成为经典的重要支点，也是重要的评判标准。

（二）《珠郎娘美》的艺术呈现：以歌养心的文化传统

在侗族乡村社会，《珠郎娘美》主要通过歌谣和戏剧的两种艺术形式呈现出来，从历史变化来看，先是歌谣后到戏剧，而且戏剧产生之后歌谣并未消失而是与后者并存。《珠郎娘美》以歌谣传唱的艺术形式深深植根于侗族的文化传统。历史上侗族只有语言没有文字，因此形成了"以歌述史""以歌娱情""以歌纪事""以歌代言"的歌唱传统。在日常生活中，歌谣承担着娱乐、认知和教育的社会功能，和粮食一道发挥养育生命的重要作用，正如侗族民歌《饭养身子歌养心》所唱："不种田地无法把命养活，不唱山歌日子怎么过？饭养身子歌养心哟，活路要做也要唱山歌。"[28]在侗族生活世界中，歌师承担起了"歌养心"的职责，他（她）们把生活哲理和伦理道德编入歌谣中，在使受众情感愉悦的同时心智也得到启发，因此备受尊重，被喻为"龙骨"，"十二种骨头龙骨最沉重，十二种师傅歌师最受人欢迎敬重"。[29]虽然歌谣和戏剧属于两种民间艺术形式，但二者存在着许多相通之处，即侗戏中有大量篇幅的侗歌，因此戏师首先是歌师。歌师、戏师把《珠郎娘美》编成歌谣和戏剧时，总是在末尾点出这一民间文学的思想教育意义，引导人们对传统婚俗进行反思，告诫人们善恶有报。周合姣口述的《珠郎娘美》说道："男女婚姻是大事，强迫包办起祸殃，姑表血亲是旧俗，自由婚姻幸福长。为人世上善良要忠厚，作恶害人没有好下场。珠郎娘美唱完了，众人细细来思量。"[30]梁绍华编的侗戏借娘美之口告诫人们莫学银宜、蛮松，银宜因为想强占别人的婆娘而断送了自己的性命、蛮松因为帮助银宜出奸计而被杀了头。[31]

通过歌谣传唱和戏剧表演，《珠郎娘美》传布于湘黔桂毗邻侗族的村村寨寨，拥有广泛的群众基础。在艺术传播的过程中，歌谣和戏剧各自发挥了优势。历史上侗族底层民众深受"姑舅表婚"习俗的束缚以及统治阶层的压迫，形成了渴望婚姻自由和摆脱阶层压迫的强烈愿望，因此最早以传说形式流传于民间的《珠郎娘美》在民众心中形成一种期待视野，当歌师将这一题材编成歌谣传唱时，多种修辞手法的交替使用以及舒缓的唱腔、优美的旋律对故事情节和思想主题起到渲染作用，激起了人们的共鸣。农闲时间一些歌师走村串寨传授琵琶歌，或者在"为也"习俗中大歌歌队将之作为歌唱内容，因此《珠郎娘美》以歌谣的方式为人们更加熟悉。戏师将大家十分熟悉的题材改编成戏剧，为人们构筑了一种新的审美期待。对作为歌谣传唱的单一受众而言，戏剧表演为人们提供了广泛的参与性。通过扮演各种人物，人们更深刻地感受到《珠郎娘美》所蕴含的思想价值和艺术魅力。侗戏《珠郎娘美》在流传的过程中又推动了琵琶歌的发展，一些歌师将戏剧中的主题和情节编成歌谣进行传唱，加深了这一民间文学在底层社会的影响力度。[32]新中国成立之后，艺术界将《珠郎娘美》改编成黔剧并拍摄成电影，扩大了这一民间文学的对外影响。由此及彼，概观中国其他民族经典的民间文学，都有传说、歌谣、戏剧、曲艺以及电影等多种艺术呈现方式。由此可知，民间文学要成为经典，艺术呈现的多样化也是重要支点，不同的艺术呈现不仅为受众构建起了新的期待视野，而且彼此之间形成的艺术张力能够深化表现对象的思想主题。

综上所述，百余年来，侗族民众通过歌谣传唱和戏剧表演，不断推动民间文学《珠郎娘美》的经典化，使之成为一笔珍贵的文学遗产。这一个案表明，深刻的思想主题和多样的艺术呈现是民间文学成为经典的两大要素，也是重要的评判标准。关于经典民间文学的评判，有人提出了6个标准，即"内涵的丰富性""实质的创造性""时间的跨域性""无限的可读性""较高的审美性""世俗的权威性"。[33]本文认为，这6个标准有内容重复之处，可概括为"思想"和"艺术"两大标准，"思想标准"表现为高度的真实性、进步的倾向性及情感的真挚性，"艺术标准"表现为形式的本土性、表现的多样性及创造性。如果没有这些特征，即便是经学者及官方的鼓吹成为"经典"，那也是一种"伪经典"，经受不了时间检验。思想内容与艺术形式的高度统一能够使民间文学历久弥新，成为后世借鉴的文化之源。

注释：

---

[1] 李雄飞：《中国民间文学经典论》，《青海社会科学》2010年第3期。

[2] 朱佳艺：《论民间文学的"经典化"建构及其对文学主体的影响》，《民族文学研究》2017年第5期。

[3] 汉语大字典编辑委员会：《汉语大字典》（第五卷），四川辞书出版社，湖北辞书出版社，1988，第3403页。

[4] 中国社会科学院语言研究所词典编辑室编《现代汉语词典》（第7版），商务印书馆，2019，第685页。

[5] 过伟、力平主编《秦娘梅传奇》，香港天马图书有限公司，1998，第46~47页。

[6] 过伟、力平主编《秦娘梅传奇》，香港天马图书有限公司，1998，第47页。

[7] 中国音乐家协会贵阳分会筹委会主编，贵州大学艺术系编辑《侗族民歌》，贵州人民出版社，1961，第109页。

[8] 中国民间文艺研究会贵州分会翻印《民间文学资料　第十三集（侗族叙事歌、生活、传说故事）》，1986，第41页。

[9] 贵州省文管会办公室、贵州省文化出版厅文物处编，郑寒风执笔《贵州侗族音乐》（南部方言区），贵州人民出版社，1985，第186页。

[10] 杨国仁主编，吴生贤搜集整理《黔东南苗族侗族自治州 民间文学资料 第一集》（从江侗族民歌资料专集），1985，第136页。

[11] 贵州省黎平县民族事务委员会、贵州省少数民族古籍整理出版规划小组办公室编《侗族叙事歌》，贵州人民出版社，1992，第130页。

[12] 邓敏文采录，银永明、邓敏文记译《珠郎娘美》，贵州民族出版社，2010。

[13] 中国音乐家协会贵阳分会筹委会主编，贵州大学艺术系编辑《侗族民歌》，贵州人民出版社，1961，第116页。

[14] 过伟、力平主编《秦娘梅传奇》，香港天马图书有限公司，1998，第47页。

［15］吴定国编著，黎平县文体广电局编《侗族大歌》，中国文史出版社，2014，第43页。

［16］刘亚虎主编《天籁之音——侗族大歌》，黑龙江人民出版社，2005，第83~84页。

［17］贵州省文管会办公室、贵州省文化出版厅文物处编，郑寒风执笔《贵州侗族音乐》（南部方言区），贵州人民出版社，1985，第204页。

［18］贵州省文管会办公室、贵州省文化出版厅文物处编，郑寒风执笔《贵州侗族音乐》（南部方言区），贵州人民出版社，1985，第205页。

［19］黎平县文体广电局编《侗戏》，中国文史出版社，2014，第33页。

［20］谢振东：《侗戏师梁绍华和他的〈珠郎·娘美〉》，《新文化报》，1958。

［21］谢振东：《侗戏师梁少华和〈秦娘美〉》，见中国人民政治协商会议贵州省委员会文史资料委员会编《贵州文史资料选辑》（第30辑），贵州人民出版社，1991，第187页。

［22］梁少华、梁耀庭原著，贵州省文化局、剧协、音协侗族民间文艺工作组整理《珠郎娘美》，中国戏剧出版社，1960，第61页。

［23］过伟、力平主编《秦娘梅传奇》，香港天马图书有限公司，1998，第47页。

［24］龙玉成：《〈珠郎娘美〉到〈秦娘美〉的前前后后》，见《侗族百年实录》（上），中国文史出版社，2000，第407~410页。

［25］杨远松主编《珠郎娘美——榕江侗戏剧本集锦》，中国戏剧出版社，2012，第11页。

［26］杨俊：《娘美》，黄河出版社，2015。

［27］（清）李宗昉撰《黔记》（卷三），见罗书勤等点校《黔书·续黔书·黔记·黔语》，贵州人民出版社，1992，第298页。

［28］杨通山等编《侗族民歌选》，上海文艺出版社，1980，第30页。

［29］杨通山等编《侗族民歌选》，上海文艺出版社，1980，第29页。

［30］贵州省黎平县民族事务委员会、贵州省少数民族古籍整理出版规划小组办公室编《侗族叙事歌》，贵州人民出版社，1992，第148页。

［31］何平编《贵州省少数民族戏曲》，中国戏剧家协会贵州分会，1988，第345页。

［32］邓敏文采录，银永明、邓敏文记译《珠郎娘美》，贵州民族出版社，2010。

［33］李雄飞：《中国民间文学经典论》，《青海社会科学》2010年第3期。

天龙黄格文化旅游廊道研究[*]

刘　洋　杨琼艳　杨　兰^{**}

摘　要：文化旅游廊道是一种线性（带状）遗产区域旅游开发的思路，也是一种文化旅游高质量发展的模式。实证调查显示，天龙黄格文化旅游廊道集民族文化、红色文化、信仰文化、茶酒文化、山地农耕文化及原生态自然景观于一体，资源禀赋突出，政策优势明显，交通格局完善，但仍面临持续发展与短期利益的矛盾、整体发展与优势先行的矛盾、文化挖掘与旅游发展的矛盾。提出建议，建构天龙黄格文化旅游廊道发展体系，发展以自然资源和文化特色为主题的旅游小镇旅游、以农业生产加工和民俗体验为主的生态农庄旅游、以民族节日为特色的节庆文化旅游，强调天龙黄格文化旅游廊道应以其现有的资源禀赋为基础，与影视、动漫、出版、游戏等新型业态进行深度融合，形成产业联动的旅游综合体，创新产业链"长尾效应"，实现资源的商业附加值，以期为文化旅游的贵州新路提供理论参考和实践借鉴。

---

* 国家社科基金青年项目"苗族史诗《亚鲁王》文化叙事研究"（19CMZ039），贵州民族大学多彩贵州文化协同创新中心资助项目"苗族'亚鲁王'文化产业全产业链研究"。

** 刘洋，男，博士，贵州民族大学副教授，硕士生导师，主要研究方向是中国民间文学，文化资源与文化产业；杨琼艳，女，华中师范大学博士生，主要研究方向是文化资源与文化产业；杨兰，博士，贵州民族大学副教授，主要研究方向是中国民间文学，文化资源与文化产业。

关键词： 文化旅游　旅游廊道　文化路线　遗产廊道　天龙黄格

历届国家领导人高度重视贵州文旅融合。习近平总书记赴贵州考察时，高度认同多彩贵州风、山地公园省的发展思路，要求贵州做大做强旅游业，把旅游生态和文化内涵丰富起来。[1]原国家主席胡锦涛同志曾多次赴黔中旅游目的地青岩、滇黔桂民族文化旅游目的地肇兴侗寨等考察，强调贵州自然禀赋得天独厚，但人文景观挖掘保护有待加强，人文景观的挖掘渠道之一就是文化产业与旅游开发的融合。[2]贵州省积极响应国家顶层设计，以原有文化资源和自然资源的保护为前提，加快推进生态旅游和文化旅游的"发展就是保护，发展为了保护"的融合发展之路。

党的十九大以来，文化旅游得到更为广泛的关注。[3]作为一种线性（带状）遗产区域的旅游发展模式，文化旅游廊道关注全域，强调品质，重视参与，可以有效整合地域内文化资源和旅游资源，是实现文化旅游全产业链发展的重要途径。[4]

天龙黄格文化旅游廊道，指以天龙屯堡（安顺市平坝区管理，下同）、旧州屯堡（安顺市西秀区）、云峰屯堡（安顺市西秀区）、龙宫风景区（安顺市龙宫风景名胜区委员会）、黄果树瀑布（黄果树风景名胜区管理委员会）、晴隆二十四道拐（黔西南州晴隆县）、放马坪高原生态旅游区（黔西南州兴仁市）、双乳峰风景区（黔西南州贞丰县）、格凸河（安顺市紫云县）、杜鹃湖——白云山风景名胜区（黔南州长顺县）所形成的集喀斯特地貌等自然景观和红色文化、信仰文化、民族文化等人文景观为一体的综合性文化旅游目的地。得益于廊道内高铁、飞机、游步道等快进慢游交通布局渐次完善，5G、大数据、区块链等信息技术跨步发展，由点及线，由线及面，由面及网的全域旅游网络成为可能。[5]本文尝试构建天龙黄格文化旅游廊道发展体系，探索地域文化旅游的整体性发展策略。

一 文化旅游廊道：一种文化旅游高质量发展模式

廊道（Corridor）是指空间体系中不同于两侧基质的线型要素。廊道将空间分割为不同部分的同时，又成为不同空间的连接介质，因此廊道具有阻隔和连通的双重特征。文化廊道（Cultural Corridor）的理念源自美国文化遗产保护实践中提出的"遗产廊道"（Heritage Corridor）和欧盟遗产保护实践中提出的"文化路线"（Cultural Route）。不同于旅游廊道，文化廊道更关注线性或带状的文化资源景观，"以建立在历史时期人类迁移或交流基础上的通道文化为基础，并拥有代表线路空间自然与文化环境的特殊文化景观，由通道、节点和路线辐射区域共同组成的线（带状）空间，它代表了多维度的商品、思想、知识和价值的持续交流，具有历史的动态演变特点。"[6]

文化旅游廊道是旅游与线性（带状）文化遗产保护相结合的产物。文化旅游廊道具有静态性与动态性相结合，单一性与多样性相结合，跨时空与跨行业相结合的特征。作为特殊的旅游目的地，文化旅游廊道旨在整合和挖掘廊道范围内全域旅游资源，并获取其文化附加值。从尺度上讲，文化旅游廊道要求大尺度和大开发，主张集团式和联动式发展，强调文旅融合应实现长尾效应和蜂巢效应。从内涵上讲，文化旅游廊道不仅关心沿线自然景观和人文景观的有效衔接，更关心挖掘和整合自然景观和人文景观内蕴的历史文化内涵。

从旅游供给侧改革的视域来看，文化旅游廊道的发展模式具有重要的现实意义。一是挖掘廊道的多元共生价值。我国具有丰富的线性自然资源和人文资源，历史上人类迁徙和交流所形成的线性文化遗产最具代表性，这些文化遗产不仅是了解不同时期人类社会、政治、经济、历史、文化的重要窗口，具有重要的历史文化价值，同时还具有较高的旅游开发价值。已有实践证明，对文化遗产的保护和开发，必须创新途径和方式，旅游便是文化遗产保护最直接、最有效的方式。

二是促进区域文化旅游资源整合。我国现行的旅游开发模式仍存在重景点、重景区的单一式开发，缺乏区域内景点、景区之间的联合式开发，由此造成冷、热两极分化的旅游现象。文化旅游廊道的开发，旨在以线路为中心，将区域内的不同景点联合，以热带冷、以热促温，从更广范围内实现线路资源的整合。

三是文化旅游品牌塑造。传统文化旅游品牌主张文化旅游产品的丰富，文化旅游节点品质的提升，更加重视旅游节点本身。文化旅游廊道提供"线性文旅产品"，相较于传统品牌，可以有效整合区域内参差不齐的旅游资源，变强者恒强、弱者恒弱为以强带弱、以弱助强。同时，由于文旅廊道涉及区域明显大于旅游节点，组织模式和营销方式更为宏大，全产业链亦需全面更新。

近年来，文化旅游廊道研究成为跨国旅游、跨区域旅游的学术增长点。[7]跨国旅游与"一带一路"紧密嵌合，学界依托"丝绸之路"跨国联合申请世界遗产等具体实践，强调文化廊道的旅游开发可以在地域差异基础上形成不同的旅游开发思路和模式，以此探索遗产廊道型资源的旅游合作开发模式，[8]诸如探索中哈边境旅游廊道构建的现状与问题。[9]亦有将文化旅游廊道类型化处置为生态景观型廊道、遗产保护型廊道和旅游开发型廊道，辨析概念范畴、空间结构和属性特征。[10]跨区域旅游主要关注丝绸之路、京杭大运河、茶马古道等文化廊道的旅游实践。除旅游全过程组织、旅游文化产品、旅游市场营销等研究外，品牌塑造、公共服务、人才队伍也得到广泛关注，[11]地理信息系统的集成运用也在旅游线路环境的确定中得到了有效运用，[12]诸如借助GIS从节点、通道、域面建构西南丝绸之路（云南段）的旅游空间，又如以点轴理论为基础，运用中心职能指数和引力模型的定量方法对中哈边境地区旅游节点、旅游廊道及其旅游地发展进行系统分析。[13]综合来看，文化旅游廊道有利于推动文化旅游的高质量发展成为学界普遍共识，但实践层面的微观研究、个案研究仍有丰富拓展的空间。

天龙黄格文化旅游廊道拥有丰富的自然资源和文化资源，从多元价值耦合协调的角度研究文化旅游廊道构建问题，以具有宏大历史叙事的文化遗产为轴，打造黔中既有历史文化价值又有经济效益的新型旅游产业，对推动黔中大跨度文化旅游转型升级具有重要现实意义。

二　天龙黄格文化旅游廊道的资源禀赋与发展实践

天龙黄格文化旅游廊道地处贵州高原中部，乌江流域和北盘江流域的分水岭地带，是典型的喀斯特地貌集中区，也是古夜郎国的核心疆域，古氐、古苗瑶、古百濮、古百越曾在这里交汇，形成了多样而独特的自然景观和地域文化，成就了天龙黄格旅游廊道得天独厚的资源禀赋。

（一）旅游资源丰富、品位高

习近平总书记在贵州考察时指出，贵州是"公园省"，要丰富旅游生态和文化内涵，把旅游业做大做强。[14]天龙黄格文化旅游廊道既拥有瀑布、峡谷、溶洞、峰林等自然景观，又享有众多历史遗址、革命纪念地、文物古迹，还是独特的民族文化廊道，集山、水、情于一身。

一是神奇秀丽的自然风景。鬼斧神工的自然资源，成为天龙黄格文化旅游廊道一道奇特的景观，诸如集山、水、林、洞为一体的天然大盆景黄果树；集多种喀斯特地质地貌景观于一体的龙宫；雄、奇、险、峻，有一夫当关万夫莫开之势的晴隆二十四道拐；天似穹庐，地如碧波的放马坪高原生态旅游区；被誉为"生命之源"的喀斯特地貌的峰林绝品双乳峰风景区，是国内绝无仅有的；集喀斯特地貌、民族文化为议题的格凸河；集山、水、人为一体的佛教圣地杜鹃湖——白云山风景名胜区。（见表1）

二是古色古香的建筑物。天龙黄格文化旅游廊道是云贵重要的交通枢纽，许多外来人员在此驻守并繁衍生息，留黔驻守的军屯、民屯、商屯在族际交往中互融互渗，建造了别具一格、古色古香的建筑物，成为亮丽的风景线。如"石头的瓦盖石头的房，石头的街面石头的墙"的屯堡建筑，佛道儒融为一体的三教寺，素有"石雕艺术的殿堂"之美誉的安顺文庙，保存最为完好的寺庙建筑平坝天台山伍龙寺等，都是不同时期、不同民族的艺术结晶。（见表2）

三是多姿多彩的地域文化。天龙黄格文化旅游廊道所辖区域，是贵州历史上最早开发的区域。屯堡文化、牂牁文化、穿洞文化、攀岩文化等在廊道上交融，形成了和而不同的文化景观。列入国家级非物质文化遗产代表性名录的安顺地戏、亚鲁王、铜鼓十二调、布依族民歌（好花红调）、布依族勒尤、苗族芦笙舞、阿妹戚托、花灯戏、苗族服饰制作技艺、苗族跳花节、民间信俗（屯堡抬亭子）等是天龙黄格文化旅游廊道亟待开发的优质资源。（见表2）

四是极具特色的民族服饰。天龙黄格文化旅游廊道属多民族聚居区，主要有苗族、布依族、仡佬族等，各民族都有自己独特的服饰。蜡染和刺绣是苗族、布依族服饰中的传统工艺，制作过程繁琐，服饰成品优美，由于苗族没有文字，他们通过口传心授，将他们对自然的认知、先民们居住的城池和迁徙的路线一针一线绘制在服饰中，服饰图案成为记录苗族发展过程的符号，被称为"穿在身上的史书"。屯堡人是六百余年前镇北填南、镇北征南的汉族后裔，其服

饰延续了明代长袍大袖、丝绸系腰、花翘头布鞋等形式，是观瞻明代文化的活化石。（见表2）

五是惟妙惟肖的特色饮食工艺。安顺市油炸粑稀饭、油炸鸡蛋糕、镇宁波波糖、安顺麻饼、安顺裹卷、安顺荞凉粉、冲冲糕，兴义市刷把头、魔芋粉丝、兴义狗肉、兴仁鸡矢藤粑粑、一棒雪、贞丰粽子、贞丰糯米饭、长顺县黑糯米八宝饭、绿壳鸡蛋、豆腐圆子、黄草粑、米豆腐，都是天龙黄格文化旅游廊道的优质饮食资源，每一种食物都有其独特的制作流程。（见表2）

表1　天龙黄格文化旅游线廊道的主要自然景观

名称	地址	概况
黄果树	位于镇宁布依族苗族自治县黄果树镇黄果树	集山、水、林、洞为一体
龙宫	位于安顺市南郊，与黄果树风景区毗邻	集溶洞、峡谷、瀑布、峰林、绝壁、溪河等多种喀斯特地质地貌景观于一体
晴隆二十四道拐	位于晴隆县城南郊的320国道	二十四道拐以"S"形顺山势而建，从山脚至山顶的直线距离约350米，垂直高度约260米，坡的倾角约60度，全程约4公里
放马坪高原生态旅游区	位于兴仁北面的潘家庄与下山两镇交界处	地处云贵高原向广西低山陵过渡的斜皮地带，草原总面积为28490多亩，其中有天然草场21000亩，平均海拔1630米
双乳峰风景区	位于贵州省贞丰县者相镇	双乳峰，因酷似大地母亲袒露的双乳而得名，两座兀立的石峰形同女性丰满的双乳，被世人誉为"天下第一奇峰"双乳峰
格凸河	位于紫云苗族布依族自治县水塘	"格凸"一词是苗语汉译，意为"圣地"，风景区包括大穿洞景区、大河景区、小穿洞景区、妖岩景区及多处独立景点；集岩溶、山、水、洞、镇石、林之精髓于一体，融雄、奇、秀、险、幽、旷、奥为一身

表 2　天龙黄格文化旅游线廊道的主要人文景观

类型	名称	概况
古建筑物	石板哨、天主教堂、安顺文庙、平白天台山伍龙寺、雨补鲁陈氏宗祠	位于安顺市和兴义市境内，是不同时期、不同民族的艺术结晶
特色文化	屯堡文化、夜郎文化、牂牁文化、穿洞文化、攀岩文化、戏剧文化、布依族和苗族等民族文化	位于安顺市、兴义市、长顺县境内，形成了"和而不同"的奇彩文化景观
民族服饰	布依族服饰、苗族服饰、屯堡人服饰	不同民族服饰纹饰图案各不相同，与本民族文化生活密切相关
特色饮食	油炸粑稀饭、油炸鸡蛋糕、镇宁波波糖、安顺麻饼、安顺裹卷、安顺荞凉粉、冲冲糕、刷把头、魔芋粉丝、兴义狗肉、兴仁鸡矢藤粑粑、一棒雪、贞丰粽子、贞丰糯米饭、黑糯米八宝饭、绿壳鸡蛋、豆腐圆子、黄草粑、米豆腐	不同的美食小吃让人垂涎欲滴

天龙黄格文化旅游廊道已有效开发的优质资源较多，有 2 个 5A 级景区、14 个 4A 级景区和 25 个 3A 级景区，分别占贵州省 5A 级景区 28.6%、4A 级景区 11.7%、3A 级景区 8.9%，成为品质较高的山水人文精品旅游线。（见表 3）

表 3　贵州省 A 级旅游景区概览表

所属辖地	5A	4A	3A	2A	A
贵阳	1	20	9	0	0
安顺	2	10	19	0	0
黔东南	1	14	51	0	0
黔西南	0	10	24	0	0
黔南	1	8	36	3	0

所属辖地	5A	4A	3A	2A	A
铜仁	1	11	11	0	0
遵义	0	28	88	3	0
毕节	1	7	33	0	0
六盘水	0	11	11	5	0
贵安新区	0	1	0	0	0
总计	7	120	282	11	0
天龙黄格旅游廊道	2	14	25	0	0
占比	28.6%	11.7%	8.9%	0.0%	0.0%

资料来源：贵州省人民政府、贵州省文化和旅游厅等政府网络公开信息汇总。

其一，黄果树风景名胜区是世界上最大的瀑布群。瀑布后有一个长达134米的水帘洞拦腰横穿瀑布而过，由六个洞窗、六个通道、五个洞厅、三股洞泉构成，这在世界各地瀑布中都是罕见的。

其二，龙宫是全世界最多、最为集中的水旱溶洞。龙宫旅游景区最为集中全面地展示了喀斯特地貌形态，洞内钟乳千姿百态，洞厅构造宛如神话中的龙王宫殿，被誉为"天下喀斯特，尽在龙宫""览龙宫知天下水洞，荡轻舟临人间仙境"。

其三，大屯堡景区是观瞻明代生活的活化石。明朝初年调北征南、调北填南在西南地区形成若干军屯、民屯及商屯，天龙屯堡、云峰屯堡、旧州屯堡等地至今仍保存完好，形成了独具特色的屯堡文化，充分展示了大明王朝时期江淮地区汉族文化在黔中地区的传承、演变。

其四，格凸河户外休闲旅游景区集岩溶、山、水、洞、石、林之精髓于一体，有蜘蛛人徒手攀岩技艺、保存完好的古河道遗迹盲谷、亚洲"最后的穴居部落"——中洞苗寨、原始古朴的悬棺洞葬。这里的蜘蛛人二十多分钟就能徒手攀上一百多米高的绝壁，是当今世界绝无仅有的一项技能。格凸河还是苗族英雄史诗《亚鲁王》的发源地，《亚鲁王》的翻译、整理和出版是民间文化遗产抢救工程的一个重要成果。

其五，以建文帝为中心人物的佛教圣地白云山，具有神秘性和唯一性。明朝建文帝为避"靖难"，来到长顺白云山修行，在此修建白云寺。白云山是贵州较早的佛教名山，白云山对贵州佛教文化产生了积极的影响，贵阳市白云区的名称来源与白云山有关。

雄奇险秀的自然禀赋和"屯堡文化""佛教文化""亚鲁故地"所蕴含的历史文化底蕴，构成天龙黄格文化旅游廊道特有的自然景观与人文景观，大自然的鬼斧神工和人类巧夺天工的技艺造就了天龙黄格文化旅游廊道的丰富旅游资源。

（二）政策优势明显，潜力大

天龙黄格文化旅游廊道作为黔中经济带、交通枢纽带，是实现大旅游创新发展工程的中坚力量。改革开放以来，天龙黄格文化旅游廊道经历了"初步发展——跨越发展——井喷发展"的历史轨辙。

从贵州省全域旅游的视域来看。一是初步发展期。1980 年，贵州省中国旅行社成立，1981 年，贵州省旅游产品生产供应公司和中国国际旅行社贵阳分社成立，1982 年，贵州省旅游局成立，为各地游客提供"吃、住、行、游"的基础服务功能。黄果树瀑布的旅游价值首先得到重视，并被确定为贵州省西线核心旅游线。1985 年，经国务院批准，安顺成为甲类旅游开发城市，由此拉开了贵州西线文化旅游资源保护开发的大幕，1988 年，贵州省旅游规划领导小组成立，全省旅游业得到进一步重视。20 世纪 90 年代初，《贵州省国民经济和社会发展十年规划及"八五"计划》指出，"发挥自然景观、民族风情优势，积极发展旅游业，在今后 10 年中完善西线旅游区的配套设施建设；改善交通和接待条件，与邻省、区联成网络，把贵州建设成全国新的旅游热点"。为了实现这一目标，安顺市政府制定了一系列措施，不断发展旅游业生产力，扩大旅游产业规模，逐步实现"事业型"向"产业型"转变的文化旅游模式。

二是跨越发展期。20世纪初期，贵州省文化旅游实现了跨越式前进的发展。2000年，国家顶层设计开始进行西部大开发，旅游发展成为重点产业。安顺市按照"规划先行，保护优先"的原则，提出"旅游兴市"的发展战略和"走进自然、走进历史、走进文化"的发展定位，不断加快基础设施建设，推出乡村旅游品牌，培育旅游支柱产业。"十五"期间，相继开发了夜郎文化、长征文化、民族文化等特色旅游项目，促进了经济的大幅增长。

三是井喷发展期。党的十八大以来，贵州省文化旅游呈井喷式发展态势。安顺市充分发挥自身资源优势，定位旅游文化产业发展战略，大力培育旅游支柱产业，推进旅游与工、农、文、体等相关领域融合，加大扶持力度，完善基础服务设施建设，推动文化旅游产业高质量转型。2020年5月，中共中央、国务院印发《关于新时代推进西部大开发形成新格局的指导意见》，强调推动"互联网+旅游"等新业态发展，支持西部地区发挥生态、民族民俗、边境风光等优势，深化旅游资源开放、信息共享、行业监管、公共服务、旅游安全、标准化服务等方面的国际合作，不断提升旅游服务水平。依托风景名胜区、边境旅游试验区等，大力发展旅游休闲、健康养生等服务业，打造区域重要支柱产业，文化旅游的政策优势得到进一步凸显。此外，2020年以来，贵州省政府提出加快推进旅游产业化、特色化和国际化进程，着力推动业态、产品和服务创新，做实"三增一降"。

从贵州与相邻省份的比较来看。贵州与云南、四川等省份的旅游资源极为相似。改革开放以来，云贵川旅游业取得了巨大成就，但是在发展过程中，不同的政策影响着本地区的旅游发展。1978年，云南省成立了省旅游游览事业局，开启了云南省旅游发展之路，这一时期旅游以接待服务型为主。至1988年，云南省政府提出将旅游业作为云南省经济产业进行开发，实现了云南省旅游产业的转变。20世纪90年代，云南省政府为了进一步推动本省旅游业的发展，分别在大理、丽江召开滇西北旅游规划会议，1995年，全省接待海外游客、旅游外汇收入分别跃居全国第7位和第8位，旅游业向"经济产业型"转变。2005年以来，云南省为打造旅游经济强省，做出了旅游业"二次创业"重大决策。

20世纪30年代初，四川省第一家旅行社——川江旅行社诞生，1978年，中国国际旅行社成都分社、四川省中国旅行社组建。同年，四川省开放了成都—乐山—峨眉、长江三峡两条线和温江等68个游览点，四川省旅游由此扬帆起航。进入20世纪90年代，四川省党政一把手开始抓旅游，全省形成"一个中心，四个片区"的发展格局；90年代末，四川省大胆探索旅游资源开发模式，建立起全方位的旅游体系。党的十八大以来，省委、省政府以供给侧结构性改革为主线，培育旅游业作为新的增长点，促进了四川省旅游经济的健康发展。

2010年以前，贵州旅游收入一直落后于四川、云南。2010年以后，得益于贵州"大数据""大扶贫""大生态""大旅游"等政策落地，贵州旅游收入首次突破千亿大关，比云南多了54亿元。这是贵州旅游业发展的重大突破，至此，旅游被视为贵州核心竞争力开始受到重视，旅游人数和收入不断赶超邻省。

（三）交通体系完善、出行易

天龙黄格文化旅游廊道地处黔中地带，是贵州西线交通要道，其交通体系不仅要求能够快"进"的"大动脉"立体交通网络，还要求可以慢"游"的"毛细血管"基础交通设施。调查显示，目前主要有六条贵州西线旅游线路。

从能够快"进"的"大动脉"立体交通网络来看。除航空、铁路、水运等运输体系外，都香高速、沪昆高速、镇胜高速、惠兴高速、贵黄高速、六胜高速、花安高速、安顺绕城高速等高速公路横纵交叉于天龙黄格文化旅游廊道全境，贵州西线旅游的快速交通体系已初步建成。从贵阳出发，沿沪昆高速行驶 64 公里即可抵达天龙屯堡，沿线往前行驶到达龙宫、黄果树瀑布，再经织香高速可到达九洞天风景区、遵义会址。从安顺市黄果树、龙宫景区出发，可沿织普高速行驶 52 公里，到达织金洞，然后沿黔大高速行驶可前往百里杜鹃景区、息烽温泉小镇，之后便可折返贵阳。

从慢"游"的"毛细血管"基础交通设施来看。地方政府高度重视打通旅游交通的最后一公里，建成较为全面的公共交通体系，前往安顺的游客可根据自身需求，选择飞机、动车、火车、公共汽车、出租车、网约车、私家车等出行，提高了抵达旅游目的地的可选择性，确保各类游客快捷方便到达旅游目的地。

三 天龙黄格文化旅游廊道的现实困境

天龙黄格文化旅游廊道拥有丰富的自然景观和独特的人文景观，有巨大潜力发展成为贵州乃至中国极具影响力的精品路线，但仍面临持续发展与短期利益的矛盾、整体发展与优势先行的矛盾、文化挖掘与旅游发展的矛盾。

（一）持续发展与短期利益的矛盾

在各级政府的重视下，天龙黄格文化旅游廊道不断完善硬件设施，持续加大投入，增加服务内容和服务项目，充分发挥旅游资源优势，加快旅游商品本地化、品牌化、工业化、规范化的研发和培育，突出旅游发展助力脱贫攻坚建设思路。

然而，在实际的文化旅游发展过程中，一些景区或急于求成、或出于经济利益的考量，滥用、错用文化资源，将旅游产品随意贴上文化标签，以此作为传统民族文化的创新。如有的地方将糯米饭贴上亚鲁王糯米饭的标签，便将其作为一种民俗饮食加以商业化。显然，这种方式滥用文化资源，严重偏离了"文化+旅游"模式的核心，出现了持续发展与短期利益的矛盾。

可持续发展最早是在 1987 年由世界环境与发展委员会提出的，可持续发展被定义为既满足当代人的需要，又不损害未来世代人满足其自身需要的能力的发展。[15]可持续发展强调发展的共同性、协调性、公平性、高效性、多维性和长效性，长效性是可持续发展的核心，在旅游资源的开发过程中，应充分挖掘其文化内核，保持其经久不衰的生命力。不能过度开发文化资源，滥用文化资源可能导致获得短期经济效益的同时，丧失文化资源的良性有序承继，影响文化旅游的可持续发展，特别是文化旅游廊道强调文化资源的线性（带状）衔接，这也意味着廊道范围内任意旅游节点的资源滥用均可能导致整体发展的困境。

（二）整体发展与优势先行的矛盾

天龙黄格文化旅游廊道各旅游节点充分发挥自身的资源特色，积极打造了如黄果树瀑布、龙宫景区、双乳峰景区、天龙屯堡等旅游胜地，这些景区已成为国内外游客的首选之地和必游之地，为打开本地区知名度和推动本地区经济发展做出了巨大贡献。但深入思考，会发现这种发展模式更多呈现的是旅游节点各行其是、独立发展，未能连点成线，项目开发较低，旅游企业、文化企业相互独立，缺乏有效的衔接机制和配套服务体系，资源共享、信息交流、利益共享等一系列的机制并不成熟，未能形成文化旅游产业集群效应。[16]在文旅品牌推介中，更多的是对黄果树、龙宫等优质风景区的反复推介，未将拥有自然资源和文化资源集合的线性景观天龙黄格文化旅游廊道作为一个整体进行宣传。

天龙黄格文化旅游廊道旅游资源富足，打造、培育一批最具特色的旅游景区，无疑是打开本地区旅游知名度的首要任务。但当优势资源已经先行并取得了较大成绩时，应该注重本地区旅游资源的整体性发展，以优势资源带动周边资源，促进本区旅游资源的协调发展，即要处理好整体发展与优势先行的矛盾。融合了自然景观和人文景观的天龙黄格文化旅游廊道，能为游客带来不同的审美体验。以闻名于世的黄果树为代表的自然景观，是绿色廊道发展的重要支撑，绿色廊道是串联遗产廊道内自然生态系统、周边环境及文化遗产的重要环节，它强调通过自然生态的保护来改造城市景观，从而更好地衬托遗产廊道的文化底蕴。处理好整体发展与优势先行的矛盾，是撬动区域经济整体发展，推动区域旅游资源价值最大化的最优选择。

（三）文化挖掘与旅游发展的矛盾

天龙黄格文化旅游廊道目前大部分都是休闲度假和观光旅游，虽然已将旅游与文化、民俗、养生、体育等融合，对旅游业态进行了创新，但仍存在以下不足：一是旅游产业要素较为单一，对其开发力度及融合深度还需进一步提高，对历史、文化、民俗等要素的内涵需要进行深入的挖掘和开发；二是特色文化品牌未能得到凸显，地域文化资源是文化品牌的灵魂，对其进行深入挖掘和品牌营销是文化旅游高质量转型升级的核心。天龙黄格文化旅游廊道应对"屯堡文化""亚鲁王文化"等特色文化资源进行深挖和提升，突出其在本地区历史进程中的地位和作用，彰显其独特的亮点。

同时，与贵州接壤的云南、四川、重庆等地的旅游与贵州旅游在一定程度上存在着趋同性，同质化竞争较强。云南和贵州皆是民族地区，又皆处云贵高原，特色相近。贵州旅游应该在借鉴和参考云南旅游模式上进行差异化打造，突出贵州原生态的特点，实现错位发展，借助东盟教育周的平台，吸引更多外籍游客和商务会议游客；以气候优势，打造暑期度假游；在资源和市场上，与湖南实现互补合作。开展政府与市场携手，旨在创新、创意，在规划和布局上应当打破常规，同时带动景区周边的开发建设，既节约游客旅游的时间成本，也为快区域旅游模式的形成提供可能。

四　天龙黄格文化旅游廊道的体系构建与发展策略

文化旅游品牌的培育和旅游综合体的建设是旅游目的地的核心竞争力，营造出充分展现天龙黄格文化旅游廊道自然景观特色和多样性的文化特色深度融合的复合式旅游载体，是天龙黄格文化旅游廊道旅游发展体系构建的主体部分。天龙黄格文化旅游廊道应以其现有的资源禀赋为基础，与影视、动漫、出版、游戏等新型业态进行深度融合，形成产业联动的旅游综合体，创新产业链"长尾效应"，实现资源的商业附加值。

（一）以自然资源和文化特色为主题的旅游小镇旅游

天龙黄格文化旅游廊道可发展以自然资源和文化特色为主题的旅游小镇旅游，诸如以农业生产加工和民俗体验为主的生态农庄旅游，以民族节日为特色的节庆文化旅游。

以黄果树为代表的文化旅游综合体。这一文化旅游小镇的建设主要依托于著名的旅游地黄果树瀑布，充分发挥黄果树瀑布文化地域特色，以夜郎文化、牂牁文化为核心要素，以黄果树奇特的自然景观为驱动，完善原民众宜居地、旅游目的地、旅游集散地功能打造，实现三者的良好统筹协调。此类旅游小镇的打造，应以地域特色文化为核心要素，为本已让人称赞的自然景观增添浓墨重彩的一笔，实现旅游的内涵式发展；并将其融入吃、住、行、游、购、娱六大环节中，实现文化旅游 1+1>2 的旅游附加值。在开发模式上，可通过政企合作，企业开发经营为主，政府宏观管控为辅，探索新型旅游小镇管理模式，推动旅游小镇高质量、可持续发展，实现文化旅游的转型升级。

以屯堡为代表的历史文化古镇。随着我国社会主要矛盾的转变，人民对精神文化的需求不断提高，以浓厚的历史文化和独特的建筑艺术为依托建设的历史文化古镇已成为游客们的青睐之地。历史文化古镇的打造，有利于保护和开发古遗址，也有利于地域文化持有人发展区域经济。天龙屯堡具有深厚的历史文化底蕴、丰富的建筑艺术和独特的民俗民风，在旅游小镇的打造过程中，必须处理好文化遗产的保护和开发、文化遗产的复原与原民众居住条件的改善之间的对立关系。既要在保护文化遗产的同时发展经济，又要在修复古建筑的同时改善人民群众居住条件。在古镇打造前，应听取多方建议，尊重文化遗产持有者的意愿，谨遵"修旧如旧"、适当加入现代元素的原则，充分展现历史文化古镇的历史文化价值，满足当代审美价值，营造好古镇学习、休闲、体验、愉悦的浓厚氛围。

以格凸河为代表的民族风情小镇。格凸河是苗族英雄史诗《亚鲁王》、亚洲"最后的穴居部落"——洞苗寨、蜘蛛人徒手攀岩技艺、原始古朴的悬棺洞葬赖以生存的土壤，具有浓厚的民族文化气息。以民族文化特色为依托打造的民族风情小镇，应以活化景区文化为核心。在开发模式上，政府可通过招商引资，引进有实力、有创新力的企业对民族风情浓郁的传统村落进行改造。民族风情小镇应以满足游客的参与性、体验性为目标。第一，要完善民族村落之间、小镇与外界的交通配套，建立完善停车场、游客服务中心、旅游观光车、徒步廊道、游客休息区、卫生间等旅游配套设施，实现让游客能快进、慢游的目标。第二，保质保量保特色完成村落建筑风貌的修复、开发工作。在古建筑修复过程中，一是要保证建筑核心元素不变质；二是有关部门应做好建筑设计、施工用料等质量把控工作，确保游客生命安全。第三，加强附加产业的培育，推动当地特色文化活动、特色节庆、特色产品、特色美食的发展，提升游客旅行过程的幸福感。第四，做好原居住地居民的思想、培训工作。小镇的开发关系到当地民众的切身利益，要充分了解民意，做好民众思想工作；加强培训提升居民服务技能，引导民众维护好本地区、本民族古老淳朴的原生文化生态，让游客体验到原汁原味的民族风情，永葆小镇发展的生命力。既要实现文化的经济化，又要确保经济的文化化。

（二）以农业生产加工和民俗体验为主的生态农庄旅游

生态农庄是为久居繁荣喧嚣的城市人开启的与自然亲密接触、聆听自然的心灵旅行，是为满足都市人物质和精神享受而开辟的休闲娱乐场所。天龙黄格文化旅游廊道具有丰富的生态农庄资源。

以长顺杜鹃湖为代表的杨梅庄园，每年二月到五月，杜鹃湖满山遍野的红、白、粉杜鹃花争芳斗艳；五月到七月，又酸又甜的杨梅挂满枝头，让人垂涎欲滴，杨梅即可直接吃又可加工成杨梅干，还可以酿成杨梅酒；七月到九月，野毛栗、猕猴桃、各种香菌布满湖的周围。游客不仅可以亲自采摘天然的杨梅、猕猴桃等，还可以参与当地布依族、苗族等少数民族的歌舞表演、篝火晚会，到湖边钓鱼，在草地上野营、野炊，品尝长顺地道的老腊肉、野菜、野蘑菇、鲜河鱼等。既让游客获得了愉悦感，也推动当地经济发展。

以民族生态为依托建立民族生态博物馆。生态博物馆一词起源于法国，1971 年，国际博协领导人乔治·亨利·里维埃在第 9 次国际博协大会上谈论博物馆发展趋势时第一次使用"生态博物馆"，民族生态博物馆注重对自然、文化遗产原生性、真实性和完整性的保护、展示，强调人与遗产的活态关系。

天龙黄格文化旅游廊道所处地域民族文化、特色文化浓郁，生态资源丰富。然而至今还未充分发挥资源优势，建立民族生态博物馆。如可以将天龙屯堡作为天龙黄格文化旅游廊道民族生态农庄建设试点，建立一个展示屯堡人生产生活、文化历史的民族生态农庄，不断积累经验，然后再依托廊道资源禀赋沿廊道建设一批展示苗族、布依族等少数民族历史文化特色、生产生活的民族生态农庄。充分挖掘和保护好完整的民族传统村落，打造特色农产品、特色技艺学习、农事体验的生态农庄，让游客感受地道的民族特色生态活动。

（三）以民族节日为特色的节庆文化旅游

贵州不仅具有得天独厚的自然资源，而且有各具特色的文化资源。贵州有 17 个世居少数民族，占全省总人口 38% 左右，各民族在历史发展进程中，都孕育了其特有的文化，从民族文化旅游资源来讲，贵州省民族文化丰富且意蕴深厚，呈现出"十里不同风，五里不同俗，一山不同族"的典型特征。在文化旅游产业开发中，深入挖掘民族文化历史资源，是旅游解说的重要环节。

天龙黄格文化旅游廊道居住着苗族、布依族、彝族等十几个少数民族，每个民族都有自己的独特节日，如布依族的三月三、四月八、六月六，苗族的四月八、米花节、跳花节、吃新节，彝族火把节，屯堡人三月三蟠桃会、二月十九过河会等。把天龙黄格文化旅游廊道各地规模零散，地域接近或内涵一致的民族文化节庆活动加以整合，围绕民族文化节庆活动，开发特色文化体验，形成一个规模较大的民族文化活动，以此推动民族艺术商品、农产品及当地餐饮、住宿等服务业的发展。重点打造每个民族中最浓重、文化意蕴最丰富的节庆，争取每年能开展两至三个大型节庆文化活动，打造天龙黄格文化旅游廊道的节庆活动品牌体系。

此外，天龙黄格文化旅游廊道资源禀赋独特，以民族节日为特色的节庆文化旅游打造步道旅游体验，可实现"快进慢游"新格局。

游步道是遗产廊道内集休闲、观赏、游憩和保护于一体的多功能慢速交通线路。遗产廊道以游步道为依托，在绿色廊道的保护范围下连接单个文化遗产与自然景观。游步道的设立形式多样灵活，可以根据地形、景观的不同而改变，它可以分布在陆地也可在水域。公众通过游步道能够更快捷地了解和体验遗产廊道的内涵。

五　小结与讨论

旅游开发与文化产业融合发展是贵州旅游业实现后发赶超的重要突破口。大自然的鬼斧神工和人类巧夺天工的技艺造就了贵州旅游西线上得天独厚的资源禀赋。本文以旅游廊道理论为指引，结合贵州西线旅游资源特色，提出建设以自然资源和文化特色为主题的旅游小镇、以农业生产加工和民俗体验为主的生态农庄、以民族节日为特色的节庆文化，打造天龙黄格文化旅游廊道，实现经济、政治、文化、社会、自然、生态等多元价值耦合协调，打造黔中既有历史文化价值又有经济效益的新型旅游产业，对推动黔中大跨度文化旅游转型升级具有重要现实意义。当然，本文只是对天龙黄格文化旅游廊道建设的粗浅思考，未采用 GIS 模式对天龙黄格文化旅游廊道前瞻性、创新性等进行深入分析。

注释：

［1］《全城旅游的贵州实践》编委会：《全域旅游的贵州实践》，贵州人民出版社，2017，第 6 页。

［2］贵阳市花溪区地方志办公室：《贵阳市花溪区志》，贵州人民出版社，2007，第 705 页。

［3］习近平：《决胜全面建成小康社会夺取新时代中国特色社会主义

伟大胜利：在中国共产党第十九次全国代表大会上的报告》，人民出版社，2017。

［4］刘洋、杨兰：《技术融合·功能融合·市场融合：文化旅游产业链优化策略——基于"多彩贵州"的典型经验》，《企业经济》2019年第8期。

［5］刘洋、肖远平：《文旅融合的逻辑与转型——基于天龙屯堡（1998—2018）实践轨辙的考察》，《企业经济》2020年第4期。

［6］陶犁：《"文化廊道"及旅游开发：一种新的线性遗产区域旅游开发思路》，《思想战线》2012年第2期。

［7］鄢方卫、杨效忠、吕陈玲：《全域旅游背景下旅游廊道的发展特征及影响研究》，《旅游学刊》2017年第11期。

［8］李创新、马耀峰、李振亭、马红丽：《遗产廊道型资源旅游合作开发模式研究——以"丝绸之路"跨国联合申遗为例》，《资源开发与市场》2009年第9期。

［9］邱海莲、由亚男：《中哈边境旅游廊道构建制约因素及发展路径》，《淮南师范学院学报》2015年第1期。

［10］邱海莲、由亚男：《旅游廊道概念界定》，《旅游论坛》2015年第4期。

［11］张瑞梅：《桂西民族文化旅游发展体系构建研究》，《广西民族大学学报》（哲学社会科学版）2020年第2期。

［12］王立国、陶犁、张丽娟、李杰：《文化廊道范围计算及旅游空间构建研究——以西南丝绸之路（云南段）为例》，《人文地理》2012年第6期。

［13］纪光萌、由亚男：《中哈边境文化旅游产品需求测度研究——以霍尔果斯口岸为例》，《新疆财经大学学报》2017年第2期。

［14］姜洪、张齐、周清：《贵州旅游 续航奋进迈向高质量发展》，《贵州日报》2020年4月23日第1版。

［15］刘军：《区域旅游业生态效率测度及比较研究》，华中科技大学出版社，2018，第41页。

［16］樊春梅、李松志：《全域旅游视阈下乡村旅游品牌建设与发展路径研究——以江西九江为例》，《中外企业家》2017年第24期。

边疆民族事务精细化智理理念研究

徐勤山　徐洪韬*

摘　要： 民族事务治理现代化是必然的发展趋势，边疆民族问题"八化"发展趋势日益凸显，笔者认为精细化智理作为民族事务治理现代化的重要组成部分，可广泛应用于边疆民族事务治理上。通过坚持中国特色解决民族问题的正确道路，秉承与时俱进、实事求是的基本原则，遵循民族和民族问题发展的基本规律，以增强民族团结为主线，以培养民族干部为关键，坚守依法治理的底线，博采古今中外智慧与融合政经文教史哲谋略相结合，注重协调多元主体参与治理，巧妙糅合硬实力、软实力和巧实力，由智理实践达成"治理"目标。

关键词： 边疆民族事务　精细化智理　治理现代化

当前，民族事务治理方面出现了一些新挑战，客观上对边疆民族事务治理提出了更高的要求与标准。新常态下，民族问题表现出了新的阶段性特征，客观上对民族事务治理提出了新挑战。边疆民族地区是维护国家统一和巩固民族团结的前沿阵地和重点区域，有

---

* 徐勤山，男，山东蒙阴人，贵州民族大学讲师、法学博士；徐洪韬，男，山东德州人，贵州民族大学实验师。

十分重要的战略意义，边疆民族问题是我国民族问题的重要组成部分，关系着中国统一多民族国家的巩固和各民族平等、团结、互助及和谐族际关系发展的大局。当前边疆民族地区面临复杂多变的形势，发展机遇与现实挑战并存，一方面国家兴边富民行动计划有力地促进了边疆民族地区的开放与发展；另一方面，来自国内外的敌对势力对边疆民族地区不断进行多种形式的渗透和破坏，又时刻羁绊着各族人民的顺利发展，威胁着国家的统一和边疆的稳定。边疆民族地区的快速发展所带来的形势变化，带来了一些非预期的棘手问题，边疆民族事务精细化智理的时代要求呼之欲出。

一 概念厘清：治理、国家治理现代化与精细化智理

（一）治理

十八届三中全会提出，"推进国家治理体系和治理能力现代化"[1]。当前，与治理相关的概念逐渐成为各界关注焦点。"英语中的治理（Governance）一词源自拉丁文和古希腊语，原意是控制、引导和操纵。"[2]常与统治一词交叉使用，多见于国家公共事务管理。自 20 世纪 90 年代后，其被赋予了新的含义，并广泛应用于政治、经济、社会等各个领域，对其含义的界定和解读亦是"百家争鸣"，各执一词。其中，全球治理委员会给出的关于"治理"的定义最具代表性。其认为："治理是各种公共的或私人的机构管理其共同事务的诸多方式的总和；它是使相互冲突的或不同的利益得以调和并且采取联合行动的持续的过程；它既包括有权迫使人们服从的正式制度和规则，也包括各种人们同意或以为符合其利益的非正式的制度安排。"[3]在西方话语体系下，西方政经学界关于治理定义的界定和解读，丰富发展了当代国家与社会治理的内涵和外延，是对治理体系和治理能力现代化提升的有益探索。

然而，治理一词本身并非西方政治统治或学术研究的专利，其在我国的出现及使用相比西方更有历史渊源。治理由"治"与"理"构成。按照《汉语大辞典》里的释义，"治"既有表示动作行为方面的"管理"与"统治"之意，如《吕氏春秋·察今》中"治国无法则乱"之"治"即取此意；又有象征理想状态方面的"安定"与"太平"之意，如清代洪亮吉《治平篇》中"治平至百余年"之"治"即为此意。"理"指按事物本身的规律或依据一定的标准对事物进行加工与处置。由此可见，"治理"是指按照社会发展之规律，依据安定、太平与繁荣之标准来治国理政，达到天下大治之目标。其中"治"要依"理"而为，强调治理的行为应该遵循社会历史的发展规律，"理"应向"治"而行，强调治理的目标必须致力于社会安定、太平与繁荣。二者关系密切，相互影响。"治"是"理"的目标方向与行动保证，"理"是"治"的逻辑起点与理论指导，"治"与"理"共同作用于治国理政的全过程。

（二）国家治理现代化

"国家治理体系和治理能力是一个国家制度和制度执行能力的集中体现。国家治理体系是在党领导下管理国家的制度体系，是一整套紧密相连、相互协调的国家制度；国家治理能力则是运用国家制度管理社会各方面事务的能力。两者是一个有机整体，相辅相成，有了好的国家治理体系才能提高治理能力，提高国家治理能力才能充分发挥国家治理体系的效能。"[4]两者合并起来，被形象地称为现代化建设的"第五化"[5]——国家治理现代化。其中，"治理体系是指国家治理组织系统结构的现代化；治理能力是指国家治理者素质和方法方式的现代化"[6]。两者之间既有区别，又相互影响，共同建构成现代化治理体系。

（三）精细化智理

余梓东教授 2012 年在《民族工作需要向精细化转变》一文中第一次提出了"精细化智理"这一概念。他在《党中央治疆、稳疆、建疆新方略析究》一文中进一步强调："在社会治理过程中，在节约治理资源，降低治理成本，提高治理质量、效率与效益的基础上，充分发挥古今中外的智慧优势，以构建边疆民族地区和谐民族关系为抓手，以实现边疆民族地区社会稳定与长治久安为工作目标，将政治、经济的硬实力，文化、教育的软实力，智慧、谋略的巧实力有机融合，综合运用；通过集智慧精华、知识精华、文化精华、策略精华以及整合各种政策资源的途径，采取因族制宜、因时制宜、因地制宜、因事制宜的方法，实施一族一策、多族多策、一族多策、多族一策战略，妥善、及时处理各种问题，真正实现边疆民族地区的稳定与发展，使当地各族各得其治、各得其所、各得其安、各得其睦、各得其富、各得其乐。"[7] 笔者认为精细化智理理念的应用可以从治疆方略延伸至整个边疆民族地区的精细化治理，通过"智理"实践达成"治理"目标，切实取得民族问题治理能力与治理体系现代化的突破，进而推动国家治理的现代化。

二 问题提出：边疆民族事务精细化智理的缘由

（一）边疆民族事务治理在国家治理体系中的重要地位

统一多民族格局一直是我国历史发展的主流和趋势，能否妥善处理民族事务直接关系到国家的治乱兴衰。当前，我国继承了统一多民族的历史传统，巩固了统一多民族的现代格局，形成了统一多民族国家的基本国情。统一多民族国家的国情决定了民族事务治理在整个国家治理中的重要性。党和国家历来重视民族事务治理工作，并将其作为国家治理体系的重要组成部分。习近平同志在中央民族工作会议上的讲话强调指出："处理好民族问题、做好民族工作，是关系祖国统一和边疆巩固的大事，是关系民族团结和社会稳定的大事，是关系国家长治久安和中华民族繁荣昌盛的大事。"[8]民族事务治理涉及各个领域，具有系统性、整体性和协同性等特点，加强民族事务治理对于完善国家治理体系、增强治理能力、提高治理水平意义重大。因此，民族事务治理现代化是国家治理现代化的重要组成部分，能有效推进国家治理现代化。

边疆地区是我国少数民族人民聚居的集中区域，是我国经济社会发展水平较低的滞后区域，是我国民族关系互动频繁和民族矛盾问题频发的热点区域，是境内外"三股势力"重点破坏的渗透区域；同时，边疆地区也是我国巩固边防维护统一的前沿区域，也是我国经济社会快速发展的潜力区域，也是我国各民族交往交流交融的示范区域，也是我国对外形象塑造的窗口区域。当前，随着我国"一带一路"倡议的实施和新型城镇化的推进，边疆地区更是成为联通内地与对外开放的新热土，面临着实现跨越式发展的新机遇和新挑战。因此，边疆民族事务治理成为我国民族事务治理体系乃至国家治理体系的重要组成部分，关系到国家统一与边疆巩固，关系到民族团结与社会稳定，关系伟大祖国的长治久安与中华民族的繁荣昌盛，必须引起高度重视。

（二）当前边疆民族事务治理过程中面临的复杂形势

2014 年中央民族工作会议提出，我国当前民族事务治理面临"五个并存"的阶段性特征，精辟概括了当前民族工作所面临的复杂形势。在"五个并存"的新常态背景下，边疆民族问题的发展又日益凸显出"八化"趋势，即"国内问题国际化，国际问题国内化；民族问题社会化，社会问题民族化；民族问题宗教化，宗教问题民族化；现实问题历史化，历史问题现实化"[9]。同时，大部分边疆民族地区又是中国"压缩型现代化"[10]的集中体现区域，成为各种社会问题与民族矛盾的汇聚焦点。其中，地区、民族及城乡间发展差距与不同社会阶层间的贫富差距日渐突出，尤其是在当前新型城镇化的推进过程中，如果不能妥善处理边疆各族人民普遍关注的就业、教育、医疗和卫生等民生问题，由此而引发的各种不满如若任其发展下去，必然会成为民族问题与矛盾爆发的导火索。此外，边疆地区因地靠边境，更易于"三股势力"进行破坏和渗透活动，因此民族分裂主义因素、宗教极端主义因素和暴力恐怖主义因素与当地经济发展、文化建设和社会治理等传统问题交织在一起，使边疆民族事务治理面临更为复杂多变的严峻形势。

（三）精细化智理应用于边疆民族事务治理中的预期目标

从政策科学的角度来考量，精细化智理理念应用于边疆民族事务治理中的预期目标，即对精细化智理理念应用于边疆民族事务治理实践前的预期绩效评估。评估是政策过程的重要环节，是决定其是继续执行、补充调整还是终结废止的重要依据，全面科学的绩效评估能有效提升政策制定执行的实效性。精细化智理理念应用于边疆民族事务治理的预期目标主要分为三个层次，即总目标、基本目标和具体目标。总目标为，国家统一安定、民族繁荣发展、人民安居乐业；基本目标为，实现民族事务治理体系和治理能力现代化；具体目标为，针对具体治理问题做到节约治理资源、降低治理成本、提高治理绩效。三者存在密切的逻辑关系，总目标是纲领任务，基本目标是路线方针，具体目标是方式方法。纲领任务引领路线方针，路线方针指导方式方法，方式方法是路线方针落实的途径与载体，并以纲领任务为最终旨归。三个层次的目标评估方法都须将定性评估与定量评估相结合，其中总目标和基本目标的评估以定性评估为主，定量评估为辅，具体目标以定量评估为主，定性评估为辅。在具体事务智理中，在智理目标评定之后，如何实现智理的最大绩效，则需要根据具体情况，发挥古今中外之智慧，汇聚政经史哲之精粹，实现精细智理之目标。

三　路径选择："智理"实践如何达成"治理"目标

边疆民族事务的精细化智理应该通过综合运用"政治、经济的硬实力，文化、教育软实力，智慧、谋略的巧实力"[11]，整合各种政策资源，采取因时、因地、因族、因事制宜的方法，追求以最小成本和最优搭配的治理投入实现最大预期的绩效产出，真正实现边疆民族地区的和谐稳定与繁荣发展。从治理到智理的转变，关键在于思路和策略的调整，目标在于治理成效的提升。智理不是权宜之计，更不是投机取巧，而是把智慧谋略长期运用在民族事务治理的全过程，是传统治理的更高境界。因此，当前要将精细化智理常态化，总体上要坚持一条道路，秉承一项原则，贯穿一条主线，遵循一个规律，坚守一条底线，抓住一个关键，借鉴古今中外、融合政经文教史哲，注重边疆民族地区各族群众的多元参与。

（一）坚持中国特色解决民族问题的正确道路

历史实践证明，中国特色解决民族问题的道路是科学且正确的，凝结着几代中国共产党人关于处理我国民族问题的集体智慧，阐述了我国如何正确看待和处理民族问题的道路选择问题，是做好新常态下民族工作的基本遵循。边疆民族事务治理是我国民族工作的重要组成部分，要实现边疆民族事务的精细化智理，必须坚持中国特色解决民族问题的道路，实现民族工作的深化改革和开拓创新，保证民族事务智理沿着正确的方向前进。

（二）秉承与时俱进、实事求是的基本原则

我国的陆地边疆地域广阔，聚居民族有 40 个之多，自然地理条件迥异，经济社会发展水平参差，民族风俗文化多彩，各地发展定位有别，自身具备的优势和面临的困境也各不相同，这在客观上要求我们在谋划边疆民族事务智理时，必须坚持与时俱进的理论品质、秉承实事求是的基本原则，做到具体问题具体分析。做到既尊重各地实际和注重发扬优良传统又不囿于历史经验而墨守成规，一方面要着重加强精细化智理的顶层设计，另一方面也要兼顾各方政策统筹和具体工作部署，力求科学缜密、稳妥到位，防止简单化和片面化。

（三）以加强民族团结为贯穿主线

"对于我们这样一个统一多民族国家，民族团结就像阳光、空气和水，受益而不觉，失之则难存。"[12]习近平同志在 2014 年中央民族工作会议上提出："民族团结是我国各族人民的生命线。"[13]将民族团结与国家长治久安、各族人民生命安全，与国家社会稳定、各族人民安身立命，与国家繁荣发展、各族人民幸福生活紧密联系起来，强调"团结就是生命，团结就是力量，团结就是形象，团结就是希望，团结就是胜利"[14]。因此，边疆民族事务智理的实践离不开加强各族民族大团结这条主线，离不开这条关乎国家、民族和各族人民兴衰荣辱和前途命运的生命线。

（四）遵循民族和民族问题发展的基本规律

民族是一个社会历史范畴，民族问题与民族存在相伴而生、相依而存，又与民族发展相依而变，民族与民族问题的产生和发展都有其自身的客观规律性，其最终走向消亡也必定是一个长期历史现象。目前，无论是发达国家还是发展中国家，还没有哪个国家可以

违背民族发展的客观规律性一劳永逸地解决民族问题。因此，当下我国边疆民族事务的精细化智理需要从长远角度考虑，必须遵循民族和民族问题的发展规律，谨记任何超越历史发展阶段，忽视民族发展规律，企图一劳永逸解决我国民族问题的做法都是行不通的。

（五）以依法治理为坚守底线

"法治是治国理政的基本方式。"[15]全面依法治国是实现民族事务治理现代化的必然要求与基本保障，事关国家社会的长治久安和各族人民的幸福安康。边疆民族事务智理作为国家治理体系的重要组成部分，必须在全面依法治国的大战略下向前推进。精细化智理强调在治理过程中注重发挥真正的智慧与谋略，而不是投机取巧的权术与诡谋。因此，边疆民族事务的精细化智理必须要有法治的约束，要坚守住依法治理的最后底线。同时，在精细化智理的实践中，要积极培养法治意识，树立法治信仰，崇尚法治理念，促使各级干部群众在解决具体问题的实践中，主动尊重法律法规，自愿依法照章办事，切实避免简单粗暴，形成依法智理的良性循环。

（六）以民族干部队伍建设为主抓关键

"为政之要，惟在得人，用非其才，必难致治。"（《贞观政要·卷七·崇儒学》）任何顶层设计和制度谋划都需要通过人来落实。边疆地区民族事务精细化智理的谋划设计出台后，其落地生根的关键是民族干部。因此，在边疆民族地区精细化智理的实践中，加强干部队伍建设是关键。精细化智理对民族干部的要求非常高，要求其既要有较高的政治觉悟，又要有扎实的理论素养，也要有过硬的业务能力，还要有巧妙的智慧谋略。在边疆民族事务精细化智理实践中，加强民族干部队伍建设的过程中要坚持"五个基本标准"（信念坚定、为民服务、勤政务实、敢于担当、清正廉洁）锤炼业务能力、"三个特别"（明辨大是大非的立场要特别清醒、维护民族团结的行动要特别坚定、热爱各族群众的感情要特别真挚）补充标准增强政治觉悟，通过各种培训学习提高理论素养、各类实践锻炼丰富智慧谋略。通过打造一支政治觉悟高、理论素养好、业务能力强、智慧谋略多的高素质干部队伍，扎根边疆民族地区，服务边疆各族人民，维护好、实现好和发展好边疆各族人民的根本利益，在边疆民族事务精细化智理的实践中发挥关键作用。

（七）博采古今中外智慧与融合政经文教史哲谋略相结合

边疆民族问题的精细化智理是一项系统工程，需要吸收借鉴人类文明发展的一切有益成果，做到博采古今中外之智慧精华，融政经文教史哲之方略智谋为一体，科学总结出适合于边疆民族事务智理的一般性的理论与方法，然后因时、因地、因族、因事而异地具体凝练出适用于当时、当地、本族、该事的政策与方案，把政经的硬实力、文教的软实力和智谋的巧实力有机地融合起来，加强学界学者和高素质干部队伍的团结协作。同时，要用历史唯物主义和辩证唯物主义的眼光来看问题，避免犯教条主义和历史虚无主义的错误。

（八）注重协调多元主体参与智理

"现代治理理论与实践表明，多元主体的有效协作配合，是推进国家治理现代化的有效路径。"[16]民族事务精细化智理作为国家治理现代化的组成部分，要想通过智理实现"治理"目标，还要注重智理主体的多元化参与。在中国共产党的坚强领导和中国特色社会主义正确道路的指引下，将"党、政、企、社、民、媒"[中国共产党及民主党派、国务院及各级地方政府、混合型市场企业（国有、私有；内资企业、外资企业；跨国企业、本土企业等）、各类社会组织（科技型、公益型、服务型等；全球型、本土型等）、广大人民群众、各类媒体（传统媒体和新型媒体）][17]吸纳进精细化智理的框架中，协调整合成一个多元化、负责任的复合治理主体，形成"边界清晰、分工合作、平衡互动的多主体和谐关系"[18]，处理好政府与市场和社会的关系，政府在把握社会发展航向的前提下，厘清各自的权限边界，发挥各自的职责功能，实现边疆民族地区事务的"治理"目标。

结　语

民族事务精细化智理的转变是一项长期任务，不可能一步到位、一蹴而就，必须坚持中国特色解决民族问题的正确道路，秉承与时俱进、实事求是的基本原则，遵循民族和民族问题发展的基本规律，以增强民族团结为主线，以培养民族干部为关键，坚守依法治理的底线，将博采古今中外智慧与融合政经文教史哲谋略相结合，注重协调多元主体参与治理，全面把握边疆民族地区和民族问题的发展规律，巧妙糅合硬实力、软实力和巧实力，努力做到智慧谋略与实力毅力相结合，才能真正通过智理实践实现"治理"目标。

注释：

[1] 中共中央关于全面深化改革若干重大问题的决定［EB/OL］，新华网，http：//news. xinhuanet. com/2013-11/15/c_118164235. htm。

[2] 俞可平主编《治理与善治》，社会科学文献出版社，2000，第1页。

[3] 全球治理委员会：《我们的全球伙伴关系》（*Our Global Neighborhood：The Report of The Commission on Global Governance*），牛津大学出版社，1995，第23页。

[4]《习近平论述国家治理体系和治理能力》，观察者网，http：//www. guancha. cn/politics/2014_01_01_196638. shtml。

［5］许耀桐：《应提"国家治理现代化"》，《北京日报》2014 年 6 月 30 日。

［6］许耀桐：《应提"国家治理现代化"》，《北京日报》2014 年 6 月 30 日。

［7］余梓东：《党中央治疆、稳疆、建疆新方略析究》，《云南民族大学学报》（哲学社会科学版）2014 年第 6 期，第 7 页。

［8］《中央民族工作会议在京举行 习近平作重要讲话》，新华网 http：//www. wenming. cn/specials/zxdj/xjp/xjpjh/201409/t20140929_2210424. shtml。

［9］余梓东：《党中央治疆、稳疆、建疆新方略析究》，《云南民族大学学报》（哲学社会科学版）2014 年第 6 期，第 6 页。

［10］余梓东：《解析民族团结教育难题》，《云南民族大学学报》（哲学社会科学版）2016 年第 1 期，第 6 页。

［11］余梓东：《党中央治疆、稳疆、建疆新方略析究》，《云南民族大学学报》（哲学社会科学版）2014 年第 6 期，第 7 页。

［12］国家民族事务委员会：《中央民族工作会议精神学习辅导读本》，民族出版社，2015，第 93 页。

［13］《中央民族工作会议在京举行 习近平作重要讲话》，新华网 http：//www. wenming. cn/specials/zxdj/xjp/xjpjh/201409/t20140929_2210424. shtml。

［14］国家民族事务委员会：《中央民族工作会议精神学习辅导读本》，民族出版社，2015，第 96 页。

［15］《习近平：法治是治国理政的基本方式》，《新京报》2014 年 8 月 11 日。

［16］包心鉴：《多元主体协同治理是推进国家治理现代化的有效路径——〈社会组织发展与国家治理现代化〉评介》，《光明日报》2016 年 3 月 16 日。

［17］陶希东：《国家治理体系应包括五大基本内容》，《学习时报》2013 年 12 月 30 日。

［18］陶希东：《国家治理体系应包括五大基本内容》，《学习时报》2013 年 12 月 30 日。

从水语词汇看水族人的身体观和养生观[*]

王炳江　杨小燕[**]

摘　要： 水族人的身体观和养生观是水族哲学思想的重要内容，一定程度上反映在日常水语使用中。本研究主要通过对水族人日常语言中关于身体、养生词汇的考察，探讨水语中关于身体观、养生观的词汇概念结构及其内涵，进而试图从中分析、总结水族人的身体观与养生观。

关键词： 水语词汇　水族人　身体观　养生观

身体观和养生观不仅是中国传统哲学思想文化的重要内容，也是水族哲学思想的重要组成部分。水族人传统的身体观和养生观在很大程度上正是通过水语的日常使用而逐渐渗透到水族人的生产生活中。通过对水语中关于身体与养生观念基本词汇的分析，我们可以在一定程度上了解水族人传统的身体、养生观念。因此，我们可以透过水语中的相关词汇，分析其中相关词汇的内涵，揭开水族人传统身体观和养生观的面纱。

---

　*　国家社科基金项目"水书《正七卷》各抄本的整理和比较研究"（16CTQ018）阶段性成果。

**　王炳江，男，贵州榕江人，西南民族大学西南民族研究院博士生、贵州民族大学水书文化研究院讲师，研究方向为民族语言与文字；杨小燕，女，贵州三都人，中央民族大学少数民族语言文学系博士生，研究方向为壮侗语言与文化。

一 身体观、养生观及其研究

身体观是一个哲学意义上的概念，它是在人类文明发展的历程中，人类对自身身体的逐渐认识，这种认识经过了漫长而激烈的斗争，且复杂多变。综观人类思维体系的发展史，身体观在其中扮演着重要的角色。对个体而言，身体是自己在认知思维发展过程中最先接触和最早认识的事物，而个体自我认知的过程也是从自己的身体最先开始的，可见身体是人类个体与外部世界之间联系的桥梁，有着重要的媒介作用。

1970 年以来，伴随着西方消费主义和女权运动的发展，身体研究在人文社会学科中逐渐兴起，布莱恩·特纳（Bryan Turner）将这个时代称为"身体社会崛起"的时代。身体研究成为西方人文与社会科学研究的"新大陆"，众多哲学家、社会理论学家纷纷投身于身体研究，重新解读了身体在认识世界和知识生产中的重要性。[1]中国传统身体观将"身"视为包罗万象的世界基础，自然地从身体视角出发来思考和应对问题，这即是其与西方观念最大的不同。[2]20 世纪 80 年代身体观研究成为世界各国学者研究的热点，以儒家思想为核心的身体观研究进入国内学者的视野。[3]纵观当前学界对本土身体观的研究，其研究领域和成果可以归纳为：对儒家身体观的研究（李宪堂，2005，2011；黄俊杰，2009；朱锋刚，2010；王大利等，2012；韩星，2013；郭敬东，2013；李有强，2014；刘烜华、许亮，2016；刘涛，2017）、对道家身体观的研究（赵方杜，2012；李有强，2015；刘媛媛，2015）、对中国传统身体观的研究（王庆节，2010；陈子晨，2011；陈子晨、汪新建，2013；吕小康、王丽娜，2014；唐美彦，2014；阎瑞雪，2014；杨杨、赵歌；2017）和对儒、释、道身体观的比较研究（张艳艳，2005；刘红焰，2014；石超，2015）。

趋利避害，向往美好是人类的共同愿景和追求；古往今来不同的族群，不同的学派，不同工作岗位上的人，无不依据各自的切身感受和直接或间接的生活体验，对如何养生这一问题做出了积极的探索和大胆的实践，积累和总结了许多宝贵的经验；"养生"一词始见于《庄子·内篇》：所谓养，就是保养，养护的意思；所谓生，就是生命、生存、生长的意思；养生术，则是根据生命演化规律，总结实践经验而形成的理论和方法。[4]

当前学界对本土养生观的研究，可大致归纳为如下五个方面：一是对佛家养生观的研究（吴丽鑫，2011）；二是对道家养生观的研究（吴学琴，1993；王少锦，1995；卢银兰，1998；彭雪飞，2004；李贵银，2005；韩梅、张连，2005；唐国勇，2007；王震，2009；杨悦娅，2010；张永忠，2012；段鸣鸣，2014）；三是对儒家养生观的研究（张乙辰，1996；朱家新，2008；赵力，2009；王玉琼、练红宇，2014）；四是对中国传统养生观的研究（谢建军等，1991；徐宗良，1995；童碧莎，1998；林旭，2000；方明松，2003；游志恒、郭科伟，2007；李美秀、苏长兴，2011；彭智华，2012；刘君等，2012；郑勤，2012；付功振，2014；贺兆伟等，2015）；五是对儒、释、道三家养生观的比较研究（赵鲲鹏等，2004；张树卿、李秀超，2005；孙艳红，2006；张燕青，2007）。

总之，目前很多学者不管是对身体观还是养生观的研究，均已有十分系统而深入的探讨，成果也十分丰硕。本文主要从水族人日常对"身体""养生"的理解和水语中相关词汇的内涵出发，对水族人传统身体观和养生观进行探讨。因为水族人对"身体""养生"等概念的理解，体现着水族人头脑中"身体""养生"相关认知的复杂性，以及水族民间对基本疾病与治疗的认知，它们是水族优秀传统文化的重要组成部分。

即使大多数的水族人，并没有认识或学习过水书，也不能全面了解水族传统民间医药知识，但只要他们在日常生产生活中仍然使用着水语，使用着民间流传的种种与身体、养生、疾病等相关的词汇或熟语，就一定会潜移默化地受到水族传统身体观和养生观的影响。本文正是基于上述的研究与认知分析，通过水族人的日常语言使用，以及对水语中关于身体、养生基本词汇的考察，探讨相关词汇的基本内涵，进而分析水族人传统的身体观与养生观。

二　水语中的身体与养生词汇

伴随着水族人对身体、养生的认识，水语中有关身体、养生的词语也随之出现。水语中身体、养生词语的使用虽在某些字词上和汉语言用法比较类似，但又具有其自身的独特性，反映出水族传统身体观、养生观与其他族群的差异。汉语在构词上，一般一个汉字代表一个语素（Morpheme），即"最小的语音语义结合体"[5]，这与水语基本一致，但水语中如"han^5 类似生龙活虎、$\gamma a{:}\eta^5$ 类似轻松、$j\partial n^2$ 类似和谐"在汉语中却很难找到准确对应的概念，基本超出了所谓"身体"、"养生"和"心理"的分野，这在一定程度上也体现了水族人独特的身体与养生观念。

其实在现代汉语中，"身"这一概念也超越了身体-心理区分的汉语独有概念，因为在汉语中"身"的概念远比单纯的"身体"来得复杂。比如《现代汉语词典》中，"身"字主要有以下几种意义：（1）人或动物的躯体：如全身、上身；（2）物体的主要部分：如车身、树身；（3）指生命：如奋不顾身；（4）亲自，自己：如身临其境、以身作则；（5）人的品格和修养：如修身、立身处世；（6）身孕：如大任有身。[6]可见，汉语言中的"身"还兼有"生命""自我"等众多带有"心理性"的意义。其实，水语中的"$t\partial n^1$ 身"的概念意义也与汉语"身"的内涵与外延基本相同，同样具有众多的

"心理"层面上的意义。可见，水族人的身体观、养生观和水语具有发展上的联系，而水族人对身体、养生的理解又体现在日常水语有关词语的使用中。

水语中的身体、养生观念主要蕴含于相关词语的引申意义中，在传统词汇学上称之为"词义引申"。它可以让一个语词符号由原本指称一类对象变成兼指几类意义上相互关联的对象，是各种语言中词汇意义发展最普遍也最重要的规律之一，而其表现方式就是身体、养生词语的隐喻使用。[7]一般而言，过去学界对于引申义（隐喻）的认识主要来源于文学与修辞学领域，但认知语言学家Lakoff突破了研究隐喻的文学传统，转而从人类思维和认知的角度来认识隐喻，使其逐渐成为认知语义学研究的一个热点。Lakoff与Johnson认为隐喻不仅是一种语言现象，还与人类思维发展紧密相关，反映了人类系统认知能力的进化。[8]可见，伴随着水族传统文化思维体系的逐渐完善，水语也出现了隐喻系统。

身体观、养生观和语言的联系并不是某一文化所独有的，它是各民族文化的一个共同特征。在一切语种里大部分涉及无生命的事物的表达方式都是用人体及其各部分或用人的感觉和情欲的隐喻来实现的。[9]比如，身体词语经常用于对与其形状或作用相似的物体进行比喻：如用"耳"比喻看起来像耳朵的壶把，用"口"比喻进出通道等，[10]在水语中也存在很多类似的身体词语使用。可见隐喻是人类思维的共性，但水语中身体、养生词汇的隐喻具有其特殊性，这为我们探究水族人传统身体观和养生观提供了可能。

在身体、养生词汇的隐喻上，水语中有些组合与其所隐喻事物的相似性并不在物体上，而是在物体间的关系上，故常常出现用身体、养生词语来隐喻外界事与物。比如水语中的内脏词语，如 hai^4 肠、lon^2 胃（腹部）等，其意义并不一定指个人某种器官或特定情感，而常常是泛指整体的内心感受或心理活动。身体、养生词语的引申意义及其相互组合，体现了水语灵活多变的构词方式与内涵表达。水语中的身体与养生相关词语如表 1 所示。

表 1　水语常见身体、养生词语及其意义

身体、养生词语	基本义	引申义（隐喻）
qam^4	头	首要、领头、领导
$tə^0pja:k^7$	额头	显眼、突出
$^nda^1$	眼睛	标志、明显
$ʔna^3$	脸	面子、脸面、表面
$ʔnaŋ^1$	鼻子	装模作样、嚣张
$pa:k^7$	口	通道、入口
qha^1	耳朵	装聋作哑、乖巧、调皮
qo^4	脖子	嘴馋、贪便宜
$ʔu^1\ ha^1$	肩	担子、支柱
$ȶhin^1$	手臂	帮助、扶持
mja^1	手	勤快、灵活
$ni^4\ mja^1$	拇指	出头、优秀、表率
$qo^4\ ȶhin^1$	手腕	能力、本事
$te^3\ ha:k^7$	腋窝	隐藏、隐蔽
$te^3\ tak^7$	胸口	胸襟、担当
$loŋ^2$	胃（腹部）	小气、大方、善良、丑恶
$ʔda:k^7\ tən^1$	脊椎骨	能力、支柱
$qe^4\ qhən^3$	屁股	落后、退步
$miŋ^6$	生命	命运、运势
$qa^1\ la:u^4$	大腿	有利、得势、大势
$qe^0ʦoŋ^5$	膝盖	程度、高度
$ȶau^4$	小腿	懒惰、散漫
tin^1	脚	底层、末尾
$tju^5\ lo^5$	断气	死亡、走向死亡
$tjən^3\ lo^5$	气短	气喘吁吁、气度

身体、养生词语	基本义	引申义（隐喻）
ʔdaːk⁷ mjaːk⁷	骨骼	浑身
ʔu¹ tən¹	身体	拥有、自身
ɣaːŋ⁵	轻松	开阔、好转、清爽
ʔȵui¹	髓	主要、核心
tap⁷	肝	动怒、怒火
ɕum¹	心	关键、核心
haːi⁴	肠	心肠、耐心、热心
ʔdo⁵	胆	胆量、勇气
loŋ² ʔdaːi¹	好肚	行善、好心、大方
loŋ² pha⁵	坏肚	行恶、坏心眼
loŋ² faŋ³	宽肚	心胸开阔、大度、淡定
ȶit⁷ haːi⁴	痛肠	悲痛、伤心
sut⁷ tap⁷	烫肝	大动肝火、发飙
ʔjən¹	经脉	关系、链接
tən¹	身	个体、个性
han⁵	健康	生龙活虎、精气神
ljek⁸	力量	有劲、勇猛
lo⁵	气	活力、动静
haːi⁴ʔɣaːi³	肠子长	有耐心、拖沓
tjən³ loŋ²	短肚	内心苦闷、生气
ʔaːu¹ lo⁵	吸气	自由、轻松
ʔnaŋ¹ lo⁵	有气	活着
ʔdaːi¹	好	恢复、如意
ma²	舌头	口才、善变
jən²	和谐	满意、圆满、旺盛、幸福
tai¹ʔma³	没劲	没底气、亚健康
tai¹ ŋ̊am³	晕	犯糊涂、迷惑
ȶit⁷	疼	生病、身心不适
ʔɣum¹、kaːi³	瘦	状态差、低谷、瓶颈

其实，有一些身体或养生词语的引申义涉及心理成分，特别是内脏器官词的引申义的使用（见表1），反映了水族社会一种原始的身心对应关系。这种非系统的身心对应不仅在汉语中存在，而且在其他文化体系的语言中也有体现，如英语中的 spleen（脾）有"坏脾气、怒气"的意义，backbone（脊柱）可以指"志气"（与汉语的"骨气"类似）等，这说明，粗略的身心对应观点可能是人类语言形成和发展时期共有的一种思维模式。[11] 可见，水语中身体与养生相关词汇的引申义与水族传统哲学思想联系密切，很多引申义的使用体现了水族人的传统身体观、养生观。这些身体、养生观念与医学知识，通过水族人的日常活动而逐渐渗透到水语的相关词汇中。身体词语中的隐喻很大一部分来源于这些思想，特别是那些与精神、情感相关的身体词语使用。[12]

总之，受到类似思想的作用，以身体、养生词汇直接表达心理状态的引申义的使用，往往结合了一些民间朴素直观的身心对应观，甚至掺杂了一些神秘的民族民间信仰色彩。如水语"sut⁷ tap⁷"（烫肝）意为大动肝火、"qam⁵ tsan⁵"（黑冠）意为怒气冲冠、"ȵit⁷ haːi⁴"（痛肠）意为悲痛、伤心等。这些在汉语中也能得到印证，例如，胆与肝对应怒，也泛指激动的情绪和勇敢，如肝火大动、胆量、胆大包天；肠对应忧或悲，也可以表达深沉的情绪，如柔肠寸断、愁肠百结、荡气回肠；脾与胃在医学中对应忧思，语言使用中则多指性格气质，如脾气、胃口。[13]

三　水族人的身体观与养生观

从上述对水语身体、养生基本词汇的分析中可以看到，水族人具有一定的身体-心理对应观点，这也正契合了具身认知理论的基本内涵。具身认知（Embodied Cognition）最初是从西方心理学引入的一个概念，也称"具体化"（Embodiment），是心理学学科新兴的研究领域；具身认知理论的核心主要指个体的生理体验与心理状态之间有着强烈而必然的联系；简单地说，就是人在开心的时候会微笑，而如果微笑，人也会趋向于变得更开心。[14]因此，水族人的身体观、养生观与个体的躯体紧密联系，同时也与个人及水族的心理息息相关，共同组成一个无形的、紧密联系的身心观念系统。可以说，水族人的身体观和养生观既包含着有形的躯体，也包含着无形的精神、心灵，是生理与心理紧密联系又相互作用而成的一个统一整体。

同时，水族人相信万物有灵，崇拜自然和祖灵，认为个人的躯体是有灵魂的，且躯体与灵魂紧密相连，二者是交互作用的统一整体。在中国漫长的历史长河中，类似原始的身心观一脉相承，并广泛存在于中国各民族思维观念中。中国传统的身体观不仅强调身心、天人互应，强调身体系统的整体性和关系性，而且还强调二者中占据主要地位的是身体。[15]

无独有偶，世界各民族的身心交感术，如古印度的禅修和瑜伽，印第安人的祈福与占卜等，都暗含着与水族人传统身心观类似的思想。这一点也得到了一定的实证支持，近年来很多认知科学研究证实，我们怎样加工信息并非仅仅同心智相关，而是同整个身体紧密联系。[16]因此可以说，水族传统的身体和养生观念是水族人认识自然、改造自然以及社会发展的产物，其产生有着深厚的生理与心理基础，同时通过水书和水族传统文化由水族人民代代相传，不断丰富和发展至今。当然，水族人的身体、养生观与其他民族比较，不能说孰优孰劣，只能说每个民族看待和理解问题的角度不同而已。

第一，珍爱生命，养身是养生的前提。

水族人认为，人的生命（miŋ⁶）具有神圣性，这在各民族的思维观念中几乎都是不言而喻的真理。我国最早肯定人的存在价值的是孔子，他在《孝经》中指出："天地之性，人为贵"。在水族人的世界里，有鬼神世界、有世间万物，更有人，人是天地之杰作，万物之精灵。在水族人的世界观里，对人生命的可贵性认识非常深刻。为此，水族人的身体观首先建立于对生命的尊重与珍惜的基础上，进而从不同角度认识和理解养生，因此养身是养生的基础和前提。

第二，人的躯体受个体及鬼神世界的左右。

水族人崇拜自然和祖灵（qoŋ⁵ pu⁴），相信万物有灵及世间轮回。认为人的肉体既受到个人的支配，也受制于鬼神（maŋ¹）的左右和祖灵的护佑。作为物质躯体的人，其肉体可以掌握在个人手里。但人精神层面和心理层面又受制于鬼神世界，同时也会得到祖灵的护佑。在水族人的精神世界里，除了祖灵之外，还有上千种鬼，这些鬼有善恶之分，或一种鬼集善恶于一身。因此，水族人的传统身体观认为，个人既要强身健体，又要求得祖灵的护佑，而且不能开罪于各种鬼神。只有这样才能达到健康与长寿的目的。

第三，环境是养身、养生、养心的重要条件。

水族人认为环境是身心健康的重要保证，是养生的一大前提。生存在山清水秀、空气清新（ɣaːŋ⁵）的自然环境下，才有益于个人的身心健康，达到延年益寿的目的。因此，水族人特别重视住宅的选址与生产生活的外部自然环境，并注重对住宅环境的保护、建设和改造。水族人认为万物有灵，自然界的一切都是有灵性的，因此必须懂得珍爱自然和尊重自然。水族人不仅尊重自然，注重生产生活的自然环境，同时也积极参与环境保护和建设，植树造林，绿化荒山。

第四，个人道德修养与养生息息相关。

《论语·雍也》中提出"仁者寿"的观点，并坚信"大德必得其寿"。这与水族人的养生观比较一致，水族人认为个人的道德修为与身心健康、延年益寿有着诸多利害关系。行善（loŋ² ʔdaːi¹）者得以善报，能够得到祖灵和鬼神的护佑，延年益寿；行恶（loŋ² pha⁵）

者必遭恶报，不得善终。因此，个人要提高道德修为，做到舍己为人，体谅、关心和帮助他人，就会形成和谐（jən²）的人际关系，从而有助于个人的身心健康、延年益寿。

第五，保持良好心态是养生的重要路径。

人们在生产生活中会经常遇到诸多矛盾和困难，这会使人产生许多困惑与无奈。水族人认为除了强健的体魄之外，要想达到长寿就必须有一个良好的心态。这在水语词汇中有着诸多体现，如心胸开阔（loŋ² faŋ³）、有耐心（haːi⁴ ʔɣaːi³）等。水族传统文化提倡艰苦奋斗、勇往直前，也劝慰人们心胸开阔、适可而止。要有"得之我幸，失之我命"的平常心，找准个人定位，调整好心态，对人对事始终保持一种善良心、平凡心以及清静之心。

心态良好则精神愉悦，这有助于身心健康，从而提高生命质量，达到养生目的。否则，内心苦闷（tjən³ loŋ²），心情压抑（sut⁷ tap⁷），必然造成精神痛苦。而精神痛苦带来的则是肉体不适，进而导致躯体的无形损伤。

四　结语

综上所述，水语相关词汇是我们了解水族人身体观、养生观的一个十分有意义的窗口，水族人传统的身体、养生观念在很大程度上是通过水语的日常使用而逐渐渗透到水族人民的生产生活中的。水族人的身体观和养生观与中国本土的身体观、养生观有着诸多相似之处，同时也存在着它的特殊性。

水族人的身体观和养生观主要表现为：崇尚和珍惜生命，身心健康才能追求养生目的；个人身体的健康与否，既取决于个体，又受制于鬼神；环境和良好的心态既是身心健康的保证，也是养生的前提；个人当不断提高自我道德修养，只有这样才能更好地实现养生目的。正因为如此，当水族人遇到疾病困扰时，其反应在本质上是属于身体性的，或者说是本体性的。

在水族传统医疗活动中，当个人表现出身体、情绪或心境上的不适时，他们会通过疾病的症状来理解个人的痛苦与不适，并试图透过疾病现象来寻找心理的或生理上的问题，或是归结为鬼神作祟的问题，并随之在个体行为上，找寻出相应的解决方案。一般而言，可见的一些外伤疾病，水族人主要通过民间医药、草药等来解决；而一些不可见但感受明确的疾病，或是一些不可见且身体感受不明确的疾病，则更多的归结为鬼神的作祟导致，从而通过一定的破解仪式来祛除病痛。这与我国传统中医的系统治疗与调理整体性的身体存在一定的区别，却与西医的以症寻病源并确定治疗手段的疗法有些偶合，但二者也是有所区别的，水族人的这种身体观与养生观掺杂了一些迷信的因素。

因此，基于水族人这样的身体观与养生观，我们在具体的实践活动中需要灵活地对待水族人的身心健康、养生、疾病医疗等问题，不能只见中医与西医的科学性，贬低水族民间医药的科学性，夸大水族身体、养生观念中的迷信成分，这种鬼神信仰其实有时也能给患者带来定心安神的作用。所以，我们应当按照实际情况，结合水族人的身体观和养生观，从不同的视角看待问题，做到多位思考，体会病人感受，或从水族传统民间医药与疾病治疗上寻求启示。

注释：

[1] 陶伟、王绍续、朱竑：《身体、身体观以及人文地理学对身体的研究》，《地理研究》2015 年第 6 期，第 1173~1187 页。

[2] 陈子晨、汪新建：《从"身"的概念结构透视中国传统身体观》，《南开语言学刊》2013 年第 2 期，第 94~101 页。

［3］王大利、马大慧、王露璐：《儒家身体观语境下的举鼎文化解读》，《体育成人教育学刊》2012年第5期，第8~10页。

［4］张树卿、李秀超：《儒、释、道的养生观比较研究》，《白城师范学院学报》2005年第2期，1~5页。

［5］吕叔湘：《汉语语法分析问题》，商务印书馆，1979，第15页。

［6］中国社会科学院语言研究所词典编辑室：《现代汉语词典》，商务印书馆，1996，第780页。

［7］周光庆：《汉语词义引申中的文化心理》，《华中师范大学学报》（哲学社会科学版）1992年第5期，第120~126页。

［8］Lakoff, G., Johnson, M., *Metaphors We Live By*. Chicago：The University of Chicago Press，1980：8.

［9］李树新：《人体词语的认知模式与语义类推》，《汉字文化》2004年第4期，第8~12页。

［10］苏立昌：《英汉概念隐喻用法比较词典》，南开大学出版社，2009，第22页。

［11］陈子晨、汪新建：《汉语言中的身体观：躯体性思维的语言渗透》，《自然辩证法通讯》2013年第3期，第103页。

［12］陈子晨、汪新建：《汉语言中的身体观：躯体性思维的语言渗透》，《自然辩证法通讯》2013年第3期，第104页。

［13］胡献国：《医说成语》，科学技术文献出版社，2007，第15页。

［14］蓝文婷、熊建辉：《运用具身认知理论 开拓新型教育模式——访美国亚利桑那州立大学心理学系教授格林伯格》，《世界教育信息》2015年第3期，第8~11页。

［15］陈子晨、汪新建：《汉语言中的身体观：躯体性思维的语言渗透》，《自然辩证法通讯》2013年第3期，第103页。

［16］叶浩生：《具身认知：认知心理学的新取向》，《心理科学进展》2010年第5期，第705~710页。

乡村振兴背景下贵州民族地区双语人才队伍建设的困境与出路[*]

潘小慧[**]

摘　要：少数民族双语人才队伍建设对民族地区的乡村振兴具有重要意义。本文探讨了双语人才的概念范围和价值作用，分析了当前贵州民族地区双语干部人才队伍建设面临的现实问题，并提出了加强民族地区双语人才队伍建设的针对性对策建议。

关键词：民族地区　双语人才队伍建设　乡村振兴

乡村振兴战略是党的十九大作出的重大决策部署，是决胜全面建成小康社会的重大历史任务。民族地区是全面小康战略目标实现的短板、重点和难点区域，在很大程度上决定了全面小康总体战略目标是否能实现。贵州是多民族省份，民族地区分布广，少数民族贫困群众多，所面临的压力大、任务重。当前，决战脱贫攻坚、决胜全面小康进入冲刺阶段，到 2020 年底，在脱贫攻坚和全面小康取得全面胜利后，贵州广大的民族地区会逐步向乡村振兴战略转移，

---

　*　2019 年多彩贵州文化协同创新中心资助项目"都柳江流域民族手工业发展与乡村文化振兴研究"（DCGZXTCX2019-15）阶段性成果；2019 年度贵州民宗委双语服务项目"民族地区双语干部队伍建设与乡村振兴研究"阶段性成果。
　**　潘小慧，女，贵州三都人，贵州民族大学水书文化研究院，讲师。

如何实现脱贫攻坚与乡村振兴的有效衔接，实现民族地区乡村高质量、可持续发展是摆在当前的重要议题。为政之要，莫先于用人。乡村振兴是党针对乡村发展的重大决策部署，让乡村振兴的决策部署落地见效，一方面要坚持中国共产党的领导，这是把方向的根本，另一方面要靠各级各类干部人才贯彻执行，这是抓落实的关键。民族地区的乡村振兴面临着相对较为特殊的情况，乡村振兴在民族地区的推进实施，离不开广大基层民族干部人才，尤其是具备双语能力素质的干部人才。

一　双语人才的概念范围及主要作用

（一）双语

双语，顾名思义，就是懂两种语言，能使用两种语言进行日常交流。双语是在一定社会历史发展阶段形成的一种复杂的社会现象，主要表现在语言和文化方面，是掌握不同语言的各民族人民基于交往过程中进行交流的需要形成的。双语正是在两种或多种语言群体之间进行交往交流的情况下形成的一种特殊的语言文化现象。当前，随着经济社会的快速发展和跨境、跨地区人员交往的深入，尤其是全球间人员往来的日益频繁，双语乃至多语现象日趋流行。在当前我国高等教育专业体系中普遍存在的外语专业，便是基于这种需要设置的。

我国是统一的多民族国家，各民族大杂居、小聚居，有着面积广大的民族地区，其中还有很多使用本民族语言交流的民族。比如，在贵州广泛分布的苗、布依、侗、彝、水等少数民族在其传统的聚居地区还普遍使用其本民族语言进行日常交流。因此，党和国家的决策部署和发展战略要想真正在这些民族地区落地见效，掌握双语是极为必要的条件，故而具有双语背景的干部人才就显得十分关键。

（二）民汉双语人才

双语人才是各类人才当中的一种特定的类型。[1]针对双语人才的概念范围，不同的群体或许有不同的理解。受传统应试教育的影响，很多人所理解的双语人才是指掌握汉语和一门外语的人才，尤其是在东部地区，这种观念根深蒂固。具体到我国民族工作的实际，双语人才的概念和范围又有所不同。"我国的 55 个少数民族中，除回族和满族通用汉语外，其他 53 个民族都有本民族语言，有 22 个民族有文字，共使用 28 种文字。"[2]此外，还有人口占比超过 90% 的汉族人口使用普通话和汉字。因此，在我国双语人才主要包括两种情况，第一种是同时掌握两种或两种以上少数民族语言的人，第二种是掌握汉语和另外一种或多种少数民族语言的人，具体又可分为母语为汉语或为少数民族语言两种情况。结合我国民族工作的实际，双语人才主要侧重指第二种，即民汉双语人才，也就是在民族地区受过良好教育的既懂汉语又懂当地少数民族语言的专门人才，同时又供职于民族地区的基层党政机关和企事业单位的公职人员，如基层公务员、教育工作者、社会保障工作者及医疗卫生工作者等。

（三）双语人才的主要作用

双语干部人才队伍是我国民族干部队伍的重要组成部分。2014年 9 月，习近平总书记在中央民族工作会议上的讲话中指出："做好民族工作，少数民族干部是重要桥梁和纽带。许多事情他们去办，少数民族群众更容易接受；关键时刻他们出面，效果会更好。"[3]总书记对于少数民族干部人才队伍所能发挥的作用给予了充分肯定。在少数民族干部人才队伍中，双语干部人才发挥着更为直接有效的联通作用。贵州作为多民族省份，民族地区分布广泛，少数民族人口众多，少数民族语言作为母语使用的情况较多。根据第六次人口普查数据，贵州常住少数民族人口为 1254 万人（总人口占比36.11%），其中通晓本民族语言的少数民族人口占比约 70%，通晓汉语的占比约 50%，民汉双语皆通的占比约 20%，这些人主要为苗族、侗族、布依族、土家族、彝族和水族人等。[4]虽然随着国家普通话的逐渐普及，民族地区普通话的使用范围已经非常广泛，但仍有相当大一部分少数民族不通或半通汉语，在经济活动和社会活动中无法正常沟通交流，给广大少数民族群众带来诸多不便。在乡村振兴的过程中，国家的诸多大政方针无法准确传达贯彻到民族地区的广大少数民族群众中。因此，双语人才的作用显得尤为重要。

1. 传达贯彻党和国家的大政方针

党和国家的大政方针和政策举措主要以汉语文字印发，民族地区不懂或半懂汉语的民族群众无法完全理解和领会党的方针政策。而双语人才能利用所特有的语言优势，把党和国家的路线、方针和政策以本民族语言通俗易懂地进行宣传和贯彻。如精准扶贫政策、乡村振兴战略和全面小康战略等，若民族地区的少数民族群众对于国家层面的战略政策不理解，那么在政策措施落地执行时就会遇到诸多困难，会因搞不清、弄不懂而不配合，导致政策措施落实不到位，影响政策预期目标的实现。

2. 维护民族团结与社会稳定

我国是统一的多民族国家，民族平等是我国民族关系的根本特征之一，各民族同胞学习使用本民族语言是民族平等的直观体现。在民族地区，绝大多数少数民族同胞对本民族语言有着极为深厚的感情，甚至把是否尊重其民族语言等同为是否尊重其民族本身。因此，若有能通晓当地民族语言的干部在基层民族地区开展相关工作，则能更好地体现《宪法》和《民族区域自治法》等赋予少数民族的平等权利，有利于维护和巩固民族团结。基层双语干部人才一方面能有效宣传国家的政策法规，另一方面在协调当地民族关系、处理民族矛盾纠纷和维护社会稳定方面也发挥着特殊的不可替代的作用。

3. 充当上传下达的沟通纽带

语言是民族的最基本特征之一,是交流沟通的主要媒介,也是民族认同的重要依据。"民族地区的基层民族同胞,对于懂得本民族语言的干部群众有着天然的亲近感,对其开展工作也支持得多,而对不懂其民族语言的干部,在情感和工作支持力度上都会打一定折扣。而民族地区的双语干部人才大多出身于当地,既熟悉当地又怀有深厚感情。他们对于改变这些地区的落后面貌具有强烈的愿望,对加快当地经济文化的发展具有强烈的使命感和高度的责任感,从而也更愿意全身心地投入到当地社会经济的发展工作中。"[5]大多数双语干部人才与本民族群众有着天然的血肉联系,熟悉本地区和本民族的实际情况、风俗习惯和宗教信仰等。而当地民族同胞大多会将其看作本民族的代表,愿意向其反映情况和吐露心声,双语干部人才能及时将少数民族群众的想法和意见反映上去。同时,党和国家的政策方针也能通过双语干部人才及时宣传下达,以便于各级政府部门能及时有效且有针对性地解决问题,密切党和群众的血肉联系,充分发挥双语干部人才上传下达的纽带作用。

二 民族地区双语人才队伍建设的现实困境

新中国成立以来,党和国家高度重视双语干部人才的选拔培养和教育培训工作,出台了一系列的制度规定、管理办法和实施意见等政策制度,如 1950 年政务院颁布的《培养少数民族干部试行方案》,1961 年中共中央批转的《西北地区第一次民族工作会议纪要》,2004 年教育部、国家发展改革委、国家民委财政部、人事部联合下发的《关于大力培养少数民族高层次骨干人才的意见》,2005 年教育部等五部委联合印发的《培养少数民族高层次骨干人才计划的实施方案》和 2014 年中共中央、国务院印发的《关于加强和改进新形势下民族工作的意见》等，先后开办了干训班、民族班、干部学校和民族院校等各级各类机构，大力支持少数民族干部队伍的建设工作，培养了大批双语干部人才。作为民族八省区之一的贵州省，在双语干部人才队伍建设方面取得了显著成绩，各大中专院校先后培养了大批高素质的双语人才，在贵州省内民族地区的各级政府机关、各个行业和各个领域或已成为业务骨干或已成为管理人员，为民族地区的经济、文化和社会发展做出了重要贡献。但在当前民族地区乡村振兴的时代背景下，双语人才队伍建设仍面临诸多现实困境，远不能满足实现乡村振兴的时代需求。

（一）民汉双语人才数量总体匮乏

贵州省有 17 个世居少数民族，少数民族人口占比约 36%，其中苗、布依、侗、彝、水、仡佬、瑶、壮、毛南和畲等 10 个民族现在仍拥有并使用本民族的语言，各少数民族母语群分布在全省 60 余县（区），呈现出总体上分布广泛，小范围上集中连片的特点。人数众多的少数民族母语群体及其分布范围，客观上需要大量双语干部人才。而据第六次人口普查的情况来看，贵州全省少数民族人才总数约为 30 万人，其中公务员约 6 万人，事业单位专业技术人才约 20 万人，其他各类人才约 4 万人，但这其中真正懂得民汉双语的人才仅约 6 万人，仅占少数民族人才总数的 20%。民汉双语人才数量严重不足。

（二）民汉双语人才队伍素质参差

习近平总书记在 2014 年中央民族工作会议上的讲话中指出："现在，少数民族干部数量上来了，但结构不尽合理，政工型干部偏多，专业技能型干部偏少，具有适应市场经济和复杂环境能力的干部少，梯队不完备、急用现找现象突出。"[6]从当前民族地区少数民族双语人才干部队伍来看，经营管理型人才、技术技能型人才和基层管理干部在数量上不足，在总体素质上亦参差不齐。这情况在州（市）、县两级机关事业单位的少数民族干部队伍中体现最为明显。从学历层次上来看，各类研究生以上学历人员占比极低，本科以上学历人员占比也只有约5%左右，从专业技术职称结构来看，高中初级职称比例为1：8：13。当然，其中还有一些少数民族干部人才虽是少数民族身份，但是不懂少数民族语言。因此，实际上高素质双语干部人才的比例更低。

（三）双语人才培养机制不系统，双语人才流失严重

在当前的国民教育体系下双语人才培养缺乏系统性。基础教育阶段，少数民族母语教育并非主课程内容，双语教学也主要是把民族语言作为学习其他教育知识的辅助工具。原本自小生长在母语环境下的少数民族学子，在完成大中专教育之后，往往会选择去发达地区求职，因为会有更好的机会和更大的空间。例如由贵州省民宗委主办，贵州民族大学承办招生的民语特长班，已经招生八年，现已有五届毕业生。民语班的学生是经过了民族语言口试和普通高考两关考核才招录进校的典型的双语型人才，然而毕业后大部分学生并没有选择回到民族地区服务地方经济社会发展，一小部分考研考博继续深造，大部分学生留在了贵阳发展，真正回到生源地服务民族地区发展的人极少。因此，民族地区的双语人才流失问题较为显著。

（四）保障激励机制不健全

激励机制是确保民族地区双语干部人才队伍成长的重要保障。但目前在民族地区双语人才干部队伍建设方面的保障激励机制还不

够健全，主要表现在以下几个方面：一是对民族地区双语人才的重要性及其在民族地区基层行政管理中的价值作用认识不到位；二是民族地区双语人才的工资待遇不高，缺乏必要的激励机制；三是对民族地区双语人才不够重视，双语人才的待遇不高，上升通道不畅，使很大一部分双语人才认为自身的前途渺茫，从而影响了双语干部人才的工作积极性和干部队伍的稳定性。

三　民族地区双语人才队伍建设的对策建议

在民族地区乡村振兴的时代背景下，加强民族地区双语人才队伍建设，对于助力民族地区实现全面建成小康社会的战略目标具有积极意义。语言是人际交往的重要媒介，语言相通是交流沟通的基础，是工作开展的基本前提。因此，一方面少数民族需要学习国家通用语言，另一方面民族地区的汉族人民也要主动学习少数民族语言。在实现脱贫攻坚向乡村振兴转变的有效衔接过程中，必须充分把握民族地区推进乡村振兴所面临的特殊情况，进一步加大民族地区双语干部人才的培养与建设力度，主要从以下几个方面着手。

（一）提高思想认识，肯定价值作用

双语干部人才对于民族地区的经济社会发展、民族团结巩固和和谐社会营造等有着不可替代的特殊意义和重要价值。各级政府机关部门要切实加强对双语干部人才队伍建设重要性的认识，提高思想站位，充分肯定双语干部人才的价值作用，从决胜全面小康、全面实现乡村振兴的战略高度出发，建设一支政治素质高、业务能力强的双语干部人才队伍。一定要树立多会一种少数民族语言就是多一种文化素质的理念，同时，加大宣传力度，引导具有双语背景的各层次人才认识到自身对于民族地区经济社会发展的重要价值，从而实现思想上的转变，主动投身于民族地区的发展事业。

（二） 改善待遇酬劳，稳定现有队伍

顶层设计确定以后，基层落实的关键就要看干部。在发展较为落后，情况较为复杂的民族地区，双语民族干部人才的作用尤为明显。也正是基于此，基层的双语干部人才往往承担了更多的工作任务。鉴于其工作性质的特殊性和较大的工作量，要全面改善基层双语干部人才的待遇，一方面要给予与劳动量相符或略高的工资酬劳，另一方面要在职称评聘、职务竞聘等方面酌情优先考虑，要明确其双语技能的价值作用，切实让双语干部人才感到技有所值。通过对双语干部人才的肯定认可和待遇保障，让其有真正的归属感和成就感，成为留得住、用得上、干得好、上得去的永久型双语干部人才。只有通过肯定其价值作用，提高其地位待遇，才能更好地稳定现有的双语干部人才队伍，充分发挥其在民族地区乡村振兴中的凝聚力和战斗力。

（三） 立足眼前实际，健全引人机制

要切实做好双语干部人才队伍建设，除了要做好稳定人才工作之外，还要按照《国家中长期人才发展规划纲要（2010—2020年）》的要求，坚持"以用为本。把充分发挥各类人才的作用作为人才工作的根本任务，围绕用好用活人才来培养人才、引进人才，积极为各类人才干事创业和实现价值提供机会和条件，使全社会创新智慧竞相迸发"。鉴于此，应当立足贵州当前省情实际，着眼于乡村振兴和全面小康的战略需求，健全双语干部人才的引人机制，以制度的形式保障双语人才引进上的标准与条件。民族地区的民族干部不仅要强调民族身份，还要强调懂得双语，甄选真正适合民族地区基层需要的德才兼备的双语干部人才，切实让选拔上岗的双语干

部符合民族地区的基层工作需求，为基层少数民族群众提供有效到位的公共服务。通过提高双语人才的引进待遇和发展平台，提升双语型人才投身民族地区的积极性和主动性，激发其在民族地区干事创业的决心和潜力。

（四）放眼长远需求，完善培养机制

从长远来看，要建设一支稳定有活力、长久有动力的少数民族双语干部人才队伍，不仅需要稳定和引进双语干部人才，还要着眼于从长远来建立系统的双语人才培养机制，形成多层次、全方位、立体型的培养体系，应当涵盖基础教育、中高职教育、高等教育和继续教育等阶段，打造一个系统化的双语文化教育工程。同时，要在双语教育与培养过程中，进行价值导向教育，把争当双语干部人才，服务民族地区发展作为倡导的价值理念贯穿于培养教育过程的始终。通过建立健全双语干部人才的培养机制，源源不断地为民族地区的经济社会发展输送各级各类管理和技术方面的德才兼备、民汉双语皆通人才，为民族地区实现乡村振兴和全面小康提供干部人才保障。

四　结语

站在两个一百年目标的历史交会点，在全国各族人民凝心聚力战疫战贫、实现全面小康的历史关头，在中华民族走向伟大复兴的决战时刻，民族地区面临着更为艰巨的历史使命，要全面贯彻党中央关于推进乡村振兴的战略部署，实现民族地区乡村"产业兴旺、生态宜居、乡风文明、治理有效、生活富裕"的发展目标，需要大量具备双语背景的干部人才苦干实干，确保各项政策设计真正能落地见效，方能后发赶超。因为，无论是科学的制度谋划还是务实的

政策举措，要想真正在民族地区贯彻落实，都必须依靠双语干部人才。我们要充分认识具备双语能力和素质的干部人才队伍在这个过程中的关键性作用，切实发挥其在民族地区各族人民群众与党和政府沟通联系中的桥梁和纽带作用，深入宣传贯彻党和国家的大政方针，反映基层群众的民生诉求，实现上传下达的双向沟通工作。我们要严格按照习近平总书记在 2019 年春季学期中央党校（国家行政学院）中青年干部培训班开班仪式上的讲话要求，坚持以"五个基本标准"来锤炼双语干部人才的业务能力，以"三个特别"的补充标准来增强双语干部人才的政治觉悟，通过各种培训学习提高理论素养、通过各类实践锻炼丰富政治智慧，着力打造一支政治觉悟高、理论素养好、业务能力强、政治智谋多的高素质基层双语干部队伍，扎根民族地区，服务各族人民，维护好、实现好和发展好各族人民的根本利益，为贵州民族地区实现乡村振兴培养忠诚、有担当的双语干部人才队伍，助力民族地区全面脱贫、全面小康，实现中华民族伟大复兴的中国梦。

注释：

［1］王允武：《法治人才培养机制创新与法学教育协同推进——以改进民汉双语法治人才培养机制为视角》，《西南民族大学学报》（人文社科版）2016 年第 1 期，第 98 页。

［2］国家民委研究室编《新时代民族理论政策问答》，民族出版社，2019，第 138 页。

［3］国家民委研究室编《新时代民族理论政策问答》，民族出版社，2019，第 187 页。

［4］贵州省少数民族语言文字办公室、贵州省社会科学院：《贵州省双语人才现状及需求调研报告》（内部资料），2015。

［5］贵州省少数民族语言文字办公室、贵州省少数民族语言文字学会编《贵州双语教育与双语人才建设文集》，云南民族出版社，2015，第193页。

［6］国家民委研究室编《新时代民族理论政策问答》，民族出版社，2019，第187页。

贵州少数民族传统体育文化
开发利用研究

——以松桃苗族自治县苗族花鼓舞为例

余　刚　黄　咏　钟小斌[*]

摘　要：以松桃苗族自治县苗族花鼓舞为例，归纳花鼓舞开发利用面临的危机，并分析危机形成的原因，总结松桃苗族自治县苗族花鼓舞保护和利用的主要措施及其启示，最后从发展民族传统体育旅游；整合教学资源，促进贵州少数民族传统体育文化融入体育教学当中；促进传统体育与现代体育相结合；支持花鼓舞等传统体育进入体育运动会项目；引导花鼓舞等传统体育融入大众健身活动等方面提出对策建议。

关键词：贵州　少数民族　传统体育文化

　　民族传统体育是少数民族特有的民族文化，它是少数民族的民风民俗、民族生活习惯等多元素的综合体。贵州少数民族传统体育

　　＊　余刚，贵州民族大学体育与健康学院副教授，研究方向为大学羽毛球教学及少数民族传统体育教学与竞赛；黄咏，贵州民族大学体育与健康学院教授，硕士生导师，研究方向为民族传统体育理论与实践；钟小斌，贵州民族大学教育评估中心（民族教育研究所）讲师，研究方向为教育经济与管理、知识管理。

项目具有悠久的历史，是民族特有的艺术表现形式，具有健身性、娱乐性、观赏性等特点，是极好的民族集体性健身活动。开发利用贵州少数民族传统体育项目，在传承我国少数民族传统体育文化和满足人们对强身健体的需求的同时，还可以充实人们的生活和满足大众的观赏需要。少数民族传统体育文化遗产具有综合性、复杂性、地域性等特点，是非物质文化遗产的一部分。[1]但是，随着城市现代化的发展和信息技术日益更新，少数民族传统体育文化赖以生存的环境正渐渐遭到侵蚀，导致少数民族传统体育文化褪色和流失严重。[2]保护利用少数民族传统体育文化是当务之急，而教育是传承少数民族传统体育文化的主要途径。[3]不少学者提出了在政策、资金上保证少数民族传统体育文化保护和传承机制的顺利运行，同时加大民族传统体育文化宣传和推动少数民族传统体育教学。[4]谭小春认为少数民族体育文化保护研究的重要意义在于促进少数民族传统体育文化与乡村旅游的融合，保护民族体育文化赖以生存的传统村落等环境。[5]王洪珅等认为要加强少数民族传统体育文化实体的建设和优化，以保护少数民族传统体育文化赖以生存的自然环境，在社会环境维度，必须对少数民族传统体育文化的内涵进行发掘和现代化阐释，完善少数民族传统体育文化传承、教育、交流制度。[6]蔺益超采用逻辑推理和文献法研究新时代少数民族传统体育文化转型的有效路径，认为少数民族传统体育文化转型主要在两个方面，一是精英型向大众型转变，二是由赛事向节事转变。[7]尽管如此，郑泽蒙等认为，由于少数民族人数较少、可传承度较低以及相关技艺已经无法满足现代需求，少数民族传统体育文化保护与传承成为一项艰难的任务，并提出真实、完整、可持续、易于理解应成为少数民族传统体育文化保护与传承的基本原则。[8]综上所述，国内对少数民族传统体育文化的研究要么以传承、发展为视角，要么偏重旅游、教育等某一方面，但是聚焦"开发利用"的较少，关于与旅游相结合、传统体育教学、传统体育与现代体育相结合、传统体育进入体育运动会项目、传统体育融入大众健身活动等综合性的研究更少。

松桃苗族自治县正大乡瓦窑村是花鼓舞艺术的起源地。花鼓舞是松桃苗族人民通过生产生活整理而来的民族民间舞蹈。松桃苗族花鼓舞分为两面鼓和四面鼓两大类，其舞蹈分为二、四、八人舞等。花鼓类型共有 80 余种，基本动作套路 100 余式。四面花鼓主要流传于铜仁市松桃苗族自治县正大乡及其周边地区，鼓舞有 120 多式动作套路，类型有神鼓、年鼓、战鼓等 80 余种，表演人数最少为 30人，气势磅礴，场面十分壮观。松桃苗族花鼓舞具有以下主要特征：鲜明的祭祀性、独有的叙事性、仿生性、简约性、集体性、对节日的依存性、原生态、寓娱性。由于舞蹈动作古朴大方，节奏明快而欢乐，深受人民群众喜爱。

一 松桃苗族自治县苗族花鼓舞开发利用面临的主要危机及原因

（一）面临的主要危机

第一，年轻人对花鼓的兴趣日益淡化。许多年轻人外出打工，严重影响了苗族花鼓舞开发利用的环境，再加上现代文化对年轻人的冲击，使得年轻人追赶时尚和流行，从而对花鼓舞的兴趣减淡。第二，传承人逐渐退出舞台。由于行业待遇过低、市场较小、从业者年龄逐渐增大，鼓班生存较为艰难，传承人逐渐退出舞台。普查结果表明，与鼎盛时期相比，花鼓舞的基本动作套路已从 120 余式减至 100 余式，鼓师和鼓手也大幅减少。第三，游客数量及参与度不足。游客数量及参与度不足制约了花鼓舞融入当地旅游发展，尽管政府部门已采取了一些相应的措施，但苗族花鼓舞对当地旅游行业的影响力仍然有限。第四，学生对花鼓舞兴趣不浓厚。虽然一些学校已经在开发利用民族传统体育文化，但是在不同年级学生中的调查结果均显示学生兴趣不浓厚，参与的积极性不高。

（二）原因分析

首先，传统体育文化对现代文化适应不足。由于经济社会发展，科技进步和生产力提高，人们的物质生活和思想意识发生了变化，直接影响了贵州世居民族传统体育文化赖以生存的环境，淡化了传统的民俗。对民族节日有较强依存性的贵州世居民族传统体育文化活动的范围和展示的平台逐年缩小。特别是在现代多元文化的冲击下，年轻人对贵州世居民族传统体育文化的兴趣淡化，不愿意学习祖辈流传下来的传统体育文化。

世界体育发展史充分证明了少数民族传统体育是现代体育之母，但国际认可的且在世界范围内推广的民族传统体育只是很少的一部分，工业革命以后少数民族体育面临被西方主流体育文化的竞技体育推到了边缘的困境，许多人认为少数民族传统体育缺乏刺激和享受，这使得少数民族传统体育被不断排斥，迫使少数民族放弃自己的民族特色，以满足现代竞技体育的发展。如果少数民族传统体育没有了特色、文化内涵和民族的基本精神，也就没有了发展的动力和机会。特别是在全球经济一体化的趋势下，主流体育文化逐渐侵蚀边缘体育文化，当经济迅速发展时，各地区生活方式和生存观念也会发生变化，这导致许多民族的非物质文化消亡。

其次，各部门与地方学校对少数民族传统体育不够重视。除非是备战国家或省级少数民族传统体育运动会，地方各级政府及有关部门在少数民族传统体育的开发和利用方面投入较少。民族传统体育比赛及活动的经费来源主要是主办方进行劳务补贴，基本上没有获得赞助和经费，这在很大程度上限制了少数民族体育活动的开展。体育教育是实现学校教育目标，是教育人才智力和身体素质全面发展的重要手段，众所周知，有很多地区特别是少数民族地区，学校的体育课时间经常被其他课程占用，这在很大程度上影响了学校体育教育目标的实现，更无法促进少数民族体育项目的发展优势。另外，贵州众多民族地区的学校由于师资不足、场地设备器材缺乏和体育活动经费少等原因没有能力开展传统体育活动，阻碍了贵州少数民族体育项目教学的开展。

再次，民族体育旅游项目没有得到较好的开发利用。一是四季规划不明确。没有因时制宜合理的安排，活动春秋多夏冬少，例如没有很好地利用夏季的龙舟竞赛和棋艺比赛，以及冬季的滑雪、溜冰等项目。二是民族特色和品牌意识极度缺乏。由于对民族体育的内涵和内容缺乏专业的阐述，加之民族文化的传承人逐渐老龄化，年轻人又不愿意学习，民间举办活动缺乏专业的策划，少数民族传统体育旅游项目很难树立具有特色的旅游形象。三是高素质管理人才极度缺乏。很多民族旅游景区的旅游服务人员整体综合素质不高，都是从社会上临时招聘、经短时间培训而来，专业的高级策划和管理人才极为稀少，难以将民间娱乐活动及体育运动与地区旅游较好地融合在一起。

最后，民族传统体育文化进校园影响力不足。一是课程系统不完善。传统且单一的教学形式仍然占较大的比例，而且由于教学时间的限制，存在教学课时不足、教学内容不够标准、随意性较大等现象，从而导致民族体育发展不够均衡和完善，在理论知识和实际实施层面没有形成一套较为科学的、系统的、权威的教育教学体系。二是对项目设置和技能标准研究不足。教育行政部门及学校未能及时根据本地本校的实际情况，对一些技能标准进行明确的分类、界定，制约了学校对民族传统体育文化开发利用的有效落实。三是师资能力不够强。学生对于课程的喜爱及接受程度与学校师资水平的高低有着密切的联系，直接影响民族传统体育文化开发利用的效果。目前，有些学校的师资能力不够强，导致在实际教学过程中，民族传统体育课程内容的安排没有明确目的性，民族传统体育文化开发利用滞留在较为浅显的初级阶段。虽然民族传统体育文化开发利用已经在一些学校开展，但是学生对于民族体育项目的了解停留在表面，加之教学方式设计陈旧、缺乏新颖的教学内容，直接降低学生参与的积极性。不同年级的学生问卷统计结果还表明学生兴趣不高，民族传统体育文化开发利用落实遇到瓶颈。

二　松桃苗族自治县苗族花鼓舞保护和利用的主要措施及其启示

（一）主要措施

近年来，松桃苗族自治县开展了一些瓦窑苗族花鼓舞的保护和利用工作。一是花鼓舞进校园。传承苗族文化的最佳方式就是把花鼓舞带进校园。民族中学等学校积极把花鼓舞等民族艺术项目引进课堂，利用学生课余时间把花鼓舞技巧技艺教给学生。二是参加演出和评奖活动。松桃苗族自治县组织鼓手参加国家、省、市、县大型活动，表演花鼓舞，并以苗族花鼓舞的独特魅力弘扬民族传统体育文化。同时，积极参加民族民间艺术评奖活动。邀请中国民间文艺家协会等权威机构对松桃苗族自治县的民族民间文化进行考察和评价。三是开展合作与交流。组织花鼓舞传承人和鼓师向省内外专业艺术团体或单位传授、讲解鼓舞技艺。四是促进花鼓舞与地方休闲旅游相结合。将苗族花鼓舞融入松桃及周边的乡村旅游景区，向游客展示苗族花鼓舞的艺术魅力，使花鼓舞艺术得到弘扬和发展，使其成为苗族文化产业的主力军。

（二）启示

第一，开发利用具有较高健身价值和社会历史价值的民族传统体育文化。在动作编排上，花鼓舞融入了各种动物行动的姿态和人的生产生活姿态，比如神猴拜月、金蛙戏荷、灵蛇出洞等惟妙惟肖、栩栩如生，具有仿生性特征。配合舞蹈韵律，手、头、脚、肩、腰、臀各部位在同一的节拍中高度协调，节奏感强，动作粗犷豪放、热情奔放、洒脱和谐，因而具有较高的体育健身价值。同时，花鼓舞是苗族人民社会历史生活的反映，表现了苗族人民顽强的精神和坚强的生命力。

第二，促进民族传统体育文化入校园。合理设计、精心组织，将民族传统体育文化有机融入课间活动内容之中。例如，在学校统一组织下，松桃苗族自治县一些中小学利用大课间活动时间，集体统一练习花鼓舞，由指定教师负责各个年级的指导和监督；经常组织小范围的花鼓舞"小能手"展示、技能竞赛活动，通过教师的直接指导，以及对同伴技能的模仿，促进花鼓舞技能的形成；鼓励支持学生参加学校以外的花鼓舞竞赛、展示和表演活动，以赛带练，学以致用，不断提高参加锻炼的兴趣和技能水平。

第三，打造民族传统体育文化乡村旅游品牌。树立"村落品牌"意识，打造"特色明显、品牌响亮"的旅游村落。优秀的民族舞蹈是一个民族和地区的名片，应精心设计，突出特色。一是提高游客的参与度。例如，设计一些内容简单，一学就会的动作，让游客在花鼓舞表演过程中互动参与；部分舞蹈环节内容复杂，可以让游客参与程序性动作；还可以在节目主持环节安排互动内容。二是挖掘传播舞蹈服饰文化内涵。苗族舞蹈服饰记载和反映出苗族人民的生产、生活、发展历程，比如苗族迁徙舞服饰领上有正方形饰品，两侧有两条呈八字形的长条图案，女式披衫的八字形长条多为深黄色，象征黄河。在深入挖掘花鼓舞服饰文化内涵的基础上，探究舞蹈服饰，将具有民族代表性的图案和符号印在花鼓上并进行详细讲解，加强游客对相关内容和环节的了解，吸引游客的注意力和好奇心。三是创新文化产品。加强文化创意产品的研发，调动消费者的消费需求。例如，将传统花鼓做成小型玩具，供游客欣赏和把玩，或将传统花鼓舞做成大型花鼓，在重要场合进行表演，增强视觉、听觉冲击力。

第四，加大民族传统体育文化宣传和推广力度。地方政府联合民委和旅游、文化等相关部门和机构通过电影、电视、手机、网络、书报等渠道加大苗族花鼓舞宣传力度。通过舆论引导，转化人们的心理观念，使其发自内心地认可和喜欢花鼓舞，使人们从潜意识的自发行为向有意识的自觉行为转变。同时，积极组织花鼓舞大型比赛和表演，引导花鼓舞进社区，编排动作简练、道具简易的花鼓舞，促使其融入广场舞，融入城乡群众的日常生活和娱乐。

三 需进一步采取的措施

（一）大力发展少数民族传统体育旅游

现代旅游业中民族旅游项目中的民族体育活动都是民间民众通过自身长时间积累和传承，自发地组织同民族人民在节日或者是公共场合演绎民族传统项目，这些活动普遍受到场地设施、资金多少、规模大小等多方面的制约。但一些由当地政府部门组织的少数民族传统体育活动，则能够吸引大批外地旅游观众，可以带来巨大的经济收入。一是政府部门进行整体的调控和策划。发挥政府主导作用，对相关项目进行规划、指导、规范和监督，通过加大资金投入力度来开发和利用少数民族传统体育文化资源，使民族体育旅游资源能够运营正规化、科学化和合理化。高度重视景区的基础设施建设，从而激发游客停留或重游的兴趣，增加当地消费的投入。凸显独有的民族文化特色，辩证地结合本地区、本民族的实际情况开发，打造高品位和内涵足的民族体育活动项目。二是加大民族体育文化的宣传力度。树立"民族体育品牌"意识，将花鼓舞作为单独的民族旅游项目进行开发，将其融合在民族风情表演的旅游项目中，或者作为旅游活动的附带项目，激发其应有的市场价值及开发潜力，让项目走向产业化和社会化。三是加大人力资源的开发培养力度。通过专项培训和职业教育提高相关人员在组织、讲解、表演等方面的水平，使他们能够熟悉民族体育文化资源的相关内容、展示步骤和参与方式，并能够从事国家体育旅游指南、文化表演、项目表演等方面的工作，创建一支熟悉民族文化和体育业务的专业人才队伍，将民族体育的艺术性、民族性、观赏性演绎到位。

（二）民族传统体育文化与体育教学过程相融合

民族体育要经历产生、衍变及发展的过程。其发展过程以民族体育文化为主力军，可以在体育教学中挖掘民族文化存在的独特魅力，但必须要融入民族传统体育文化。所以，注意体现它健身塑形和休闲娱乐功能的同时，项目在进行挖掘、整理、研究和传承过程中民俗风情要突出地域性。在将民族传统体育文化融入体育教学过程的同时，要结合当地的地理景观、民族风情，做好特色定位，在内容、格调、造型和色彩等方面保持原始风貌，不能过度对民族体育进行篡改和修饰，从而形成富有地域性的特色精品。具体措施可从以下三方面考虑：一是优化体育教学实施途径和组织形式。重视体育课中民族体育运动技能教学，以"目标统领内容"，有机结合民族传统体育项目，克服蜻蜓点水式的运动技能教学，合理地设计具有系统性和实效性的各水平段的教学内容；对目前学校的体育课程内容进行改革，项目以课堂教学和课外活动为主要实施渠道，激发学生学习民族传统体育的兴趣和积极性，使学生体会到学习过程的快乐。二是要合理设计、精心组织课间活动，将民族传统体育项目融入课间活动内容之中，进一步拓展技能运用的空间。三是要改进和创新课外体育活动课。课外体育活动课是体育课的有效补充，老师应组织学生自由选择喜爱的少数民族传统体育活动项目，不定期开展小规模的民族传统体育竞技活动。

（三）加快教学资源整合

第一，优化教学教材。学校应该认真选择和编写教材，教材要具有新颖的艺术体验和专业的教育知识，着重提高教材的趣味性与可行性，进而充分发挥学生的个性特长，从学生的生理特征出发选择民族传统体育的教材，体现科学性和系统性原则。第二，优化教学基础条件设施。加大资金和教育投入，对学校的教学基础设施进行更新改造，淘汰不符合教学条件的教学设备。规划校园运动场馆建设，给学生提供一个最佳的体育学习环境，全面促进民族传统体育教学质量和教学条件的提高。第三，优化师资队伍。通过鼓励自学、强化培训学习以及辅导，带动一批有业余爱好的专长教师，帮助教师更新教学理念，进一步提高民族传统体育教学业务水平。第四，德育与体育相结合。积极探索将贵州世居民族传统体育文化中的德育因素融入现代竞技体育教学的方法，认真设计民族传统体育教学的各个环节，制订切实可靠的常规教学步骤来训练学生讲文明、懂礼貌的习惯，弘扬少数民族优秀传统文化，使学生的爱国主义情感、民族自豪感得到内化与升华。

（四）促进传统体育与现代体育相结合

体育工作者在搜集、整理、传承及创编民族舞蹈和民族体育项目的基础上创新，在教学过程中结合各少数民族经典的舞蹈动作和民族体育元素，用大众化的民族音乐将民族舞蹈健身动作流畅地串联起来，形成大众容易接受且容易学习的民族健身操舞。将贵州世居少数民族传统体育文化中的技巧融入全民健身等现代体育运动之中。此外，积极组织全民健身操舞培训和比赛。让学习者在民族舞蹈和民族体育运动中达到锻炼身体、热爱体育的目的，努力形成体育比赛与体育培训相互促进的良好局面。

（五）将花鼓舞等民族传统体育纳入体育运动会项目

民族运动会是各少数民族展示自己民族特色艺术的交流平台，各少数民族都有机会将自己民族最独特有趣的项目在这个大平台上展示出来，同时民族运动会也是各民族宣传和介绍本民族传统体育文化的绝好机会，各民族将自己特有的传统体育文化项目作为参赛的表演项目参与比赛，优秀的项目可在开闭幕式上进行展示表演，让各族同胞感受少数民族传统体育文化的魅力，从而达到继承和弘扬少数民族体育文化，提升少数民族传统体育文化在全国范围内的知名度的目的。鼓励和引导社区花鼓舞训练队和爱好者参与全民健身操舞等相关赛事。参与相关赛事对花鼓舞项目的宣传推广、技术更新都有良好的促进功能。

（六）引导花鼓舞等传统体育融入大众健身活动

国家发行《全民健身计划纲要》的目的在于使广大业余群众投身并参与体育锻炼，使体育在人民群众和社会的全面发展和建设中发挥更加积极的作用。少数民族传统体育有独特的民族艺术形式和悠久的历史，民族表演项目集健身性、娱乐性和观赏性等特征为一体，这是一个非常好的集体健身活动。将其推广为全民健身计划是完全可行的，既继承了少数民族传统体育文化，又满足了人们的观赏需要，丰富了人们的生活，提高了人们的艺术欣赏水平。少数民族传统体育文化资源往往"养在深闺人不识"，所以要加大宣传力度，积极将花鼓舞等传统体育融入大众健身活动。

四 结语

开发和利用贵州世居少数民族传统体育文化，既体现了对少数民族传统体育文化的认同和继承，又能为少数民族传统体育文化注入新鲜血液，使其在现代社会中焕发光芒，社会各界应正视贵州少数民族传统体育在开发利用过程中面临的危机，统筹规划，形成贵州少数民族传统体育文化开发利用的综合措施和长效机制。

注释：

［1］朱琳、刘礼国、徐烨：《论我国少数民族传统体育文化遗产保护》，《体育与科学》2013年第5期。

［2］刘坚、吕赟、徐长红：《城市化进程中少数民族传统体育文化传承与保护》，《体育与科学》2009年第6期。

［3］夏琼华：《少数民族传统体育文化传承的教育策略》，《体育与科学》2010年第1期。

［4］梁毅：《民族传统体育文化保护机制研究》，《当代体育科技》2019年第9期，第200~202页。

［5］谭小春、宁瑾：《黔东南民族传统体育文化与乡村旅游融合发展研究》，《当代体育科技》2020年第2期，第199~201页。

［6］王洪珅、韩玉姬、梁勤超：《少数民族传统体育文化发展的生境困境与消弭路径》，《体育科学》2019年第7期，第33~44页。

［7］蔺益超、冯发金：《新时代少数民族传统体育文化发展的转型研究》，《当代体育科技》2019年第9期，第175~177页。

［8］郑泽蒙、张璐：《少数民族传统体育非物质文化遗产保护与传承方法研究》，《当代体育科技》2019年第9期，第192~194页。

贵州侗族建筑文化与传承保护研究

赵成瑜[*]

摘　要：传统民居建筑文化是民族传统民居建筑中的一个重要内容，是历史文化的物质载体，它反映了所在地区的民族文化、民族历史、民族审美等，以及居住地的气候条件和地理条件。随着我国经济的发展持续向好，现代化进程中，人们的目光大都放在新兴科技产业上，因缺乏对少数民族传统建筑文化的关注，而出现了民族化削弱，少数民族居住地民居建筑特色逐渐丧失的情况。文章以贵州黔东南州分布的侗族为例，以传承保护侗族传统建筑特色为主要内容，浅析了传统文化背景下的侗族建筑的特征，概括了当下侗族建筑面临的问题，并提出相应的解决策略，对侗族特色建筑文化的传承和保护起到了积极作用。

关键词：贵州　侗族建筑　保护传承

我们国家的少数民族侗族的主要分布区域在贵州省东南部、湖南省西部、广西北部以及湖北省恩施土家族苗族自治州等地。侗族地区的传统民居具有鲜明的地方特点和浓郁的民族特色。传统侗寨

---

　　* 赵成瑜，女，本科毕业于北京林业大学，现就读于贵州民族大学民族学历史学学院，民族学专业，民族建筑方向。

选址多于偏僻的群山怀抱之中，溪流遍地，沟壑纵横，流水淙淙。侗族传统建筑不仅包含着侗族先民的辛劳和巧思，同时还传承了深厚的传统侗族民族文化。但目前大多数侗族建筑会选择利用现代建筑材料和现代建筑技术来建造，这让侗族传统建筑的传承遇到了难题。

一 贵州侗族文化背景

（一）历史背景

侗族可能是由秦汉时期分布于广西、广东的"百越"的一支发展而成。由于迁移演变，现在主要定居在南部沿岸往内陆的区域，语言属汉藏语系。贵州省黔东南苗族侗族自治州于 1956 年 7 月 23 日成立。贵州侗族在奔涌向前的历史长河中，创造了丰富的物质财富和深刻的文化内涵，其中传统建筑这一标志性的实体，不仅仅体现了其作为贵州侗族物质文化的一面，还包含着贵州侗族的精神信仰和社会制度等。坐落于群山之间、清溪河畔的侗族村寨，与村寨中独有的极具民族风情的特色建筑，风雨桥、鼓楼、凉亭以及干栏式民居等多种多样的建筑形式，组合而成了令人神往的独特的贵州侗族传统建筑景观。

（二）自然环境

贵州的侗族主要分布于贵州省东南部，纬度较低（北纬 25 度至 31 度，东经 108 度至 110 度），属于亚热带季风湿润气候区，冬无严寒，夏无酷暑，雨热同期，这样的气候条件为丰富的植物资源打下了良好的环境基础，而丰富的植物资源也为独具特色的侗族建筑提供了物质基础。因其分布地区恰好地处云贵高原边界，地势从西北向东南由高变低，海拔相差可达 1800 米，造就了山峦重重的特殊地形。故贵州侗族村寨多地处于偏僻山区。人烟稀少，交通闭塞使侗族传统民族文化在形成和发展中少受外族影响，因此较好地保存了比较原生态的习俗风貌，同时形成了侗族独特的文化形态。侗族民间流传着数十种民族歌舞，包括侗族大歌、芦笙舞、侗戏等，体现了侗族的艺术文化之丰富。而借由生产农耕发展演变而来的民族体育项目，以及多样的民族传统食物则体现了侗族的农耕文化和渔猎文化。

（三）地域文化特色

侗族人口的传统分布地是黔、湘、桂交界地区，在清朝的时候，也有一部分侗族迁徙到湖北西南地区。直到现在，除了保留的侗族传统居住地之外，还有一小部分侗族人仍然散居在全国各地。而贵州的侗族主要分布在黔东南苗族侗族自治州的从江、黎平、榕江、锦屏、天柱、岑巩、三穗、剑河、镇远等9县和铜仁市的玉屏侗族自治县及万山区。由于独特的地理因素，贵州侗族山区素有"杉海"之称，杉木的产量很高，树干笔直，成长迅速且防腐性强，再加上侗族对杉树的崇拜，所以杉木成为传统侗族建筑常用的建筑材料。常见的侗族民居的柱、墙、屋面等结构，全都取自杉木，且杉木木材体量大，所以侗族民居有条件建造得高大宽阔，极具民族特色。贵州的侗寨多分布于江河溪流两岸，水流潺潺，穿寨而过，有多座风雨桥架在水上，供人们休憩通行。在用地比较紧张的村寨，还能看见有些侗族民居建于水上，以留出宝贵的耕地用于生产，此外还能兼顾防火。另外，粮仓也时常建于水上，不仅防鼠，还能防盗、防火。正是这种独特的地理环境，以及极具特色的物产资源，加上侗族千百年来形成的文化，才造就了侗族建筑的独特魅力。

二 贵州侗族传统建筑特点

（一）民族及地域特征

贵州侗族传统的少数民族民居浓郁的民族特色和它的地理环境密不可分。贵州侗族处于亚热带季风性湿润气候区的群山之中，植物资源丰富，这不仅支撑了其农耕文化，茂密的森林也为贵州侗族的木结构建筑提供了材料。加上地处偏僻，交通不便，与外界交流甚少，长此以往，贵州侗族文化独自灿烂发展，从百越之中渐渐形成了具有自身鲜明特色的文化。

贵州侗族喜好在有河流穿过且地势相对平坦的山脚选址扎寨，这些地方夏季闷热潮湿，为了防虫、防蛇、避开地面的潮湿，贵州侗族传统民居多于楼下饲养牲畜，楼上做日常起居的吊脚楼形式，由下至上，层层出挑，越建越大，尽可能地少占地面空间，留出耕地。这些传统民居建筑每一层都有挑廊，廊上装有栏杆或者栏板，由于廊上采光较好，居家的侗族妇女会在廊上进行刺绣等生产活动。这种特殊的挑檐较远的结构，不仅有利于保护地基，还能利用檐口晾晒衣服和粮食。

（二）文化多元性

贵州侗族有着丰富多彩的传统文化，这些文化都能在其建筑语言上得到体现，为世人熟知的鼓楼就是一个很好的例子。鼓楼作为贵州侗族村寨的标志，造型大气，结构精妙，不用一根铁钉，靠榫结构相连，紧密无隙、稳定牢靠。形式上也有好几种，平面投影有四角、六角、八角的；层数有三层、五层，甚至十一层等单数，形似宝塔阁楼，造型端庄大气，虽然外部看起来有很多层，但实际上只有地面一层。鼓楼立于侗寨之内，高耸于雾霭之中，形似一棵杉树，因楼中放置鼓而得名。村寨有重大事件需要聚集，或者寨老议事的时候，往往通过在鼓楼击鼓召集。鼓楼多建于寨中广场之上，和其配套的广场成为寨民平日的娱乐场所以及节日的集会场地。贵州侗族的文化与鼓楼密不可分，重大的活动都在鼓楼里举行，可以说鼓楼承载和体现了侗族文化。

对祖先、神明以及图腾的崇拜在少数民族中很常见，侗族也不例外，而这些崇拜影响之下的文化观念也对侗族建筑的形成有着深远的影响。侗族信仰物灵，崇拜生殖繁衍，这其实就是一种典型的自然崇拜和生殖崇拜的表现形式。杉树与侗族的生存发展有着十分密切的联系，杉树因茂盛的生长力而成为侗族追求生殖繁衍的精神类比物。同时，杉树又是侗族最原始的巢居和演进之后的干栏式民居不可或缺的材料，于是杉树也就自然而然地成了侗族自然崇拜和生殖崇拜的对象。

除此之外，侗族村寨选址理念讲究山水配置，也信奉风水学说，这在一定程度上体现了侗族人民对生活平安，风调雨顺的愿望。不仅如此，侗族的祭祀建筑也充分展现了侗族人民对自然神明的崇拜。大到整个村寨的规划上来说，风雨桥、鼓楼等公共建筑的选址都遵循了一定的风水原则，而这些公共建筑内部也有祭祀用的神龛。小到各户民居，大厅最正中间的位置被认为是尊贵的象征，供奉着祖先，在重要的日子会祭祀祖先，以求祖先保佑诸事顺利。

贵州侗族村寨的整体氛围、建筑表现、饮食、服装细节等方面，均是侗族特色文化的体现。纵观整个侗寨，其各个传统单体建筑并非孤立存在的个体，他们是贵州侗族历史文化、图腾文化、农耕文化、经济生活多元结合的一个体现，不仅是侗族人民日常生活不可或缺的一部分，也是贵州侗族所传承的思想特质的一张名片。

（三）典型代表

贵州侗族传统建筑聚落中鼓楼、凉亭、风雨桥最为出色，不用钉铁，工艺精湛，也被称作侗族建筑的"三件宝"，有侗寨的地方必有一栋鼓楼。明代邝露作的《赤雅》中有相关记载："以大木一株，埋地作独脚楼，高百尺，烧五色瓦覆之，望之若锦鳞矣。"所描述的即是鼓楼的古老式样，保存至今的贵州黎平鼓楼就是历史文献记载的实证。鼓楼的地面那一层平整开阔，四周用木栏杆围合，还放置有木条凳供休憩集会所用，中间有石砌火塘，每逢佳节此处便是全村老少的娱乐场地。鼓楼顶部，装饰有宝葫芦，瓦檐上彩绘或者雕塑有花草虫兽等图腾，这些图腾寄托了对寨子吉祥平安的期望。至于鼓楼的功能作用，普遍的说法是，鼓楼是侗族村寨寨老、村民聚会议事的场所，古时可能还具有击鼓传递信息的功能。鼓楼作为贵州侗族建筑实物档案，不仅传承了历经上千年的侗族传统文化，也是贵州侗族人民的生活印象，是民族精神的载体，是信仰的图腾体现，是人民认识和交流思想观念的场所。

风雨桥，也叫花桥、福桥，传说它由白龙变成，故也称"回龙桥"，是侗寨典型建筑之一，其一般构造方式是，先用石头在河中砌好桥墩，之后用大木架设在砌好的桥墩上作为桥梁，再在桥梁上铺好木板做桥面，立好长廊，长廊两侧有栏杆以及供休憩的长凳，屋顶多是重檐小青瓦屋面。风雨桥不论建造手法还是使用功能上都结合了桥梁、长廊、亭、阁这些形式，在满足了基本的通行功能以外，还能遮风避雨，同时也是侗族少男少女们谈情说爱的好去处。风水角度上，风雨桥都建造在各村寨的"水口"（《入山眼图说·水口》曰："凡水来处谓之天门，若来不见源流谓之天门开，水去处谓之地户，不见水去谓之地户闭。夫水本主财，门开则财来，户闭财用不竭。"）之上，以遮蔽"水口"，即"锁水口"，体现了侗族人民财源兴旺的美好愿望。

凉亭，作为贵州侗族建筑的"三宝"之一，虽然不如风雨桥、鼓楼那般名声在外，但其在贵州侗族公共建筑中的地位也不容小觑。

由于地处山区，交通闭塞，侗族人民出行多靠步行，而造型朴素的凉亭修建于山路边，为疲劳的旅人提供休憩乘凉的场所，虽不如其他建筑那么华美，但注重实用。凉亭内掘有一井，抑或是内置一木桶，有热心的村民挑来山泉水放入木桶中，供歇脚的人解渴，此外凉亭中还备有草鞋，供鞋子坏了的行人更换。侗族人民热心体贴，其文化中的人文关怀在此体现得淋漓尽致。除了山路两旁，田野边上也修建凉亭，供从事生产的村民休息或交流生产经验用。结构虽然简单，却很结实耐用，同时也为侗族人民日常生活带来许多便利。

干栏式建筑是侗族常见的民居建筑形式。贵州的侗族民居多为两到三层，最下面一层不是居住用，而是圈养牲畜或者存放饲料柴草、锄头镰刀等生产工具，或一些不常用的生活杂物。至下而上层层出挑，每一层也有廊挑出，妇女们往往喜欢在此处进行手工劳动，窗沿下借着出挑的屋檐架有晾衣竿，晾晒织物。建筑平面多为对称形式，两边为卧室，中间为主厅，不仅供奉有祖先的牌位，还设立有火塘，火塘上有架子，可烹饪食物或熏烤腊肉。阁楼按需可作卧室，也可作仓库，存放一些粮食，由于楼下有火塘，故作为仓库的阁楼干爽通风，很适合保存粮食。

萨坛是侗族奉祀"萨岁"专用的建筑，按其形式从简至繁可分为土丘式、屋宇式和混合式三种。土丘式萨坛外形为一隆起的圆形土包，周围砌筑石块，好似一座普通的坟冢。屋宇式萨坛则是以一栋专门建造的小体量的木屋作为奉祀萨岁的神坛，内设神龛，同时插有一把半开合的红纸伞，颇具神秘感。萨坛其外形看起来虽很简单，与高大的鼓楼、华美的花桥难以媲美，但如果就侗族人民心中的精神地位而言，萨坛则是不可忽略的重要存在。侗族人认为萨岁是侗族人的始祖，侗语的意思是"祖母"，是侗族传统信仰中的女神，她主管着生育、婚姻、生产和自然。天地、自然是早期人类文化中最为普遍的崇拜对象，先民们认为大地乃自然之母，天地交感产万物生灵，并将人类之母与自然之母进行类比，祈求人类的生殖繁衍像天地自然一样生生不息。自然崇拜、生殖崇拜和母系崇拜往往是重叠的，因此，侗族的这些崇拜都集中体现在对"萨岁"的崇拜上。

戏台。通常贵州传统侗族村寨里面的戏台、鼓楼、广场是配套存在的一组公共设施，因此也有"无台不祠"的说法。且鼓楼的附近就是戏台，多为单面双层，观赏面朝向鼓楼，均为杉木建造，下层是封闭的建筑，上层是表演舞台。虽然看起来造型比较简陋，但逢年过节均会请来戏班在村里的戏台上表演侗戏。例如贵州黎平的肇兴侗寨，寨中有五处鼓楼，每一处都有一座戏台与之相邻，充分体现了贵州侗族人民对集体娱乐活动的重视。

三　贵州侗族传统建筑的功能

（一）经济功能

在美丽乡村的背景下侗族传统建筑的经济功能促进交通的规划建设，以及旅游开发。旅游业作为具有潜力的综合性产业，正在少数民族地区蓬勃发展，不仅能为当地居民提供数量可观的就业机会，还能借此提高人们对传统侗族建筑的重视。少数民族主题的旅游项目自然少不了载歌载舞的环节。在风雨桥、鼓楼、凉亭等处表演侗族传统节目，例如侗族大歌、吹芦笙、踩歌堂等。也正因有了这些美丽的建筑作为舞台，游客才更有了一种置身于民族风情之中的感觉。还有侗族匠人将各种手工艺品拿到那里出售。许多侗族民居建筑房屋甚至成为获取经济收入的手段，吸引了大批游客前来了解侗族建筑文化。利用丰富的文化遗产去改善物质上的匮乏，"多彩贵州"旅游的卖点之一就是贵州有着大范围保存较好的原生态少数民族环境，而侗族具有一定规模的村寨，独具民族特色的建筑文化所蕴含的旅游经济潜力值得挖掘。

（二）教育功能

侗族传统建筑的教育功能包括隐性教育和显性教育两种，隐形教育是我国古人很早就重视的一种教育方式，在人不自知的情况下，对其思想观念、道德价值、情感态度等产生影响。被教育者从其自身所处的社会环境、日常氛围及为人处世中无意识地接收到特定的信息，而这些信息将对其思想有一定的影响。建筑的隐性功能是指侗族建筑的造型、彩绘和雕塑等装饰手法所体现的潜移默化的教育作用。侗族建筑的材料主要是以杉树为主，侗村寨筑的造型别出心裁，像一张千丝万缕的大网，象征着侗家人的团结。且建筑上彩绘的题材也很广泛，主要包括生产生活的写实题材，例如耕种、织布、狩猎、捕鱼、斗牛、踩歌堂等生产和生活的场景；也有对大自然的追求的题材，例如山、水、鸟、葫芦、花、草、虫、鱼等。而雕塑主要有神龙、仙鹤、虎、凤凰等神话动物。这些动物体现了侗族人民对原始的神明和图腾的崇拜，也寄托了他们对生活风调雨顺、五谷丰登的祈祷。

显性教育是指充分利用各种公开手段、公开场所，有领导、有组织、有系统的思想政治教育方法，具有集中组织、目的明确、有一定强制性等特点。侗族建筑的显性功能是指在闲暇时光、茶余饭后，在一些侗族传统建筑里面向长老学习侗族传统文化知识，例如刺绣、芦笙、侗歌、舞蹈、侗族神话传说、历史事件等。

（三）休闲娱乐功能

农闲的季节，侗寨的男女老少聚集在一起，有的年轻男女坐在火塘边闲聊；老人中有的下围棋，有的打纸牌，有的在旁边抽着旱烟观看；年轻妇女有的在这里绣花，有的在闲聊家常，在闲聊中加深了感情，也愉悦了心情。每逢佳节，侗族人民穿上盛装，在这里载歌载舞，开展各类体育娱乐活动。春节，侗族人民还有一个习俗叫"月耶"，活动期间，人们会于特定的地点，如风雨桥、鼓楼等场所进行弹唱、对歌。这些极具民族风情的娱乐活动，不仅是侗族人民茶余饭后的消遣，也必将成为民族旅游文化重要的一部分。

四 贵州侗族传统民居建筑的现状与面临的问题

（一）贵州侗族传统民居建筑的价值

少数民族传统建筑的价值分为两个层面，第一层面是表面的文化现象，就是作为一个建筑它所采用的技艺、材料、工艺以及建造方式等，可以说是一种物质的体现。第二层面是深层次的文化内涵，即物质外象所承载的民族习俗、民族信仰与民族精神等。在侗族村寨里，可以看到各种各样、千姿百态的"宝塔""宫殿"等，都是极具特色的木楼。其室内的陈设、柱头的装饰、瓦檐上的图案等从不同角度反映了侗族民族文化的各个方面，承载了侗族人民对各种图腾祖先的崇拜，以及对美好生活的向往。

（二）贵州侗族传统民居建筑的现状

黔东南苗族侗族自治州，位于贵州省东南部，地处云贵高原向湘桂丘陵盆地过渡的地带。特殊的地质条件导致了交通不便，与外界缺乏交流联系，信息闭塞。再加上，各个村寨分散于不同山涧，其在漫长的历史过程中所形成的传统文化较为独立且完整地保存了下来。其建筑形式主要保留了传统的干栏式楼房、侗寨鼓楼和风雨桥的建筑特点，多为木结构，这样的建筑形式随着时间的推移，在干湿交替冷热变换的环境下其耐久性欠缺。再加上人们缺乏保护意识，无节制地乱砍滥伐，导致木材缺乏，环境破坏严重。在侗族传统建筑被保护之前，居住在侗寨中的人们对自己所居住的建筑是缺乏自信的，更不能理解其中潜在的旅游经济价值和文化价值，他们更向往建造周期更加短的砖瓦结构房屋，这导致了很多侗寨建筑逐渐消失，大面积的干栏建筑很少能看到了。

（三）贵州侗族传统民居建筑面临的问题

随着经济的发展，贵州侗族建筑文化在外来文化的影响下，一些建筑工艺被异化，部分村落受商业利益驱动，原有的侗族建筑文化被异化甚至被庸俗化。不仅保护力度不足，传统建筑工艺的传承也成了躲不开的一个问题。贵州侗族一代代的建筑匠师都是以师徒的形式延续下来，人数相对较少。随着经济的发展，侗族人民渴望脱贫致富，村寨里大多数中青年外出求学和务工，留守的人又忙于生计，因此几乎找不到愿意学习的人。在这样无人传承的情况下，侗族传统建筑面临着技艺失传的问题。再加上新住房更加偏好砖混结构，老旧的木结构民族传统建筑逐渐被淘汰，新的侗寨也和别的新农村一样，是千篇一律的农家住房，再不具有那种独具特色的传统风貌。形式上的衰败，必然会影响到贵州侗族建筑文化的传承与发展。

五　贵州侗族传统民居建筑的保护与传承

（一）贵州侗族建筑的保护

贵州侗族的传统建筑多为"干栏"楼房，以杉木、树皮、土砖、土瓦、石材等材料为主，可是木材耐久性有限，加上年久失修，很多传统建筑已经处于使用寿命末端，因此对贵州侗族建筑传统工艺的传承迫在眉睫。此外木结构建筑还有失火烧毁的风险，而且古建筑群间隙小，不利于消防车作业。2014 年 1 月，已有 300 多年历史的报京侗寨突发火灾，受损极其严重。国家也非常重视非物质文化遗产的保护，中国建筑界对地域性特色的传统村落、传统民居、传统文化进行了相关的保护、传承与发展研究。侗族木结构建筑的建造技艺被列入第一批国家非物质文化遗产名录，也给侗族建筑特色与保护传承带来了深刻的影响。除此之外，还应多加强对传统村落周围的环境保护，尽早制定完善的保护计划。

（二）贵州侗族建筑的传承

贵州侗族建筑的传承是建立在对其保护的基础之上的，而保护的基础则是建立在对侗族传统建筑营建手法的了解之上。不仅如此，还有侗族的文化特征以及民族特性，都将成为指定保护方案的重要依据。

在保护的过程中要制定和遵循修缮原则。第一，坚持原样性地修缮，利用科学的方法进行保护。因此，侗族传统建筑在修缮过程中，应该在条件允许的前提下，尽可能地采用传统的材料和工艺，这样才能保存其文化价值。此外，要坚持传统的工艺和形制。侗族特色建筑是少数民族传统建筑文化的一个写照，不需要对其进行二次创作，只要保持它的原貌即可。第二，从侗族传统建筑文化习俗和传统建筑逻辑思维出发进行保护。侗家人在建筑建造的过程中有许多仪式。比如在选基时要先祭土神、山神、始祖，之后方可落基；在砍建房所用的树时要物色好材山后，带着鸡、酒以及香烛纸钱，到山上找一棵准备作中柱的树作祭祀山神的仪式，巫师把吉词念完之后，象征性地挥动斧头砍树，仪式结束，众人才能将树砍倒。修缮的过程中还应该注意不能丢弃古人的一些因果逻辑，这样才能了解建筑建造时的初衷，做到原样修复。第三，注意民族特色和地域文化的结合。应从整体的观念分析掌握建筑文化整体规律，从侗族的建筑特色出发，结合侗族历史文化，扎根于侗族文化进行修缮。此外，传统技术的传承也是极为重要的，虽离不开高科技的各种手段，但传统手工艺人的作品更具质朴的人文气息，也更容易让使用者身临其境地体会到文化的魅力。第四，要重视技术的传承和专业人员的培养，要培养出新一代的传统建筑修缮技术的专业化人才，不仅仅是在物质技巧方面能够体现侗族传统文化，还应该适应新的科技材料，能完美地将文化融入其中，这样才能让具有民族特色的建筑可持续发展的同时，传承民族传统文化。

传统侗族建筑成长于侗族文化的怀抱之中，是侗族文化的体现。著名建筑学家李允鉌在其《华夏意匠》一书中提到，"建筑不仅是人类全部文化的一个组成部分，而且还是全部文化的高度集中。某一时代整个社会倾全力去建造的有代表性的一些重大建筑物，必然反映出当时最高的科学技术、文化艺术水平。反过来说，要了解一种建筑形式，一个建筑体系，也就首先要了解和研究产生它的历史文化背景"。只有在此基础上才能兼顾传统建筑的保护与传承，让民族建筑在发展的道路上越走越远，越走越好。

六　结语

贵州侗族没有文字，但是其历史和文化都通过精妙的侗族建筑展现在世人眼前，山林间静静伫立的侗寨仿佛喃喃低语着它的过往。它不仅承载着侗族人民的往事云烟，还关系着侗族未来的发展方向。它不仅为中国传统建筑的研究提供了丰富的资料，还是体现我国民族多样化不可缺少的重要部分。

当下，贵州传统侗族村寨急于发展旅游的思路使对其传统建筑的保护和传承迫在眉睫。一方面要让侗族人民认识到他们自己的文化是多么令人羡慕，鼓励他们去学习和传承传统的建造技艺，了解自己的文化，不要一味地追求快捷，建造一些所谓的"侗族建筑"，反而丢失了真正有价值的东西。另一方面，外界应该多给予鼓励和支持，以更好地传承贵州侗族传统建筑。

参考文献：

［1］代幼谷：《云南少数民族传统民居的建筑特色与传承保护》，《中国民族博览》2018 年第 8 期。

［2］杨广文、张永权：《陇南特色古民居建筑保护与文化传承研究》，《美术大观》2015 年第 9 期。

［3］王利俊：《"一带一路"国际视阈下草原特色建筑文化的保护利用与传承创新》，《中国建设教育》2019 年第 3 期。

［4］王成：《西南地区少数民族传统民居的建筑特色与传承保护研究》，《艺术教育》2018 年第 21 期。

［5］卜晔婷：《侗族传统建筑与聚落研究综述》，《中外建筑》2018 年第 9 期。

［6］郭静：《侗族建筑伦理研究》广西民族大学，2018。

［7］张育齐：《贵州玉屏侗族传统村落的保护与文化传承初探》，西安建筑科技大学，2018。

［8］蒋馨岚：《侗族建筑文化遗产研究》，华中师范大学，2009。

［9］汤建容：《侗族建筑档案整理与研究》，《城建档案》2014 年第 5 期。

［10］任娜、张一兵、鞠雅喆、王蕊：《解析侗族传统建筑》，《江苏建筑》2009 年第 1 期。

［11］祁伟成：《中国古代建筑的修缮原则及技术传承》，《中国文物报》2012 年 7 月 27 日第 6 版。

［12］李允鉌：《华夏意匠》，天津大学出版社，2005。

［13］欧阳伟华：《侗族鼓楼建筑艺术的文化变迁及社会功能》，《百色学院学报》2017 年第 5 期。

［14］石开忠：《新中国成立的五次人口普查侗族人口的发展》《贵州民族学院学报》（哲学社会科学版）2006 年第 5 期。

［15］谢海燕：《高校思想政治教育"政治在场性"探究》，《淮阴师范学院学报》（哲学社会科学版）2019 年第 6 期。

［16］瞿飞、文林宏、范成五、刘桂华、秦松：《不同母质土壤重金属含量与生态风险评价》，《矿物学报》2020 年第 6 期。

浅析黔菜文化资源的开发[*]

刘　宸　梁　海　廖玉莲[**]

摘　要：作为贵州省的特色文化资源，黔菜具有重要的资源开发价值。从相关研究成果来看，对黔菜文化渊源和内涵的研究还有继续深入的空间，对黔菜文化资源开发的实证研究也还有待继续加强。从实践来看，黔菜文化资源的市场价值和文化价值均有待进一步的开发。基于当前黔菜文化资源理论研究和开发实践的现状，本文提出：应当深入发掘黔菜文化，重视黔菜文化的资源转化；全面考察黔菜文化发展的现状，诊断黔菜发展中的关键问题；以品牌建设为切入点，探索黔菜文化品牌的建构路径。

关键词：黔菜　文化资源　贵州

贵州地处云贵高原，具有典型的喀斯特地貌特征。境内多为高原山地，平整地面极为稀缺，大部分地区被山脊与河流切割成零散的地块，超过九成面积为山地和丘陵，自古有"八分山一分水一分

＊　本文为四川省教育厅人文社会科学重点研究基地——川菜发展研究中心课题"贵州黔菜文化 IP 建构研究"（项目编号：CC19G18）研究成果；本文为多彩贵州协同创新中心 2019 年后期资助项目研究成果（项目编号：DCGZXTCX2019-21）。

＊＊　刘宸，贵州民族大学讲师，研究方向为民族文化与文化资源开发；梁海，贵州民族大学人文科技学院学生；廖玉莲，贵州民族大学人文科技学院学生。

田"之说。早在先秦时期，就有大量的先民定居在云贵地区。在历史的发展过程中，各族同胞先后进入这片土地，在生产生活的交流、交融过程中产生了丰富多彩的区域文化。在贵州珍贵的历史文化宝库中，饮食文化是最为活跃的构成部分。饮食文化是人们在世代传承的味觉习惯中保留的历史记忆，是生活实践中活态承袭的传统习俗。因此，黔菜文化是贵州文化中极具代表性的内容。

一 黔菜文化资源的研究情况

黔菜是西南地区饮食文化的重要构成，是贵州民族文化与汉族文化交流的重要文化成果。同时，贵州临近川渝地区，黔菜文化受到少数民族文化、川菜文化和汉族民俗文化等多个方面的影响。故目前关于黔菜及黔菜文化的研究主要有以下几个方面。

（一）民族饮食文化视角的相关研究

当今的贵州文化是汉族与少数民族文化交流交融的产物。黔菜也受到了贵州少数民族饮食文化的巨大影响。饮食文化是民族文化的重要构成部分，很多对贵州民族文化的研究都对民族饮食进行了探讨。侗族、苗族、布依族是贵州省人口较多的世居少数民族，对于这三个民族饮食的研究最为丰富。李翠婷对贵州黔北地区的仡佬族饮食文化进行了研究，以民族学的研究视角分析了民族饮食在社会交往互动中的社会文化意义。黄有曦探讨了生活环境、当地农作物等物质条件对贵州侗族饮食文化形成的影响。祝元梅则对安顺地区的布依族饮食文化进行了研究，分析了自然、社会、文化环境对当地布依族饮食文化的影响，并提出了借助饮食文化资源助推当地社会经济发展的政策建议。马超对贵州民族饮食习俗进行了研究，从民俗文化的角度审视了苗族饮食文化与社会文化之间的辩证统一关系。关于贵州民族饮食文化的研究成果非常丰富，但是多数研究都是以民族学、社会学、人类学等研究视角进行的，对于民族菜肴的专门性研究比较少。

（二）黔菜中川菜文化的影响

四川物产丰富，社会经济发展较好，饮食文化资源丰富，文化辐射力强。与之毗邻的贵州，特别是贵州黔北地区的饮食文化受到了川菜的重要影响。因此对于川菜与黔菜关系的研究也非常重要。吴茂钊梳理了秦汉、清代、民国等历史时期中，川菜文化在贵州的发展及其对黔菜产生的影响，指出川菜在贵州发展不顺的原因，提出了在贵州再度振兴川菜的建议。事实上，川菜和黔菜在口味取向、烹饪技法和文化风貌上有着很多共同特征，这是川黔文化交流的重要的成果。例如，著名川菜宫保鸡丁也是黔菜中的重要构成。但是，目前对于川菜文化和黔菜文化共同内涵的研究还不多见。

（三）黔菜文化资源开发的相关研究

对于黔菜文化资源开发的研究非常多，但是目前的研究视角主要还是集中在旅游开发和餐饮业等直接相关行业中。杜青海提出了要促进黔菜在省外地区的发展问题，由"黔货出山"政策命题延伸出"黔菜出山"的概念。贺菊莲认为需要重视对黔菜进行文化包装和黔菜新品开发，以打造黔菜品牌，推动黔菜的市场化发展。胡涓则提出了，黔菜文化品牌的建构应当着力于生态健康的角度，突出黔菜食材及处理方法上的生态自然特点，以在竞争激烈的饮食消费市场中获得优势。杜成才认为，贵州独特的黔中屯堡文化是黔菜重要的历史文化依托，应当借助黔中屯堡文化的社会影响，拓展屯堡饮食的旅游开发价值。

（四） 黔菜文化相关研究的不足

上述对于黔菜文化的研究是十分重要的，这些研究为黔菜的内容开发与商业推广奠定了重要的材料基础和分析理论。但是，在文化保护与资源开发相协调的语境下，目前对黔菜文化的研究还有很多值得深入开展的方面，具体如下。

1. 关于黔菜内涵的系统性研究较少

黔菜是 20 世纪 90 年代才提出来的"概念"，黔菜作为贵州民族地区的文化产物至少受到了民族饮食文化、汉族饮食文化和地方民俗饮食文化三个方面的影响，并在发展过程中受到川菜文化的重要影响。因此，黔菜是民族文化与地方文化交流、融合发展的结果，但是关于黔菜的内涵和黔菜的边界问题尚未形成统一的共识，这就为黔菜文化品牌的建构带来一定的困难。

2. 文化产业整体性视角的黔菜研究缺失

目前的黔菜文化研究和黔菜文化资源开发的研究尚未形成合力，仍然存在黔菜文化与黔菜产业研究各自为战的情况。一方面对黔菜文化本体的研究还缺少现代商业语境的视角和文化产业的研究导向。虽然黔菜文化研究体现出了一定的深度，但是尚没有将黔菜文化置于现代产业语境下的研究。另一方面，关于黔菜商业经营的相关研究也主要着眼于市场微观主体的经营，或者以餐饮业、旅游业的行业视角对黔菜经营实践进行审视。黔菜作为重要的文化资源，需要将黔菜文化置于文化产业开发的语境中加以看待，也就是要将黔菜文化自身与当代社会的经济、文化环境结合起来，进行解读和分析，才能探索出黔菜文化在当代文化产业中的准确定位。

3. 关于黔菜文化资源发掘的研究较少

在目前的黔菜文化研究中，黔菜的社会符号消费属性已经被学界注意到。但是，关于黔菜文化资源发掘的研究还比较少。特别是，尚没有关于黔菜文化资源与黔菜文化品牌关系的研究。文化品牌的基础是文化资源，对黔菜文化资源的充分发掘是打造黔菜文化品牌的重要前提。文化品牌具有资本属性，是能够参与市场运作的生产要素。作为一个整体，黔菜的文化内涵十分丰富，在改革开放四十余年的市场化进程中已形成了一批具有知名度的黔菜企业，但是对黔菜文化资源开发及文化品牌建设的研究仍然有待进一步加强。要推广黔菜文化，形成完整的黔菜文化产业，必须对黔菜的文化资源属性和文化资本属性进行研究，积极探索黔菜的品牌化发展道路。

4. 具体运用研究较多，总体视野的理论性研究较少

黔菜文化的博大精深与黔菜文化的市场化实践之间还存在着一定的差距，目前对于黔菜文化资源的开发主要在黔菜的实用消费价值的方面，而黔菜文化所具有的巨大符号消费价值尚未完全开发，这限制了黔菜文化的产业化发展。在相关的实证上，文化内涵研究和市场运用研究又存在着相对分离的状态。应用型的研究主要集中于操作性、实践性和具体性研究上。而对黔菜文化内涵的研究又主要集中于对黔菜文化本体的文化研究和历史研究。因此，将黔菜文化资源与黔菜市场开发的研究统一到文化品牌建构的研究视野中是有所裨益的。

二 黔菜文化资源开发的现实环境

良好运行的社会经济是饮食文化发展的重要经济基础，而餐饮行业的发展状况更是影响饮食文化的直接因素。改革开放四十余年取得的发展成果为中国饮食文化的发展奠定了坚实的基础，饮食文化相关行业在体量、结构和所占经济比重等方面的发展速度持续加快，这些为黔菜文化资源的开发提供了重要前提。

（一）餐饮行业整体发展速度快，体量增长明显

中国餐饮行业的蓬勃发展是中国经济社会发展成果在居民饮食生活中的直接体现，并与中国城镇化发展进程密切相关。因为，餐饮行业是现代城市快节奏生活的支撑性服务行业，当代都市每天24小时全年365日轮替不休的生产、生活节奏，以及高度专业分工的经济模式极大压缩了家庭生活的时间，传统家庭饮食从过去的基本生活构成部分逐渐变成了一种当代生活的补充和调剂形式。这就促使餐饮行业在现代城市生活中作用越发重要，并构成了经济生活的重要成分。就世界范围来看，服务性行业是发达经济体的重要构成，承载着吸纳就业人口、提供城市服务、繁荣消费经济等重要功能。而餐饮行业作为服务性行业的重要构成部分，起到了衔接相关产业和传承饮食文化的重要作用。

在改革开放的大潮中，餐饮行业在我国经济发展中异军突起，相比于改革开放之初，2018年我国餐饮业增加值增长了700倍；从业人数从104万人增加到了3000余万人；经营网点从12万个增加到465万个。中国餐饮业不仅在规模上发展迅速，在经济结构中的相对比重也迅速增加。四十年中，餐饮业在经济结构中的比重增加了近10倍，已经十分接近支柱产业的经济比重。与之相伴的就业人口增加和经营网点的铺开更是为社会主义市场经济的持续发展提供了有力的支撑。

（二）餐饮行业细分市场发展迅速，周边产业关联度不断提高

在餐饮行业整体规模持续扩大，服务水平不断升级的过程中，餐饮业的市场结构也在朝向精细化的方向发展。纵向来看，高中低各层次的餐饮消费市场得到了较为充分的发展，以各消费层次为目标市场的规模化餐饮企业大多实现了连锁经营模式。横向来看，全

国各主要区域的餐饮文化都产生了相应的规模化餐饮企业。传统八大菜系都产生了相应的规模化餐饮企业。特别是以川菜为代表的西南饮食文化更是风行全国，在中餐市场中的表现十分突出，依据中国产业信息网的统计，2018 年火锅和川菜是市场占有率最高的菜系，分别约占中餐市场份额的 13% 和 12%，比紧随其后的粤菜高出50% 以上。同时，粤菜、浙菜等菜系的市场占有率虽不及川菜，但是这类菜系在餐饮市场中长期占据高端消费市场的重要份额。在长期的市场运营中，粤菜、浙菜等菜系逐渐成为高端餐饮消费的重要代表性符号。这种整体市场形象的建立和固化，十分有利于推广以粤菜、浙菜等为代表的东部地区传统文化，形成区域文化资源的相对优势地位，进一步巩固东部发达地区的文化优势地位及相应的文化产业优势。从文化产业发展的角度来看，拥有高端餐饮文化形象的江浙地区的文化产业增加值更高，而作为西部地区省份，贵州文化产业增加值及其占社会经济的比重还相对较小。例如，2017 年，拥有"本帮菜"文化资源的上海文化产业增加值达到 2081.42 亿元，占地区生产总值比重为 6.8%。同期贵州省文化产业增加值约为 460亿元，占地区 GDP 的比重约为 3.37%。在市场经济体制深入发展的过程中，以餐饮文化为核心的餐饮行业与文化创意、文化旅游、商品零售等相关行业的联系正在不断加深。

（三）黔菜文化内涵丰富，市场化发展速度有待提高

虽然黔菜的文化内涵丰富，历史渊源较为久远，但是以黔菜为主题的贵州本土餐饮企业发展却相对滞后。其一，以黔菜为主要经营范围的餐饮企业大多局限于贵州本土市场，在全国范围内的影响力还极为有限。贵州知名的花溪牛肉粉、雷家豆腐圆子、肠旺面、酸汤丝娃娃、水城羊肉粉等本土特色饮食尚未打开全国性的市场，存在着"酒香也怕巷子深"的发展瓶颈。其二，黔菜资源的开发还

需进一步深化。从消费市场分层来看，黔菜的菜品体系尚需要进一步调整补充。作为零食的小吃类黔菜因其特色突出、价格亲民而备受一般消费者的欢迎。但是在中高端餐饮消费中，黔菜的菜品类别就略显单薄。虽然一些黔菜企业采用了引入其他菜系菜品的方式加以补充丰富，但这又可能产生稀释黔菜文化内涵的效果。其三，跨区域的餐饮行业竞争为黔菜企业带来挑战。湖南、四川、重庆等省市的饮食习惯和味觉偏好与贵州有较多的共通之处，而这些地区的餐饮行业规模化水平又高于贵州。[①] 川渝湘地区的规模化餐饮企业不仅在全国餐饮市场中占据着重要位置，在贵州本土的餐饮市场中也分走了相当大的市场份额，进一步压缩了黔菜企业的生存空间。

目前，黔菜发展中面临的困难与贵州丰富的民族民间特色饮食文化资源形成了强烈的反差。总体上，贵州拥有较为丰富的饮食文化资源，但是由于缺少强有力的饮食文化品牌，黔菜的市场化发展进程受到影响。

三 黔菜文化资源开发中值得关注的方面

通过对中国餐饮行业的市场分析和黔菜文化相关研究的梳理，可以发现若干问题：一是黔菜文化资源内容丰富，具有较大的市场潜力；二是国内餐饮行业发展迅速，市场体量巨大；三是在餐饮行业细分市场竞争日趋激烈的背景下，黔菜资源的开发程度还有待加强。为加强对黔菜文化资源的开发，利用本土文化资源助力地方经济腾飞，应当注意以下几个方面的问题。

[①] 在由中国商业联合会、中国烹饪协会和中华全国商业信息中心联合评选的中国餐饮100强企业排名中，以及由世界中餐业联合会、红餐联合发布2018年的中国餐饮品牌力100强榜单中，四川和重庆的餐饮企业占据了西南地区入围企业的90%以上。

（一）深入发掘黔菜文化，重视黔菜文化的资源转化

黔菜文化丰富的内涵是贵州特色文化资源的重要构成部分，但是黔菜文化资源的发掘程度还比较有限，需要进一步深入。由于历史原因，黔菜文化的内涵构成比较复杂，包括了汉族传统饮食文化在贵州地区的发展成果、贵州少数民族的传统饮食文化、传统地方饮食文化在当代社会中的新兴形式、民族饮食文化交融发展的新成果等若干内容。可以说，贵州多元民族文化的社会基础赋予了黔菜文化丰富多彩的内涵，现代社会的高速发展给予了黔菜文化动态的外在形式。但是，这种多元性与动态性也为黔菜文化的界定与发展带来了客观困难。首先，黔菜内容上的丰富性造成了黔菜准确界定的难度。例如，黔菜中包含的一部分汉族传统菜式在食材运用和处理方式上与中原地区非常接近，既可以视为黔菜的内容，也可以看作是中原菜式在贵州地区的变异。其次，黔菜中的一些民族特色菜式跨越了多个省份，可以视为黔菜，也可以看作多个省份共有的民族特色菜式。最后，黔菜是一个较为年轻的饮食文化概念，在我国餐饮文化中的知名度和影响力远不及八大传统菜系。[①] 目前，黔菜在餐饮行业的市场竞争中尚未形成明显的竞争优势。

虽然黔菜是贵州的特色文化资源，但是这些资源不能直接转变成能够产生市场收益的文化资本。例如，黔菜的烹饪技法、食材体系、历史典故、菜式名称等要素属于公共文化资源，不能形成资本形式，即无法构成知识产权——IP（Intellectual Property）。在实践中，所有的社会主体和经营者都可以利用黔菜文化资源建构各自的商业实体，并以此获利。这就使得黔菜文化为当代社会所共享，但

---

① 20世纪八九十年代，贵州省明确提出要重视对黔菜文化的研究和开发。2007年，被国家新闻出版总署列入我国"十一五"重点图书出版规划项目的"中华食文化大辞典"则专门编辑了"黔菜卷"，进一步确立了黔菜文化在中国饮食文化中的地位。

是贵州的餐饮、文化、旅游企业和个人在利用黔菜文化资源上并没有商业运营上的实质性优势。而在文化资源的基础上形成的文化IP（知识产权）则是可以直接投入到商业运营之中，获得商业收益，是能够参与商业经营的生产要素。因此，虽然贵州拥有大量黔菜文化资源，但是缺少形成资本形式的黔菜文化IP，这是贵州本土黔菜文化发掘和开发的一个重要方面。

（二）全面考察黔菜文化发展的现状，诊断黔菜发展中的关键问题

贵州作为黔菜文化的发源地，丰富的文化资源与文化品牌建设滞后之间的差距是黔菜文化发展受限的突出表现。要加强对贵州黔菜文化的发掘，就需要对相关餐饮、文化旅游行业进行深入分析，明确黔菜文化资源在贵州社会经济中的位置，探索黔菜文化的开发模式，找出黔菜文化资源资本化在转化中面临的关键性问题。

从整体上看，黔菜文化发展中的关键性问题主要在于以下几个方面。第一，黔菜在餐饮行业中的区域性限制明显。在饮食行业迅速发展的过程中，西南各省的饮食行业发展并不均衡。作为西南饮食文化重要构成部分的黔菜，在整个西南饮食文化市场迅速发展的过程中正处于"滞后"和"失语"的尴尬状态。从贵州黔菜企业品牌的发展来看，缺少知名的贵州黔菜文化品牌是黔菜发展的一大瓶颈。在中国商业联合会、中国烹饪协会和中华全国商业信息中心联合评选的"2014年中国餐饮100强企业"排名中，川菜企业占据了19家，其中14家为重庆企业，贵州无一家企业上榜，也无一家黔菜企业上榜。而在由世界中餐业联合会、红餐联合发布的2018年中国餐饮品牌力100强榜单中，同样没有贵州企业上榜，而西南地区的餐饮企业有11家上榜，其中成都、重庆的企业占了10家。这些表明，黔菜在西南饮食文化的发展推广过程中已经明显落后于周边地

区。第二，黔菜文化在西南餐饮文化中的形象辨识度不高，在全国范围内建构出特色餐饮文化形象的难度较大。贵州黔中、黔北地区的汉族饮食文化与川渝地区的川菜文化有着深厚的渊源，由于川菜文化在全国范围内有着根深蒂固的影响力，加之近年来重庆"江湖菜"①的异军突起，增加了黔菜文化在西南地区饮食文化群落中"脱颖而出"的难度。例如，酸辣结合是黔菜的一个重要风格特色，这与川菜中的下河帮菜和小河帮菜善用辣味、风味浓厚的特点有一些共通之处。虽然，黔菜中的酸辣和川菜中的麻辣各具特色、风格分明，是"和而不同"的地方饮食文化，但是对于东部地区和北方地区的餐饮市场而言，这种区域性饮食文化差别是难以区分的。在川菜文化已经占据市场优势地位情况下，黔菜文化品牌的拓展就面临着较高的进入门槛。第三，黔菜文化中的民族特色饮食区域性特征较强，有待进一步的市场化改进和推广。民族特色饮食是黔菜的重要构成部分，但在一些方面，传统民族饮食的地方性特征并不适宜于全国市场范围内的推广。例如，黔东南地区的牛瘪、羊瘪、胺汤等特色菜肴是贵州民族饮食文化的突出代表，②其食材用料和处理方式都是对自然、文化环境的反映，是贵州历史文化在饮食习惯中的表现。但是，由于这类特色饮食的食材选择和处理方式比较特殊，与现代社会常见的食材和处理方式差异较大，难以大范围推广。如要突出这类特色饮食在餐饮市场中的地位，就必须进行一定的市场化改造和长期的市场推广。

（三）以品牌建设为切入点，探索黔菜文化品牌的建构路径

从根本上看，黔菜文化发展中"走不出去"的问题症结在于黔

---

① 广义上，包括重庆火锅在内的重庆"江湖菜"也属于川菜的范畴。
② 牛瘪、羊瘪也被称为"百草汤"，有养胃、祛热和助消化的功效；胺汤是依据当地方言发音命名的，目前对于这一菜肴的名称尚没有统一的写法。

菜文化品牌建构的滞后。依据贵州文化资源禀赋，结合现实经济社会条件，从西南文化、特色民族文化、屯堡文化等贵州特有的文化符号入手，建构贵州特色突出的黔菜文化品牌是极为重要的事情。客观来说，近几年贵州餐饮行业中的黔菜企业对本土文化符号的重视程度有所提高，代表贵州特色的文化符号在黔菜文化品牌的建构中发挥了更为重要的作用。例如，以贵州民族特色饮食为主题的企业广泛利用"土司菜""宣慰司菜""安抚司菜"等符号作为企业的商业标识；黔中地区的一些本土餐饮企业以"屯堡文化"作为符号依托，打造了一批"屯堡菜"企业；已经具备一定市场知名度的酸汤鱼、牛肉粉等餐饮企业在继续巩固原有市场基础的同时，也开始尝试打造"贵州特色""民族风味"等文化身份标识。但是，由于市场运营体系尚不成熟，贵州本土文化符号在全国范围内的影响力有待提高，相关餐饮企业规模化、集群化程度较低等，黔菜文化品牌的建构仍面临着很多问题。首先，黔菜企业产品标准化管理程度低，大范围推广受到限制。作为一种传统技艺的黔菜具有个性化的特征，但是对于黔菜企业而言，作为一种产品的黔菜则需要标准化和规范化的生产方式。在这一方面，黔菜企业的发展还需要解决产品生产标准化和统一化的问题。其次，黔菜企业的文化包装战略有待进一步优化。尽管一部分黔菜企业已经开始注重对黔菜品牌的文化包装问题，但是在实践中，黔菜文化品牌的发掘深度依旧需要继续加深。例如，一些黔菜企业采用了"土司菜""宣慰司菜""屯堡菜"等文化标签来装饰黔菜，但是从行业角度来看，这些文化标签所代表的贵州明清历史文化却并未在全国范围内获得广泛的影响。换言之，贵州在明清历史文化中的形象及消费市场对这一形象的认可程度决定了相关餐饮行业文化符号的影响力。而在这一方面，还需要长时间的市场培育。再次，黔菜文化品牌的相关行业支撑有待进一步加强。以文化符号为依托的现代餐饮企业需要文化传媒、物流货运、卫生保健、信息服务等相关行业的支撑。可以说，餐饮企业在全国范围内的成功是产业集群健康运行的市场结果。而贵州服务行业整体上仍处于发展转型阶段，对于黔菜餐饮品牌发展的支持力度还比较有限。

四　结语

综上所述，各界对于黔菜文化的研究和行业实践都取得了一定的成果。但是从地方特色文化资源助力区域经济社会发展的角度来看，黔菜文化资源的学术研究和市场实践都有继续推进的空间。黔菜作为地方文化资源的重要内容和传统文化的优秀成分，其自身所具有的市场开发价值决定了黔菜文化是社会经济发展与文化传承保护创新的交叉领域。因此，将黔菜的市场经济属性和社会文化属性统一到文化产业的发展中是顺应发展方向的。

在市场经济体制不断深化、行业结构不断成熟的发展趋势下，黔菜文化资源的开发必须置于行业整体发展的语境之下。第一，从商业运用的角度审视黔菜文化，推动黔菜文化资源向文化资本转变，充分发掘黔菜文化资源的生产要素价值。黔菜是黔菜文化资源的物质、技术载体，而黔菜文化资源则是黔菜文化品牌的基础。从产业发展的角度，阐述清楚三者之间的关系，能够促进黔菜文化资源的资本化转化。借助贵州省丰富的黔菜文化资源，可以推动贵州本土餐饮、文化旅游等相关产业的发展，改变目前贵州本土黔菜文化相关企业分散化、规模小、整体不强的局面。第二，巩固、提升贵州本土企业在餐饮行业中的话语权，增强黔菜在中国餐饮文化中的影响力。如前所述，由于黔菜文化属于公共文化资源，无法直接构成文化资本，容易被市场经营主体滥用和误用。在市场化的资源配置过程中，黔菜文化的外部形象中存在较多不确定因素。在市场配置盲目性作用的影响下，黔菜文化所承载的西南文化及其精神风貌可能遭受不确定性带来的负面影响，需要采取综合措施，保障黔菜文化传承有序，促进黔菜企业发展壮大。通过打造贵州本土的黔菜文化品牌，确保贵州餐饮企业在黔菜文化和餐饮行业中具有足够的影响力。第三，从文化产业视角研究黔菜文化的开发，将黔菜文化资源开发从目前的餐饮行业、文化旅游行业整合到文化资源保护与开发的整体视角中。着力从四个维度深入发掘黔菜的文化资源价值：一是作为历史文化生活载体的黔菜——明清文化历史记忆的开发；二是作为西南民族文化突出代表的黔菜——饮食生活中的西南民族风情；三是作为民俗文化精神内核的黔菜——西南民间饮食文化资源的开发；四是作为当代生活方式的黔菜——西南地区特色休闲餐饮文化开发。以上述四个维度为切入点，深入发掘黔菜文化资源的市场经济价值。第四，改变黔菜外部形象片面化、单一化的现状。例如，由于火锅类和麻辣口味的西南饮食在全国的风行，公众对包括黔菜在内的西南饮食文化的理解出现了"就是辣椒"的误解，甚至误将黔菜等同于川菜。应当注意在三个方面加强对黔菜文化资源的发掘和开发：一是确立"亲民而不卑微"的黔菜品牌形象；二是确定黔菜"便捷而不简单"的社会功能的定位；三是明确"黔菜热情而不艳俗"的形象定位。建立起具有强大市场影响力的贵州本土黔菜文化品牌，借助市场运营和传播推广，让公众更为全面地了解黔菜和黔菜文化，并通过黔菜更为深入地了解贵州文化、西南文化。

参考文献：

[1] 李翠婷：《贵州龙潭村仡佬族饮食社交研究》，西南大学硕士学位论文，2017。

[2] 黄有曦：《贵州侗族饮食风俗与传统民居文化浅析》，《硅谷》

2009 年第 6 期。

［3］祝元梅：《贵州布依族传统饮食文化特色探析——以兴义市义龙新区坡桑寨为例》，《企业技术开发》2014 年第 25 期。

［4］马超，《贵州苗族饮食民俗研究》，华中师范大学硕士学位论文，2015。

［5］吴茂钊，《川菜在贵州现状、问题及对策研究》，《中国烹饪》2014 年第 7 期。

［6］杜青海：《整合资源培养人才推进黔菜出山》，《中国食品报》2013 年 3 月 26 日第 2 版。

［7］贺菊莲，《略谈如何振兴黔菜》，《中外企业家》2015 年第 34 期。

［8］胡涓：《生态黔菜是健康养生追求》，《贵州日报》2017 年 6 月 7 日第 6 版。

［9］杜成才：《论贵州安顺屯堡的饮食文化与旅游开发》，《南宁职业学院学报》2012 年第 3 期。

［10］晓雪：《改革开放 40 年中国餐饮业人均消费增长 500 倍》，《商业文化》2018 年第 16 期。

［11］中国产业信息网，《2018 年中国餐饮行业市场规模、市场发展空间及 2019 年中国餐饮行业市场格局分析》http：//www.chyxx.com/industry/201911/803095.html。

［12］搜狐网，《2018 年上海文化产业发展报告》https：//www.sohu.com/a/303458661_179557。

［13］当代先锋网，《456.02 亿元！2017 年贵州文化产业增加值增长14.6%》http：//www.ddcpc.cn/news/201812/t20181224_338077.shtml。

［14］买购网，《2018 中国餐饮品牌力 100 强及餐饮百强企业完整名单》https：//www.maigoo.com/news/514585.html。

图书在版编目（CIP）数据

多彩贵州文化学刊. 第二辑／张学立，王林，黄其
松主编. -- 北京：社会科学文献出版社，2020.11
ISBN 978-7-5201-7599-9

Ⅰ.①多… Ⅱ.①张… ②王… ③黄… Ⅲ.①文化研
究-贵州-文集 Ⅳ.①G127.73-53

中国版本图书馆 CIP 数据核字（2020）第 222666 号

多彩贵州文化学刊（第二辑）

主　　编／张学立　王　林　黄其松

出 版 人／王利民
组稿编辑／丁　凡
责任编辑／杨　雪　杜文婕

出　　版／社会科学文献出版社·城市和绿色发展分社（010）59367143
　　　　　　地址：北京市北三环中路甲 29 号院华龙大厦　邮编：100029
　　　　　　网址：www.ssap.com.cn
发　　行／市场营销中心（010）59367081　59367083
印　　装／三河市龙林印务有限公司

规　　格／开　本：787mm×1092mm　1/16
　　　　　　印　张：16　字　数：207 千字
版　　次／2020 年 11 月第 1 版　2020 年 11 月第 1 次印刷
书　　号／ISBN 978-7-5201-7599-9
定　　价／78.00 元